The Filial Piety Thought and
Personality Education of Korea 2

한국의 효사상과 인성교육 2

(사)한국효문회연구원 지음

The Filial Piety Thought and
Personality Education of Korea 2

한국의 효사상과 인성교육 2

(사)한국효문화연구원 지음

서 문

우리나라의 역사는 아주 유구하다. 세계성이 있는 철학과 교육문화의 보전(寶典)을 하느님은 우리들의 조상에게 내려 주셨다. 단군왕검황제시대에 제후국인 춘추시대의 공자(孔子)는 우리 겨레의 스승이요, 성인(聖人)들로부터 인(仁)사상과 효(孝)교육문화를 계승받았다. 공자 또한 우리 고유의 인사상과 효문화를 이어받아 인효를 골격으로 유교를 집성해 유학으로 세계화했다.

공자사상의 핵심은 인사상과 효교육문화다. 공자의 제자 증자(曾子)는 『효경』을 지어 공자의 사상과 교육정신을 충실히 전승한 제자로 관직을 좋아하지 않았고, 훗날 종성공(宗聖公)으로 추앙받았다.

유학이 우리나라에 전래되기는 고구려 소수림왕 2년(372년)이다. 우리나라의 학문과 교육은 공자의 유학(儒學)이다. 유교경전이 우리의 전통교육 교과서다. 즉 공자가 찬술한 오경(五經)과 송대의 주자가 편술한 사서(四書)와 더 확충하면 13경이 포함되며, 인성교육 내용이 충만해 있다. 그럼에도 근세의 우리나라 교육정책은 서양의 진보주의교육이론을 비판 없이 수용하였다.

그 결과 한국적 가치관과 우리의 전통교육은 붕괴되고 인성교육은 실종되어 인간의 존엄성과 가치를 모르고 도덕·윤리를 망각한 채 오직 인욕과 육체적·관능적 삶에 골몰하고 있다. 시대의 소명에 따라 교육혁신과 성장발전을 위해 인효를 골격으로 하는 국정철학으로 과감한 교육개혁을 시도해주길 제청한다.

2022.10.3 개천절에

(사) 한국효문화연구원 이사장 겸 홍익인간사상연구원장
한국청소년효문화학회장 김익수

◇ 차 례 ◇

제2장 서포 김만중의 효의식과 신화의식

– 윤경수

제3장 정토삼부경의 효사상

–장정태

제4장 효명세자의 효문화 정치와 왕권강화

제5장 사자소학에 내재된 효사상

제6장 신사임당의 효문화관과 현대적 이해

– 민정기

제9장 효교육이 노인복지에 미치는 영향

– 김황기

제10장 정직을 통한 인성교육 효의 실천

– 김창경

제11장 효문화의 현대적 가치와 계승

– 장재천

제1장

전통적 효사상과 오륜의 학교 윤리교육 반영

김 익 수

(전 한체대 교수,
한국청소년효문화학회장,
한국효문화연구원장)

1. 글의 시작
2. 윤리의 의의
   1) 가정윤리 2) 사회윤리 3) 국가윤리
3. 전통적 효사상과 오륜의 의의
   1) 부자유친 2) 군신유의 3) 부부유별
   4) 장유유서 5) 붕우유신
4. 전통적 효사상과 오륜의 현대교육적 수용
   1) 부자의 가정윤리교육
   2) 부모와 자식 간의 친함
   3) 남편과 아내와의 분별
   4) 어른과 아이 간의 질서
   5) 벗과 벗 사이의 사귐
5. 한국적 가치를 교육하고 실행시키자

1. 글의 시작

사람들은 오늘날을 '윤리부재시대'라고 말한다. 부모에 대한 효 의식이 약해지고 있고, 패륜도 날로 늘고 있으며, 부부간의 살상도 많아지고 있고, 의리도 없으며, 도리도 모르고 부부간의 분별도 모른다. 어른을 모르고 살고 있으며 인간관계에서 질서가 없어지고 있고, 친구 간에도 믿음이 없고 신뢰성도 없다. 서로 도울 줄도 모르고 서로의 이익만을 위해 사는 지극히 이기적이면서도 박정한 세태가 되어서 시대를 원망하고 사는 사람들이 많아졌다.

이렇게 된 데에는 여러 가지 요인이 있겠으나 가정에서 부모들은 고령화와 낮은 출산시대로 접어들면서 자녀들을 과보호하고 있으며, 공교육마저 제자리를 잃은 지 오래되었고, 대학입시를 위한 과열경쟁과 이에 따른 사교육의 팽창은 도덕과 윤리교육이 무시된 지 오래되었다. 이를 고치기 위한 교육당국의 윤리 교육적 정책은 허약하다.

이때야말로 우리의 고유하고도 정통문화인 효문화교육의 필요성이 절대적이다. 지적인 능력을 길러서 경쟁사회에서 먹고 사는 것은 잘 할 수 있을지 모르겠다. 사람다운 사람이 되어 밝은 사회를 이루어갔으면 하는 소망은 누구나 같은 마음일 것이다.

이런 방향으로 가기 위하여 가정교육과 학교교육에 전통적 효, 오륜을 통한 문화교육을 도입하는 것은 이 시대의 교육혁신 과제로 재도입할 것을 강력히 주장한다.

2. 윤리의 의의

'윤리'란 우리 인간이 지켜야 할 인륜도덕의 원리다. 사람이 이 세상을 살아가면서 인간답게 살아가는 마땅히 지켜야 할 인간관계를 원만히 이루어가는 원리로서 사람과 사람과의 관계, 즉 인간관계의 이법(理法)을 이르는 말이다.

『설문해자』에 보면, 윤리의 '윤(倫)'자는 같은 무리(同類), 또래(輩), 질서 등의 의미를 지니고 있으며 '리(理)자는 원래 구슬을 다듬는다는(治玉也) 뜻을 가지고 있다.[1] 그런데 리 자는 나중에 이치, 이법, 도리의 뜻을 간직하게 되어 있다. 따라서 물리(物理)가 사물의 이치를 다루는 것처럼 인간의 윤리는 사람과 사람과의 관계, 즉 인간관계의 이법이다.

『예기』「악기」편에 보면, '무릇 '음(音)'이란 인심에서 나온 것이요, '악(樂)'이란 윤리에 통하는 것이다.'[2]라고 하였다. 그 주석을 보면 '윤'이란 류(類)자와 같고 이(理)는 분(分)과 같다.'[3]고 하였는

1) 許愼, 『說文解字』, 段玉裁註本.

2) 『禮記』「樂記」, 凡音者生於人心者也, 樂者通於倫理者也.

3) 같은 책, 같은 곳, 註, 倫猶類也. 理分也.

데 같은 무리끼리의 분수라고 하였다.

여기서 윤리란 조리(條理)의 뜻으로 쓰였다. 그리고 『석명(釋名)』에 보면 아래와 같다. '물의 작은 물결을 윤(倫)'이라고도 한다. '윤(淪)'이란 윤(倫)의 뜻이다. 작은 물결의 무늬가 질서 있는 것을 '윤리'라고 한다.[4]라고 하였다. 역시 '윤리'란 조리(條理)의 뜻으로 쓰였음을 알 수 있다. 중국 역사에서 볼 때 윤리는 인륜·도덕의 원리로 쓰였으며 송나라 때의 주자는 '가정을 바로 잡는 도(道)는 윤리를 바로 잡는데 있으며 은의(恩義)를 돈독하게 하는데 있다'[5]고 한 것을 보면 잘 알 수 있다.

윤리관은 동서양이 다르다. 독일어에 '윤리(Sittlichkeeit)'라는 말이 있다. 이 말은 '풍습'이란 말에서 나왔다고 한다. 그리고 윤리학이라는 말에 해당되는 독일어의 'ethik'나 영어의 'ethica', 불어의 'ethique' 등은 그리이스어 'ethike(EQuon)'에서 유래하였으며 이 말은 에토스(EQOS, ethos)에서 나왔다. 에토스라는 말은 원래 동물이 서식하는 장소 축사(畜舍) 등을 의미하는 말이었으나 나중에 사회풍습, 개인의 관습, 또는 품성을 의미했다.

영어에서는 '윤리(ethic)'라는 말과 거의 같은 뜻으로 쓰이는 말로 '모랄(moral)'이란 말이 있다. 이 말은 우리말로 흔히 '도덕'으로 번역되어 많이 사용하고 있다. 이 말의 어원은 모스(mos)인데 이 모스의 뜻은 그리스어의 에토스와 마찬가지로 습관 또는 풍습의 뜻을 담고 있다. 따라서 서구에서는 윤리라는 말과 풍습은 아주 밀접한 관련이 있다고 보인다. 규범이란 말은 무엇을 재는 척도를 의미

4) 『釋名』「釋水」, 水小波曰論 淪倫也. 小文相次有倫理也.

5) 『朱子語類』卷二十七, 正家云道 在語正倫理 篤恩義.

하지만 윤리학에서는 질서와 행위의 규칙과 행위의 지침을 가리키는 뜻으로 사용되고 있다.[6] 윤리[7]라는 말보다는 '인륜'이란 말을 많이 사용했다. 맹자는 다음과 같이 말을 하였다.

> '사람이 태어날 때부터 도(道)를 지니고 태어났으나 배불리 밥을 먹고 편안하게 놀기만 하는데 교육을 제대로 시키지 못하면 금수에 가깝게 되기 때문에 성인인 순임금이 그것을 걱정하여 설(契)이란 사람으로 하여금 사도(司徒; 교육을 담당하는 관직)을 삼아서 인륜으로 가르쳤다.'[8]

좀 더 구체적으로 세분해서 다음 항목으로 설명하려고 한다.

1) 가정윤리

유교의 가르침에서는 윤리를 중시하는데 이는 부모와의 인간관계에서 비롯되고 있다. 따라서 부모는 자식을 사랑하고 자식은 부모에게 효도하는데서가 비롯된다. 그런데 인간관계는 국가의 기본단위요 행복의 근원지이면서 사랑의 보금자리인 가정에서부터 비롯된다. 따라서 어버이와 자식 간의 먼저 하는 것이 인(仁)을 하는 방도로 삼고 있다.

'제자(弟子)가 들어가서는 부모에게 효도하고 나와서는 공경하며 (행실을) 삼가고 (말을) 성실하게 하며 널리 사람들을 사랑하되 어진 사람을 친히 해야 한다.[9]고 하였다. 따라서 효제(孝弟)의 행동을

---

6) 秦敎勳, 『韓國人의 倫理思想』, 「倫理의 의미」, 율곡사상연구원, 1992, 24~25쪽.

7) 金益洙, 『韓國人의 倫理思想(史)』, 율곡사상연구원, 1962 참조.

8) 오석종, 「『소학』의 德敎育論硏究」, 서울대학교 대학원 박사논문, 1994.

9) 『論語』 「學而篇」, 弟子入則孝 出則弟謹而信 凡愛家而親仁.

배양하여 부부, 장유, 붕우간의 친선(親善)으로 확충됨을 강조하고 있다.

'효제'란 그 인을 행하는 근본이다.[10]라고 하여 효제는 바로 인을 실천하는 시발점으로서 그 중요성은 두 말할 것도 없다. '효도'란 인의 본질에 입각하여 인간이면 마땅히 걸어가야 할 길이다. 가정에서 부자 사이의 윤리에서 자식의 윤리가 나온다. 이는 자식의 지극한 윤리가 확립되어야 한다는 것이다. 이는 바로 어려서부터 인을 행하는 근본이 효덕이 닦아져야 한다는 것이다. 이는 유가교육의 근본정신의 표출이다.

공자가 말하기를, 효는 덕행의 근본이요, 교화가 이로 말미암아 나오는 것이다.[11] 라고 하였다. 유가에서 말하는 성(性)은 인의예지다. 즉 인의예지는 우리 인간이 본래부터 가지고 있는 떳떳한 도리이기도 한 '병리(秉彛)'인 것이다. 즉 인의예지는 사람이 태어날 때부터 원래 있는 이법(理法)인 것이다. 여기서 인의예지는 모두가 마음의 덕이 되고 있지만 그 가운데서도 인(仁)만이 본심의 온전한 덕이 될 수 있다. '인'이란 덕의 사랑을 주로 하는데 이 사랑은 어버이를 사랑하는 것이다.

> 모름지기 효는 부모를 섬김에서 시작되고 임금을 섬김이 중간이 되고 몸을 세움에서 마친다.[12]

이와 같은 부모의 섬김의 정신을 미루어 남을 미워하지 않고 남

10) 『論語』 「學而篇」, 孝弟也者 其爲仁之本與.

11) 『孝經大義』 「開宗明誼章」, 子曰 夫孝德之本也 敎之所由生也.

12) 『小學』 「明倫」, 夫孝始於事親 中於事君 終於立身.

에게 함부로 하지 않게 되고, 또한 임금이 덕을 극진히 가지고 있으면 덕교(德敎)가 온 세상에 시행되어서 모든 사람의 본보기가 될 것임을 말하고 있다. 부모 섬김의 시작과 끝은 공자가 일찍이 말을 하였다.

> '신체와 모발과 살은 부모에게서 받았으니 감히 헐고 상하지 않게 하는 것이 효의 시작이요, 몸을 세우고 도를 행하여 후세에 이름(명예)을 드날려 부모를 드러나게 하는 것이 효의 마지막이다.'[13)]

소년기에 공부하는 『소학』에서는 지나칠 정도로 부모 섬김의 도리가 나와 있어서 지난날 우리 국민교육에 미친 영향은 크다고 볼 수 있다.

> 『예기』「내칙(內則)」에 이르기를, 자식(며느리)이 부모를 섬기되 새벽에 닭이 울 무렵 일어나서 세수하고 양치질하며 머리를 빗고 ·····행전을 메고 신을 신고 끈을 맨다. 부모(시부모)가 계신 곳에 나아가되 계신 곳에 이르러 기(氣)를 내리고 소리를 화하게 해 옷의 따뜻함과 추움을 여쭈며···세숫물을 올릴 적에 나이가 아래인 젊은 자는 대야를 받들고 장자(長者)는 몸을 받들어 물을 부어 세수하시기를 청하고 세수를 마치면 수건을 드린다. 잡수시고 싶어 하는 것을 여쭈어 공손히 올리되 얼굴빛을 온순하게 하며 받들어서 부모(시부모)가 반드시 맛을 보신 뒤에야 물러나며 나온다.[14)]

또한 효자의 평소의 자세에 대하여는 다음과 같이 강조하였다.

> '부모가 계신 곳에 있으면서 명령함이 계시거든 응하기를 빨리하

---

13) 『小學』「明倫」, 孔子謂 曾子曰, 身體髮膚 受之父母 不敢毁傷 孝之始也 立身行道 揚名於後世 以顯父母 孝之終也.

14) 『小學』「明倫」1章.

고 공손하게 대답하며 나아가고 물러나며 주선할 때에 삼가고 엄숙히 하며 오르고 내리고 나가고 들어옴에 몸을 숙이기도 하고 젖히기도 하며 감히 구역질하고 트림을 하며 재치기를 하고 기침을 하며 하품을 하고 기지개 켜며 한 발로 기울여 서고 기대거나 곁눈질하며 보이지 않으며 감히 침을 뱉거나 풀지 않는다.'[15]

이를 전근대적인 '효윤리'라고 하여 논외로 쳐서는 아니 된다. 당장 실행하기는 어렵지만 옛사람들의 가정윤리정신을 이해하는데 크게 도움이 된다. 『소학』 「명륜」편에서 효를 통한 가정윤리를 강조하고 있다.

'밖에 나아갈 때는 반드시 아뢰고 돌아와서는 반드시 얼굴을 보여드리며 가는 곳을 반드시 일정함이 있게 하며 익히는 바를 반드시 일삼는 것이 있게 하며 평소에 말할 적에 늙었다고 일컫지 않아야 한다.'[16] 집을 나아갈 때(부모의 곁을 떠날 때)는 반드시 말씀을 드리고 나아가고, 돌아와서는 반드시 얼굴을 보여드리며 나갔다 온 경위(결과)를 밝히고 가는 곳을 반드시 밝혀 부모가 안심하게 하고 익히는 바를 반드시 자식이 바르기를 바르게 하고 부모 앞에서 자신도 늙었다는 말을 해서는 아니 된다. '부모가 과실이 있거든 자신의 기(氣)를 내리고 얼굴빛을 화(和)하게 하고 목소리를 부드럽게 하여 간(諫)을 할 것이니 간을 해도 만약에 들어 주지 않으시거든 공경을 일으키고 효를 일으켜 기뻐하시면 다시 간을 해야 한다. 부모가 기뻐하지 않으셔도 향당주려(鄕黨州閭)에서 차라리 엄숙하게 간을 해야 하니 부모가 노해 기뻐하지 아니 하여 종아리를 쳐 피가 흘러도 감히 미워하거나 원망하지 않고 공경을 일으키며 효도를 일으켜야 한다.'[17]

자식이 부모에게 효도를 함은 바르고 정의롭게 사는 부모에게 하

15) 『小學』 「明倫」 제4장.

16) 『小學』 「明倫」, 出必告, 反必面所遊 必有常所習 必有業 恒言 不稱老.

17) 『小學』 「明倫」 22章, 父母有過, 下氣怡色 柔聲以鍊 諫若不入 起敬起孝 說則復諫 不悅 與其得罪於鄕黨洲閭 寧孰諫 父母怒不悅而撻之流血 不敢疾怨 起敬起孝.

는 효도이지 아무리 부모라고 해도 의롭지 않은 과오를 저지르고 있을 때는 고치게 해야 하는 것이 효라고 한다. 이런 효도를 '간언이라 한다. 그러나 간곡히 간했으나 듣지 않으면 계속하되, 3번이나 간을 했는데도 듣지 않으면 그렇다고 아버지를 아주 등질 수 없다. 그래도 울부짖어가며 따라야 한다.[18]고 했다. 그 이유는 부자관계는 천륜이기 때문이다. 『소학』의 「명륜」편을 읽어 보면 효의 방법이 제시되어 있다.

> '부모가 살아 계실 때에는 그 뜻을 관찰하고 아버지가 돌아가셨으면 그 행동을 살펴볼 것이니 3년 동안은 아버지가 하시던 방법에서 바뀌는 것이 없어야 '효'라고 할 수 있다.'[19]

아버지를 모시고 산 사람들은 아버지 뜻에 의해 살아 온 사람이기 때문에 아버지가 돌아가셨다고 당장 바꾸어 처신하기는 어렵다. 더구나 우리나라는 3년상 제도가 상고 이래로 있어서 상기(喪期) 중에는 어림도 없는 일이다. 다만 상기 중에 많은 생각을 하면서 앞으로 행할 바를 생각하게 될 수 있는 기회이기도 하다. 적어도 인간이고 자식의 도리를 다하는 효자라면 우선 3년간은 부모의 뜻과 행동에 대해 고쳐서는 아니 된다는 것인데 당연한 것 같다. 한 인생에 있어서 부모가 된 자의 뜻과 행동도 선대들의 행적도 보고 당대 또는 선대에 살아간 위인들의 행적도 수렴해 표준을 찾아 나름대로의 자기 가치관을 설정하였을 것이기 때문이다. 『소학』에 보면 효행의 모범된 인물로 순임금을 꼽았다.

---

18) 『小學』「明倫」23장, 曲禮曰 子之事親也 三諫而不聽 則號泣而隨之.

19) 『小學』「明倫」, 孔子曰 不在 觀其志 父沒 觀其行 三年 無改於父之道 可謂孝矣.

'우순(虞舜)[20]이 아버지는 완악하고 어머니는 사나웠으며 상(象)은 오만하였는데 능히 효도로서 화하게 해 점점 나아가서 선으로 다스려 간악함에 이르지 않게 하였다.[21]

순 임금의 어머니가 일찍 죽어 아버지는 계모를 얻었는데 계모의 성품이 포악했다. 그리고 계모의 몸에서 난 아우 되는 상은 오만하였다. 아버지와 계모, 상은 힘을 합해 순을 죽이려고 하였다. 그러나 순은 더욱 효성으로 부모를 섬겨서 마침내 고수를 인자한 아버지로 바뀌게 만들었다.' 이 글에서는 순이 효도로서 부모와 이복 아우를 감화시킨 일이 나왔다. 『소학』에 나오는 『계고』, 『가언』, 『선행』등에서 이와 같은 표준적 모범사례를 제시하는 것은 자식이 그 부모 섬김을 극진히 하는 덕을 닦기 위해서는 순임금과 같이 부모를 극진히 섬김을 다 함으로써 자신과 부모의 이름을 드날릴 수 있다고 본 것이다.

2) 사회윤리

'사회윤리'는 장유와 붕우간의 윤리를 말한다. 장유의 질서를 부모에 대한 자식의 공경, 형에 대한 아우의 공경에서 비롯되는 것으로 알고 있다. 먼저 장유의 윤리부터 논구해 보자. 맹자는 말하였다.

'나의 집안의 어른을 어른으로 섬긴 뒤 다른 사람의 어른에게까지 미치게 하며 나의 집 어린이를 어린이로 사랑함으로써 다른 사람의 집 어린이에게까지 이른다면 천하를 손바닥에서

20) 순(舜)이 우(虞)나라 사람이기 때문에 하는 말.

21) 『小學』, 父頑母 象傲 克諧以孝 蒸蒸乂 不格姦.

움직일 수 있을 것이다.’[22]

맹자는 왕도정치의 실행은 왕 자신이 마음먹기에 달려 있는 것이라고 고조시킨 다음에 왕도정치의 실행방법을 구체적으로 제시하였다. 결국 왕도정치는 모든 사람이 한마음, 한 뜻으로 되는 사회를 만드는 것인데 구체적인 방법은 현실적으로 남과 하나 됨의 관계를 먼저 우리 집의 부자관계부터 순차적으로 확충해 가는 것이다. 우리 집의 부모와 ‘하나 됨’의 관계를 이웃에 사는 부모에게로 또 그 다른 이웃의 자녀에게로 확충해가면 결국 모든 사람과 공감해 ‘하나’되는 관계를 쉽게 회복할 수 있다. 그렇게만 되면 그 천하 원리로 하여금 움직이는 것이 손바닥에서 움직이는 것처럼 쉬워질 것이라는 것이다. 맹자는 부모와 형을 공경하는 도리는 선천성이 있다고 하였다.

> 사람이 배우지 않고서 할 수 있는 것은 ‘양능(良能)’이고 헤아려 보지 않고서도 알 수 있는 것은 ‘양지(良知)’다.’ 또한, 더 나아가서 ‘어렸을 적에 손을 잡고 가는 아이는 그 어버이를 사랑할 줄 모르는 이가 없으니 그가 자라나서는 그 형을 공경할 줄을 모르는 이가 없다. 어버이와 하나가 되는 것은 인(仁)이고 자기보다도 나이가 많은 사람을 공경하는 것은 의(義)니 다름이 아니라 천하에 두루 통하는 것이다.’[23]

양지, 양능은 선천적인 지혜와 능력을 말한다. 사람이 선천적으로 타고난 본마음은 다른 사람과 자기를 구별하지 않는 마음이기

---

22) 『孟子』「梁惠王 上」, 老吾老, 以及仁之老 幼吾幼 以及人之幼, 天下 可運於掌.

23) 『孟子』「盡心章 (上)」15장, 孟子曰, 人之所不學而能者, 其良能也 所不慮而知者 其良知也 孩提之童 無不知愛其親也 及其長也 無不知敬其兄也. 親親仁也 敬長 義也 無他. 達之天下也.

때문에 그 본래의 마음을 잃지 않고 있는 어린이들은 그 부모와 자기를 같게 본다. 부모에게 갓 태어난 어린이들은 처음 말을 배울 때에 자기 이름을 사용하는 것은 부모의 입장에서 자기를 표현하기 때문이다. 연장자에게 공경하는 예절에 대한 『소학』의 내용을 적어 본다.

> '나이가 갑절이 많으면 아버지처럼 섬기고 10년 위라면 형처럼 섬기고 5년 위라면 어깨를 나란히 하여 걷되 조금 뒤 떨어져 따라간다.'[24)]

한국 사람은 나이를 중시하고 선배를 존경하는 것을 정상으로 안다. 나 보다 나이가 많은 사람을 공경해 받드는 것은 어른과 아이 사이에 지켜야 할 바른 도리이다. 지난 날 우리나라는 이런 질서가 잘 지켜졌다. 그런 정신이 있는 사람은 지금도 한 살이라도 위인 사람을 형처럼 존중할 줄 안다. 그러한 현장이 지하철에서 나타난다. 아름다운 일이다. 나이가 15년 위라면 아버지와 같은 연배라고 해서 자기 아버지처럼 받들었다. 반드시 존댓말을 썼으며, 오래 만에 만나거나 여행을 하고 오면 절을 했었다. 물론 그 앞에서 담배를 피우지 않았고 술을 먹게 되면 절대로 대작을 하지 않고 돌이키고 마셨다. 10년이 위라면 형처럼 대접을 하였다. 어른에게 대하는 것처럼 존댓말을 썼으며 새해가 돌아오면 정초에 한 번 세배를 올리는 정도였다. 여기에서 5년이 위라면 어깨동무를 했다고 하였지만 여덟 살이나 아홉 살 위까지는 벗으로 알았다. 현재도 이와 같은 질서를 지키는 사람들을 볼 수 있다.

---

24) 『小學』「長幼之序」, 年長以倍則父事之 十年以長則兄事之, 五年以長則肩隨之.

연소한 사람이 어른을 공경하는 마음도 '양지'에 속한다. 오늘날 아무리 시대가 달라졌다고 해도 이와 같은 도덕질서는 지켜져야 한다고 생각된다. 다음은 스승을 모시는 기회에 지켜야 할 예절에 대하여 약술한다.

> '스승을 수행할 때는 길을 건너서 다른 사람과 말을 하지 않는다. 길거리에서 스승을 만나게 되면 빠른 걸음으로 앞으로 나아가서 자세를 바르게 하고 서서 두 손으로 앞으로 모아 잡는다. 스승이 말을 하면 대답을 하고 말을 하지 않으면 빠른 걸음으로 물러난다. 어른을 따라 언덕 위로 오를 때는 반드시 시선은 어른이 보고 있는 곳을 향해야 한다.' [25]

스승을 수행하면서 길 건너 있는 다른 사람과 말을 주고받는 것은 스승을 공경하는 태도가 아니다. 그리고 어른을 따라서 언덕을 오를 때 앞을 바라보는 곳으론 시선을 향하는 것은 그 이유가 어른이 마음속으로 느낀 생각을 물을 경우에 대답을 곧장 하기 위해서다. 요즘 사도(師道)가 무너지고 있는데 주의해야 한다. 『소학』의 「장유지서」에 보면 다음과 같이 중요한 교훈이 있다.

> '스승을 모시고 앉았을 때에 선생이 무엇을 물으면 말씀이 끝난 뒤에 대답을 한다. 수업을 청할 때는 (반드시) 일어서서 하고 설명을 더 해 주기를 요청할 때에도 (반드시) 일어서서 한다.'[26]

스승이나 어른 심지어는 대등한 사이라고 해도 상대방의 말이 끝난 다음에 자기 대답을 해야 한다. 말을 끝까지 듣고 나야 질문의

---

25) 『小學「長幼有序」, 從於先生 不越路而與人言 遭先生於道 趨而進 正立拱手 先生 與之言則對 不與之言則趨而退 從長者而上丘陵則 必鄉鄉 長者所視.

26) 『小學』「明倫」92장, 忠告而善道之 不可則止 母自辱焉.

취지가 잘 파악된다. 그 뿐 아니라 우리 문화인은 언어예절을 지킬 줄 알아야 한다. 배움을 청할 때나, 설명을 청할 때 선생을 공경하는 마음으로 공손히 대해야 한다. 붕우의 윤리문제는 벗 간에 큰 목표는 인을 돕는 것이기 때문에 착함으로 그 마음을 다해 주되 불가하면 그만두어야 한다. 친구는 덕으로 사귈 수 있어야 한다. 『소학』에서 강조하고 있는 붕우간의 윤리는 큰 차원에서 도를 밝게 하고 선을 취해 인을 도와서 덕을 날로 새롭게 하는 존재가 되어야 함이 강조되고 있다.

3) 국가윤리

군신 간의 윤리는 인을 행하는 것의 차원에서 보면 된다. 즉 효의 원리가 정치원리가 되어야 한다는 전제임을 알게 된다. 유교에서 바람직한 삶의 목표가 인의 덕을 행하는 도덕적 정신을 통해서 성인(聖人)까지도 하는데 이는 자기를 미루어 남에게 미친다는 정신이다.

즉 인을 지극히 해 미루어 나아가면 자연히 순탄하게 올바른 군주가 될 수 있고 올바른 신하가 될 수 있다는 논리다. 그런데 군신간의 윤리는 정사를 중심으로 맺어진 한시적인 관계요, 윤리인 것이다. 따라서 육친애로 맺어진 관계이며 영원한 관계이지만 군신간의 윤리는 국가의 정사(政事)로 맺어진 한시적인 윤리요 인간관계다.

『논어』에 '덕으로 정사를 하는 것은 비유하자면 북극성이 제자리에 머물러 있으면 뭇 별들이 그에게 향하는 것과 같다.'[27]고 했다. 군주와 신하의 예(禮)는 『예기』「곡례」편 머릿장(首章)에 보인다. 공

---

27) 『論語』「爲政篇」, 子曰爲政以德 譬如北辰 居其所而衆星共之.

경하지 않는 것이 없도록 하며 단정하고 엄숙하기를 무엇인가 생각하듯 하며 말을 안정하게 한다면 백성을 편안하게 할 수 있을 것이다.[28] 라고 해 진정한 공경정신을 잘 보이고 있다. 연구자가 볼 때 현대의 인간관계에서도 상대방을 공경하는 정신은 자기 자신의 인격을 높이는 일이다. 진정한 군신관계는 '의'를 축으로 상호 존중과 자신의 소임을 다 하는데서 유지된다. 인륜의 조목으로 다섯 가지를 설명했는데 그 다섯 가지 인륜을 후세에는 '오륜'이라고 하였다.

이상을 통해 오륜에 대해 대략적으로 논구해 보았는데, 병이(秉彛)의 도덕심을 배양하기 위한 덕교육이 강조되고 있음을 쉽게 알 수 있다.

3. 전통적 효사상과 오륜의 의의

'오륜'이란 인간이 마땅히 지켜야 할 윤리로 그 내용을 보면 다음과 같은 내용이다.

> '부모와 자식사이에는 친함이 있어야 하며 임금과 신하 사이에는 의리가 있어야 하며 부부사이에는 분별이 있어야 하며 어른과 어린이 사이에는 질서가 있어야 하며 벗과 벗 사이에는 믿음이 있어야 한다.' [29]

'오륜'이란 과거에 동족들의 혈연중심으로 농경사회에서 이루어진 윤리이기 때문에 현대와 같이 과학문명이 크게 발달하여 전 세

---

28) 『禮記』「曲禮」(上), 曲禮曰 無不敬 儼若思 安定辭 安民哉.

29) 『孟子』, 教以人倫 父子有親, 君臣有義, 夫婦有別, 長幼有序, 朋友有信.

계의 인류가 한마당이 되어 자주 왕래하고 그 뿐 아니라 인터넷을 통해 밤낮없이 정보를 교환하며 사는 시대에는 잘 맞지 않는 윤리라고 하는 사람들이 많다. 그러면 오륜은 언제 누구에 의하여 만들어졌으며 그 내용은 어떤 것이기에 동양에서 반만년 동안이나 전통 윤리의 핵심이 되었는가. 일찍이 공자는 중국역사상 가장 위대한 성군(聖君)이라고 하는 요(堯)임금에 대하여 다음과 같이 말하였다.

> '크도다. 요 임금됨이여! 오직 하늘이 위대하시거늘 저 요임금이 그 하늘을 본받았으니 너무나도 넓고 크신 요임금의 덕을 백성들이 무엇이라고 이름 하지 못하는구나.'[30]

이와 같은 요임금 때에 순이 섭정을 하면서 "삼가 오전(五典; 五倫)을 아름답게 하니 오전이 능히 순하게 되었다."[31]고 했다. 또 순임금은 천자가 되어 그의 신하인 '설(契)'이란 사람에게 말하기를, "백성들이 친하지 못하며 부자, 군신, 부부와 장유, 붕우의 오품이 순하지 못하기 때문에 너를 사도(司徒; 교육장관)로 삼았으니 오교(五教; 五倫)를 공경하여 펴되 너그럽게 하라.[32]고 했다. 이것을 맹자는 후직(后稷)이 백성들에게 농사를 가르쳐서 오곡이 익음에 백성들이 양육되었다. 사람들이 모두가 병이(秉彝)의 본성은 있으나 배불리 먹고 따뜻하게 옷을 입고 편안히 거처하는데 교육을 시키지 않으면 방일(放逸)하고 태타(怠惰)하여 금수에 가깝기 때문에 성인이 그것을 근심하시어 설이란 사람을 시켜 사도로 삼아서 인륜을 가르쳐 부모와 자식 사이에는 친이 있으며 군신 간에는 의리가 있

---

30) 『孟子』「滕文公」(上).

31) 『書經』「堯典」, 愼徵五典 五典克從.

32) 『書經』「堯典」, 帝曰契 百姓不親 五品不遜 汝作司徒 敬徵五教 在寬.

고 남편과 아내사이에는 분별이 있으며 어른과 어린이사이에는 질서가 있으며 벗과 벗 이에는 믿음이 있을 지니라.[33]고 하였다. 『서경』에 보면 '하늘이 군신, 부자, 형제, 부부, 붕우의 윤서(倫敍)의 법을 두시니 우리 오전(五典; 五倫)을 바르게 해 오를 도합케 하였다.'[34] 고 하였으니, '오륜'이란 오전 또는 '오교'라고도 하며 이는 사람이 태어날 때에 하늘이 주신 윤서로서 사람이 조작한 것이 아니라는 것과 순임금이 처음으로 백성들에게 가르쳤다는 것을 알 수 있다.'[35]

1) 부자유친

사람이 이 세상에 태어나서 가장 먼저 맺는 인간관계는 자신과 부모와의 관계이다. 만일에 부모가 없었다면 이 세상에 태어날 수도 없고 자랄 수도 없었을 것이며 스승을 만나게도 해 줄 사람이 없었을 것이다. 그렇기 때문에 부모와 자식과의 관계는 하늘이 맺어준 관계로 '천륜'이라고도 하며 오륜 중에서도 첫 번째 윤리이다. 부모와 자식사이는 혈연적으로 맺은 관계이니 절대적인 관계이다. 거듭 강조한다면 부모와 자식과의 관계 육친애로 맺어진 관계이기 때문에 기맥이 서로 통하는 관계이니 어떤 관계보다 가장 친한 관계이다. 부모와 자식사이에는 어찌하여 친함이 있어야 하는가. 그리고 '친'이란 무엇인가.

'친'이란 하나가 된다는 뜻이다. 하나가 된다는 것은 남의 몸에

33) 『書經』「堯典」, 帝曰契, 百姓不親 五品五遜 汝作司徒, 敬敷五敎在寬.

34) 『孟子』「滕文公」上 註 참조.

35) 趙駿河, 『靑少年과 孝文化』2집, 한국청소년효문화학회, 2002.

피가 날 때 내 몸에서 피가 나는 것처럼 내 마음이 아프게 되는 것인데 자녀에 대한 부모의 마음이 그리고 부모에 대한 자녀의 마음이 그러한 것이다. 사람이 세상을 살아가면서 다른 사람과 경쟁을 하다 보니 시달릴수록 하나가 되는 관계를 확보하기 어렵다. 부모와 자녀가 마음이 하나 되는 것 그것이 바로 '친'이고 그것이 바로 행복이다. 그렇기 때문에 부모와 자녀사이에서 있을 수 있는 모든 행동방식은 부모와 자녀가 하나가 되는 것이어야 한다.

2) 군신유의

'의'란 본래 인을 실천하는 구체적 행동원리다. 인은 원래의 상태다. 사람과 사람과의 관계는 원래 하나로 연결된 관계이다. 형제는 부모를 매개로 할 때에 하나로 연결되어 있고 사촌은 할아버지로 매개할 때는 하나로 연결되어 있다. 육촌은 증조할아버지로 매개로 할 때도 하나로 연결되어 있다. 이와 같이 확산해 나아가면 모든 사람이 하나로 연결되어 있을 뿐 아니라 모든 생물도 그렇다.

사람의 몸이 비록 각각 분리되어 있는 것처럼 보이지만 본질적으로는 하나이기 때문에 사람의 마음은 모두가 하나로 연결되어 있다. 그 하나로 연결되어 있는 마음이 한 마음이고 인이다. 임금과 신하는 원래 하나고 상관과 부하도 원래는 하나다. 윗사람은 명령하고 아래 사람은 그 명을 받아야 하는 관계지만 그것은 본래의 인관관계는 아니다. 그런데 인간관계에서 위아래 관계가 왜 생겼을까.

원래 인간은 모두가 하나로 연결되어 있다. 인간의 공동운명체가 바로 그것이다. 그렇기 때문에 서로가 화합하고 서로가 사랑하면서 살아가는 것이 바람직하다. 서로 싸우면서 다투고 갈리고 등지고 이질적으로 살아가는 것은 바람직하지 않다. 이 세상 모든 사람들이 한 지붕의 가정처럼 되면 아주 바람직한 일이다. 가정에도 부모와 자녀로 구성되어 있다. 모든 집단의 구성원은 부모와 자녀의 관계처럼 구성되는 것이 바람직하다.

부모와 자녀가 이 세상의 모든 집단이 임금과 신하의 관계는 본래적이고 영원한 관계이지만 다른 집단에서 상하 관계는 일시적인 관계다. 이 일시적인 관계에서 윗사람과 아래 사람의 행동원리가 의(義)다. 윗사람은 부모처럼 아래 사람을 사랑하고 보호해야 한다. 반면 아래 사람은 윗사람을 부모처럼 공경하고 받들어야 한다. 그것이 바로 의다. 윗사람이 윗사람의 본질을 망각할 때는 아래 사람이 부득이 바꾸어야 한다. 이것 또한 의다. 윗사람과 아래 사람 간에 지켜야 하는 모든 삶의 방식은 의를 지키는 차원에서 이루어져야 하는데 그것이 모두 예에 해당한다.[36)]

3) 부부유별

남편과 아내가 지켜야 할 도리를 '별(別)'이라고 한다. '별'은 달라야 하고 다르게 해야 한다는 것이다. 달리해야 한다는 것은 본래 하나이기 때문에 그렇다. 식물로 비유하면 한 줄기에서 뻗어난 하나이기 때문에 그 하나 됨을 공고히 하기 위해 열심히 다른 방향으로 뻗을 수 있다. 다른 방향으로 뻗을수록 온전하고 바람직한 것이다.

남편과 아내의 관계도 이와 같다. 남편과 아내는 몸이 둘이지만 하나이어야 한다. 그렇게 되어야 행복하고 보람 있는 인생을 살아가게 된다. 이 이치를 알 때에 서로는 다를 수 있다. 남편은 남편의

---

36) 李基東, 『논어강설』, 성균관대학교 출판부, 1991.

할 일을 하고 아내는 아내의 할 일을 열심히 하여 다르게 사는 것이 행복이다.

부부는 사랑으로 맺어진 관계지만 남녀 간의 사랑은 원래 조건적이기도 하다. 연령, 신체조건, 성격, 취미에 의해 사랑의 결실을 맺기도 한다. 그러나 그러한 조건이 보다 잘 갖추어진 사람이 나타나면 옮겨질 수 있다. 그렇게 되면 이혼하게 되는데 불행해진다.

부모와 자식사이가 하나일 때 행복하듯 사랑하는 사람사이도 두 몸이 하나의 마음 될 때에 행복하다. 그런데 사랑의 속성은 변할 수 있기 때문에 사람은 언제나 불안하다. 그렇기 때문에 무조건적인 해결책이 결혼이다. 결혼은 항구적인 관계가 된다. 부부가 되면 무조건적 사랑으로 바뀐다. 그렇게 되면 서로는 사랑이 어떤 경우에도 다른 사람에게로 옮겨갈 수 없다. 그렇게 살아가는 것이 '별(別)'이다. 남편과 아내가 이 두 가지 의미의 '별'을 실천하는 모든 삶의 방식이 모든 삶의 방식이 모두 예다.

4) 장유유서

'장유유서'란 어른과 어린이 사이에는 질서가 있어야 한다는 것이다. 사람이 세상을 살아가는데 있어서 네 번째로 중요한 것이 연령인데 다른 계층 간의 규범이다. 우리 인간이 부모에게서 태어나서 부모 다음으로 제일 먼저 형제간의 관계로부터 비롯되어 사회에 나아가서 서로가 연령이 다른 계층 간에는 질서가 중시된다.

오늘날 사람들은 장유유서를 불합리한 관계라고 하는 사람도 있지만 많은 사람들이 공감하고 인정하고 있다. 어떤 사람들은 능력과 업적에 따라서 우대되어야지 연령에 의해서 대우를 하는 것은 불합리하다는 것이다. 나이가 먹었지만 나 때문에 나이를 먹은 것이 아니기 때문에 내가 인정해주고 존경할 필요는 없다는 것이다. 능력이 있는 사람이나 공적이 있는 사람은 그 만큼 대우를 받아야 하지만 그렇지 못한 사람을 업신여기고 하대하는 세상은 행복하지 않다. 이런 논리라면 적자생존의 자연계나 동물계에 적용되면 맞는 논리다.

어린이가 유약하다고 인정하지 않고 청・장년이 노쇠한 노인을 멸시한다면 강자생존의 동물계나 있는 일이지 윤리가 중시되는 우리 인간사회에서는 있어서는 아니 되는 행위다. 형은 아우를 사랑하고 아우는 형을 공경하는 마음으로 남의 형을 공경하고 남의 아우도 사랑하고 나의 부모, 조부모를 존경하고 모시는 마음을 미루어 다른 사람의 부모나 조부모도 존경해 서로 간에 존중하고 질서를 지킨다면 장・유 사이에도 서로가 공감하고 화합이 쉽게 이루어질 것이다.

맹자는 천하에 가장 존귀한 것이 셋이 있는데 작위(爵), 나이(齒), 덕(德)으로, 조정에서는 작위가 가장 존귀하고 마을에서는 연령이 많은 것이 가장 존귀하다.[37] 그 말은 현대인에게도 수긍이 가는 부분이다. 세대 간에 공감을 알게 하고 융화를 이룰 수 있게 하고 한국적 가치관과 전통적 정신문화를 새 세대에도 부식시켜 줄 '장유유서'는 교육적으로 윤리적으로 많이 인정되고 있다. '장유유서'는 현대인에도 공감을 주고 있으며, 청소년들을 순화하는 매우 가치 있는 삶의 안내가 되고 있는 윤리다. 서양에서는 선착순, 빨리, 빨

37) 『孟子』「公孫丑」下, 孟子曰 天下有達 專三 爵・德・齒, 朝廷莫如罰 鄕黨 莫如齒, 輔世長民, 莫如德.

리, 줄서기가 생활화되고 있다. 그러나 현실적으로 조화롭게 '양보의 미덕'으로 노인과 장애자를 우선시하는 겸양의 덕으로 절충함이 더 바람직하다고 느껴진다.

우리 속담에 '찬물도 위아래가 있다.'는 말이 있다. 먼 길을 걸어갈 때에 서로가 목이 마른데 우물을 처음 발견했을 때에 누가 먼저 물을 마셔야 할까? 노인과 소년은 완전한 남이 아니다. 노인에게 물을 떠서 먼저 건네고 소년은 늦게 마시면 얼마나 아름다운 일인가. 소년이 다리 힘이 세다고 먼저 달려가서 앞에 줄을 섰다고 해서 먼저 마시고 또 한 번 마시고 등에 짊어질 물까지 담으려면 늙은 사람이 뒤에서 얼마나 신경질이 날까?

그렇지만 '노인 먼저 마시고 젊은이가 마시면 자연스러운 질서다.' 이러한 질서의식이 생활화 되면 좋겠다. 그 뿐 아니라 도시의 전철에서도 경로석을 두고 자리다툼의 경쟁이 벌어지는 때가 많이 있다. 그러나 소양 있는 사람들은 한 살 위라도 양보하는 아름다움이 보이는 현장이기도 하다. 아직도 한국인은 어른을 섬기는 예의가 살아 있는 것이 희망이다. 한국에는 지금 외국인이 많이 살고 있다. 한국인의 질서의식을 심어주면 좋겠다. 그래야만 그들도 한국의 정신문화를 가르쳐주는 기회가 된다.

5) 붕우유신

벗과 벗 사이에는 신의가 있어야 한다. 연령이 서로 비슷하고 지위도 비슷한 계층에서는 우선 착하고 신의와 신뢰가 중요하다. 요즘 세상을 단평(短評)하면 이익사회요, 출세주의지향형이다. 그러나 친구 간에는 경쟁보다는 서로 돕는 것이 바람직하다. 우선 선량해야 한다. 착하지 못한 친구는 책선(責善)을 하여 착해지도록 해야 한다.

일찍이 증자는 말하였다. 친구로서 인(仁)을 보(輔)한다고 해 친구는 서로가 절차탁마하여 자신의 인을 이룰 수 있도록 해야 한다고 하였다. '쑥은 본래 가지가 많아지는 만생(蔓生)의 식물이지만 곧게 자라나는 대마(大麻) 사이에 나서 자란다. 순자의 말을 빌리면 누가 붙들어 주지 않아도 자연히 곧게 된다(蓬生麻中 不扶自有)고 해 친구가 모두 인하고 선하다면 비록 마음이나 행실이 좋지 못한 사람이 있다고 해도 자연히 착하게 된다는 것을 비유하고 있다.

증자의 삼성 중의 하나가 "벗과 사귀는데 신의가 없는가? 를 날마다 스스로 살펴 반성을 한다고 해 벗과 벗 사이의 관계에서 신의가 가장 중요함을 강조하고 있다. 요즘 세상은 친구를 사귀는데도 얻음을 위하고 심지어 이용하려는 사람들도 있다. 그런 사람은 목적을 이루지 못할 때는 언제든지 친구를 버리고 떠난다. 그렇기 때문에 벗을 사귈 때는 진실해야 하며 득을 보기 위하고 자기 목적에 이용하려고 하면 아니 된다. 친구와 진심으로 사귀는 마음이 한 마음이고 언제나 변치 않는 마음이다. 벗과 언제나 변치 않는 마음으로 한결같이 사귀는 고리가 바로 믿음이다.

윗사람이 예(禮)를 중시하면 백성들이 윗사람을 공경하지 않는 사람이 없고 윗사람이 의를 좋아하면 백성들이 복종하지 않는 이가 없고 윗사람이 믿음을 좋아하면 백성들이 감히 실정대로 하지 않는 것이 없는 것이다. 이렇게 되면 사방의 백성들이 자식을 포대기에 업고 올 것이니 어찌 농사를 짓는 것을 쓸 필요가 있겠는가.[38]

그 당시에 농가학파의 학설이 유력하게 유포되었던 것 같다. 농가학파들은 농경을 권장해서 의식을 풍족하게 하는데 중점을 두었다. 나중에는 임금도 백성들과 함께 직접 농사를 지어야 한다는 주장까지 이르렀다. 번지가 공자에게 농사법을 질문한 것도 이 때문이다.

이때에 공자의 대답은 다르다. 공자의 주장은 도덕정치를 잘해 살기 좋은 나라가 되면 사방의 나라에서 백성들이 몰려들어 농사에 참여할 것이고 따라서 나라는 부강하게 된다. 그래서 왕이 농사를 직접 짓는 것이 문제가 아니라 도덕정치가 우선이란 것이다. 공자께서 늙은 농부보다 못하다고 한 것은 농부에게 찾아가서 배우라는 뜻이 아니라, 농사가 중요하지 않은 것은 먹고 살기 위함이 아니라는 것이다. 모든 백성이 농사에 다 참여할 것이 아니라 정치하는 사람은 정치를 잘하고 도덕군자는 도덕을 잘 펴야 한다. 농사걸이가 많다고 행복한 것은 아니다. 단지 육체적 욕구 해결이요, 정신적 행복을 찾아야 할 것이다. 요컨대 예와 의와 신의 덕이 군주와 같은 위정자에게 갖추어져 있어야 함을 강조하고 있는 것이다. 『맹자』에서도 군과 신은 호혜적 관계임을 강조한 곳이 여러 군데에서 찾아볼 수 있다.

> '군주가 되고자 할진대 군주의 도리를 다할 것이요, 신하가 되고자 하려면 신하의 도리를 다해야 하니 두 가지를 모두 요순을 법받을 뿐이다. 순이 요를 섬기던 것으로써 군주를 섬기지 않는다면 그 군주에게 불경이요, 요가 백성을 다스리던 것으로써 백성을 다스리지 않는다면 군주에게 불경이요, 요가 백성을 다스리던 것으

38) 『論語』「子路」제4장, 上好禮 則民莫敢不服 常好信 則民莫敢不用情 夫如是 則四方之民 不强負其子而至矣 焉用稼.

로서 백성을 다스리지 않는다면 이는 그 백성을 해치는 자다.'[39]

『소학』에서도 신하는 반드시 의를 바탕으로 충성을 다할 수 있어야 함을 분명히 하고 있다.

> '군자가 임금을 섬기되 나아가서는 충성을 다할 것을 생각하며 물러나서도 임금의 과실을 바로 잡을 것을 생각하며 자기의 마음으로 하여금 일호(一豪)라도 다하지 않음이 없게 한다. 그런 뒤에 임금이 아름다운 일이 있으면 받들어 순히 하고 나쁜 일이 있으면 바로 잡는 것이다, 그러므로 윗사람과 아래 사람이 서로 친한 것이다.'[40]

4. 전통적 효사상과 오륜의 현대교육적 수용

1) 부자(父子)의 가정윤리교육

부자의 인간관계는 최초의 인간관계로 아주 제일 중요하다고 생각한다. 왜냐하면 가정이 사회와 국가의 기본 단위이기 때문이다. 가정에서 부모와 자식 간의 윤리는 두 말 할 것도 없이 '효'라고 단정할 수밖에 없다. 효는 육친애로 비롯되기 때문이다. 인간이면 나를 낳아 주신 부모는 나를 태교로부터 온전하게 낳아주시고 건강한 육체로 길러주었으며 양육해 주었다. 다음으로 학교에 가서 지적인 능력을 배양하도록 뒷받침하여 사회와 국가에 유용한 인물이 되도록 후원해주었다.

---

39) 『孟子』「離婁章句上」第2章, 以舜之所以事堯 事君 不敬其君堯 事君 不敬其君者也 不以堯之所以治民 治民賊其尼者也.

40) 『小學』「明倫」52章, 孔子曰 君子事君 進思盡忠 退思補過 將順其美 匡救其惡 故上下能相親也.

사실 생각해 보면 부모는 가정교육 즉 부모교육을 통해 사람답게 자라도록 가르쳐 주었고 그 바탕에서 학교에 입학케 하여 선생님으로부터 배워서 지적 능력을 배양시킨 것이다. 이로 인해 세상을 당당히 살아갈 수 있도록 여건을 갖추어 준 것이다. 그러니 부모의 은혜는 너무 크고도 절대적이다. 효는 부모로부터 많은 사랑을 받아 은혜롭기 때문에 인간이면 누구나 당연히(저절로) 효심이 일어나기 마련이다.

2) 부모와 자식 간의 친함

『예기』「내칙」에 보면, 아들이 부모섬기는 도리와 며느리가 시부모를 섬기는 것도 부모섬기는 것 같이 하는데 아침 일찍 문안을 드린다. 맹자가 말하기를 '상(庠)・서(序)・학교를 설치해 가르침은 모두가 인륜을 밝히기 위한 것이라고 하였다.

「곡례」에 보면 "대체로 사람의 자식 된 자의 예법은 겨울에는 따뜻하게 해드리고 여름에는 시원하게 해드리며 밤이면 잠자리를 펴드리고 새벽이면 안부를 살펴야 한다. 노는 곳이 반드시 일정한 곳이 있어야 하며, 평상시의 말에 자신을 늙었다고 말하지 않아야 한다."고 했다.

『소학』「명륜편」에 효의 방법이 다각도로 제시되어 있다. 현대에는 실천하지 않는 가정규범이 많지만 그 정신면에는 고금의 차이가 없을 것이다. 시대에 맞게 조화롭게 실행하면 될 것이다. 지난날 학교교육에서는 실행을 중시하였다.

자연에는 불변의 자연법칙이 있고, 인간에게는 어질고(仁), 옳고(義), 예절이 바르고(禮), 슬기로운 것(智)은 인간의 본성이다. 인간이면 마땅히 어버이를 사랑하고(孝), 형을 공경하며(弟), 임금에 충성하고(忠), 어른에게 공손히(信) 하는 것을 사람의 도리라고 하는데 이는 본성에 따를 뿐 억지로 행하는 것은 아니다. 오직 성인만이 본성을 보존하며 저 무한한 하늘의 법칙과 하나가 되어 털끝만큼도 보태지 않아도 모든 행동이 지극히 착하다. 그러나 뭇사람들은 몽매하기 그지없어 마음이 물욕에 가려져 그 본성을 무너뜨리고 이를 포기하는 일을 마음 편히 여긴다. 성인이 이를 애달프게 여겨 학교를 세우고 스승을 가려 가르쳐서 그 뿌리를 북돋우고 그 가지를 뻗어가게 하였다.

『소학』의 가르침은 '물 뿌리고 소제하고 남의 말에 응대함이 예절에 맞으며'를 중시했는데 아주 중요하다. 소제의 방법을 보면 어른을 위해서 소제하는 예는 반드시 비를 쓰레받기 위에 놓아서 소매로 앞을 가리고 쓸면서 소매를 가리고 뒤로 물러나면서 쓸어서 그 먼지가 어른에게 미치지 않게 하고 쓰레받기를 자기 쪽으로 향하여 쓸어 담는다.[41]

이와 같이 어른에 대한 어린이의 예는 공경스런 마음으로 한다. 이와 같은 공경의 자세는 시간적·공간적 질서의 형태로 얼마든지 드러날 수 있다. 일상생활의 전반에 걸쳐 수없이 발생한다. 어른의 마음을 편안하게 하고 존중하며 어른과 응대할 때 주의를 산만하지 않게 하는 등 오늘날 공경의 마음을 심는 교육은 학교교육에서 배제되어 있다.

『소학』에서 강조한 어린이가 어른을 공경하는 교육은 자연적인

41) 『小學』「明倫」제76장, 凡爲長者糞之禮 必加帚 於箕上, 以袂 拘而退, 其塵 不及長者 以箕 自鄉而扱之.

것인 만큼 현대 학교교육에서도 도입할 가치가 있다. 지금 우리의 학교구성원은 지배층의 자녀와 빈곤층과 소외계층의 자녀가 '의무교육'이란 울타리 속에 함께 하고 있다. 모든 학우는 '우리' 라는 공동체 속에 있으며 학연은 평생 바꿀 수 없거니와 함께 가는 교육공동체로 오륜에 명시된 어른과 아이와의 윤리는 반드시 지켜져야 한다고 강조한다.

3) 남편과 아내와의 분별

「곡례」에 말하기를, '남자와 여자 간에는 중매를 하는 이가 오고 가지 않으면 서로가 이름을 알지 못하며 예물을 받음이 아니면 사귀지 않고 친하지 않는다. 그런데 생월과 생일을 써서 임금에게 알리고 재계하여 귀신에게 고유하며 술과 음식을 장만해 향당 및 동료의 벗을 불러 잔치를 한다. 그것은 부부는 분별이 있다는 예법을 중히 여기는 것이다.

아내를 맞이하되 동성동본을 맞이하지 않는다. 그런 까닭에 첩을 들일 때 그 성(姓)을 알지 못하면 점을 친다.'[42] 현대교육으로 보아도 아무리 남녀평등 시대라고 하지만 남편은 본성대로 남편답고 또 남편의 소임을 해야 하고 부인은 본성대로 부인답고 부인의 역할이 있기 때문에 분별이 있어야 한다고 본다.

---

42) 『禮記』「曲禮」, 원문 생략.

4) 어른과 아이 간의 질서

『소학』「장유지서」편 69장에 보면 맹자가 말을 하였다. 두세 살 난 어린애라도 그 어버이를 사랑할 줄 모르는 자가 없고 자라나면 그 형을 공경할 줄 모르는 자가 없다고 하였다. 누구나 자식이 제 부모를 사랑하고 형을 공경함은 누가 가르쳐 주지 않아도 제 마음속에 우러나서 잘한다. 이와 같이 배우지 않고도 잘 아는 것을 양지라고 한다. 그러나 점차로 성장하면서 사욕이 생기면서 그런 마음이 희박해진다.

『소학』「70장」에 보면, 천천히 걸어서 어른의 뒤에 가는 것을 공순하다고 하고 빠르게 걸어서 어른 앞에 가는 것을 공순치 못하다고 한다. 어른과 함께 걸어 갈 때의 예절을 말한다. 그러나 젊은이가 빨리 갈 일이 있을 때는 양해를 받아 빨리 갈 수도 있다.

『소학』「71장」에 보면 다음과 같은 말이 있다. 『예기』「곡례」편에 보면, 아버지의 친구를 뵙게 되면 앞으로 나오라고 하지 않으면 감히 나아가지 못하고 물러가라고 하지 않으면 감히 물러가지 못하며 묻지 않으면 감히 대답을 하지 않는다고 하였다.

아버지 친구를 만나 뵈었을 때에 몸가짐과 공경하는 자세를 말한 것이다. 『소학』「72장」에는 나이가 갑절이 많으면 아버지처럼 섬기고 10년 위이면 형처럼 섬기고 5년이 위라면 어깨를 나란히 하여 걷되 좀 뒤떨어져서 따라 간다. 나이가 15살 위면 아버지처럼 섬기고 반드시 경어를 쓰고 오랜만에 만나면 절을 하고 그 앞에서 담배를 피우지 않으며 술을 권하면 대작을 하지 않았다. 연하자가 어른을 공경하는 것도 양지라고 한다. 여하튼 도덕질서를 지키는 것은 좋은 일이다.

5) 벗과 벗 사이의 사귐

공자는 '벗과의 사귐'에 대하여 다음과 같이 말씀하였다.

> 벗과 벗 사이에는 간절하게 상대방의 허물을 충고하고 선의 도리를 권면해야 하며 형제사이에 화목하게 즐겁게 지내야 한다.[43]

친구 간에 서로 이끌어서 선의 길로 가는 것이 벗의 도리이다. 만일에 벗의 허물을 발견했을 때는 잘 알아듣도록 간적하게 충고하여 고치게 하고 선을 권면하며 선한 사람이 되도록 한다. 형제는 똑같이 한 부모의 기혈을 받고 태어나서 한 나무에 돋아난 여러 가지와 같은 것이니 운명을 같이 해야 할 불가분의 관계에 있다. 서로 사랑하고 도와서 공존공영의 길로 가야 한다. 형제간에는 어떤 경우에도 원한이나 감정이 존재할 수 없다. 언제나 화목하고 서로가 즐겁게 지내야 한다. 『소학』 「명륜」편에 보면 좋은 친구 나쁜 친구가 구별되어 있다.

> '유익한 친구가 세 가지 있고, 해로운 벗이 세 가지가 있다. 정직한 사람, 성실한 사람, 문견(聞見) 많은 사람을 벗으로 삼으면 유익하고, 겉치레만 잘하고 정직하지 못한 사람, 남에게 아첨을 잘하고 성실하지 못한 사람, 말만 잘하고 견문의 실지가 없는 사람을 벗으로 삼으면 해롭다.'[44]

착한 사람을 벗으로 사귀면 자신도 착한 친구의 감화를 받아서 착한 사람이 되고, 나쁜 사람을 사귀면 자신도 알지 못하는 사이에

---

43) 『小學』「明倫」, 孔子曰 朋友 切切偲偲 兄弟 怡怡.

44) 『小學』「明倫」, 益者三友, 損者三友, 友則 友諒, 友多聞 益矣. 友便辟 友善柔 友便佞 損矣.

악에 물든다. 친구를 잘 사귀어 함께 성장한 사람이 있고, 나쁜 친구를 사귀어 망한 사람이 전례에 얼마든지 있다. 좋은 친구를 만나는 것이 자신의 성장의 길이다.

5. 한국적 가치를 교육하고 실행시키자

학교에서 도덕 윤리교육 문제는 아주 중요한 문제로 떠오르고 있다. 그렇게 되는 교육은 먼저 가정의 부모이기 때문이다. 학교선생님들은 가정의 부모교육의 허실을 개탄하고 있다. 그럼에도 현대가정에서의 부모교육은 아주 소홀히 하고 있는 것이 저출산으로 인해 자녀들을 지나친 보호로 양육하기 때문에 부모의 훈육과 교육부재 현상을 초래하고 있다. 따라서 가정교육이 학교교육으로 연계되기 때문에 학교교육도 무너지고 사회교육도 함께 무너져 청소년들의 윤리교육문제는 심각해졌다. 게다가 현대는 다문화, 다민족 국가이어서 우리의 전통교육문화가 주체를 상실해 가고 있다.

현대교육에서 지난날에 국적 있는 교육을 중시해 '국어, 국사, 국민윤리, 체육'을 중시한 때가 있었다. 특히 '국민윤리교육'을 강화한 일이 있었다. 삼국시대이래, 고려, 성균관에서는 『논어』와 『효경』을 필수교과로 하여 중점 교육하였다. 즉 인효교육에 역점을 둔 일이 있다. 바람직한 교육목표로 인으로 삼고 구체적 실행방법으로써 효를 중시함은 당연한 것이다. 이러한 교육이 거의 실종된 것이 현대교육이다. 조국이 근대화 되면서 서양의 진보주의 교육은 교육정책자들에 의해 부식하고자 하였으나 토양이 맞지 않아 한국에서는 제구실을 하지 못하였다.

현대교육은 국민의식을 높이고 가장 세계적인 한국의 효문화를 고양하는 교육에서 아주 멀어진지 오래 되었다. 오늘날의 청소년교육문제나 범죄가 많은 사회를 치유하기는 절대로 미흡한 교육을 하고 있다. 그래서 지금까지 효가 여전히 전통윤리의 핵심으로 동양을 이끌어 온 이유를 살펴보았다. 그것을 버리고서는 누구도 평화롭고 행복하게 살아갈 수 없다고 말하고 싶다.

제2장

서포 김만중의 효의식과 신화의식

윤 경 수

(전 부산외국어대학교 교수)

1. 글의 시작

서포(西浦) 김만중(金萬重, 1637~1692)의 인물상은 어머니 해평 윤씨와 광산김씨 본가와 나아가서는 한민족의 조상인 단군신화와의 유전적인 의식이 수용되었다고 할 수 있다. 이 중에서 신화와의 관련성은 환인(桓因)은 환웅(桓雄)에게 자애(慈愛)로 대했고, 환웅은 환인에게 효(孝)로써 갚음하였다. 웅녀(熊女)는 단군(檀君)을 낳아서 어머니의 사랑으로 키우고 가르쳤다. 단군은 어머니 웅녀에게 효성을 다해 그 갚음으로 훌륭한 나라를 세웠다. 따라서 단군신화에서의 부자모자(父子母子) 간은 부자자효(父慈子孝)와 모자자효(母慈子孝)가 후대에 영향을 미친 것이라 할 수 있으므로 서포에게도 무관할 수가 없게 된다.

서포는 남해 유배지 노도(櫓島)에서 『구운몽』과 『사씨남정기』 등의 작가로서 국문학사에서 거대한 봉우리를 형성하고 있는 주요한 인물이다. 또한 『정경부인해평윤씨행장』(이하 『행장』)은 조선 숙종 15년(1689)에 서포가 남해의 유배지에서 어머니가 세상을 떠났다는 소식을 들은 다음 해(1690)에 생전의 일대기를 적어 추모하여 쓴 작품이다. 서포는 을사년 (1665) 정시문과에 장원한 후 벼슬이 대제학, 판서에 이를 만큼 학식이 높았다.

서포는 유복자로 태어나 부친의 모습을 모르는 것을 평생의 한으로 여겼다. 그런 만큼 서포는 모친에 대한 효성이 남달리 극진해 모든 사람이 칭송하였다. 서포가 작품을 쓴 동기는 어머니를 생각하는 그의 지극한 효성의 발현으로 볼 수 있으니, 모태 회귀적 사상을 중심으로 보면 단군신화와 관련을 맺고 있음을 찾아보기로 한다.

특히 모부인 윤씨에게는 웅녀의 동굴모티프가 집단적 무의식(the collective unconscious)으로 수용된 것으로 보고, 웅녀상도 소개하여 그 인물됨으로 서포의 효의식의 인간됨을 남해 노도(櫓島)에서 지은 『구운몽』, 『사씨남정기』, 『행장』 등을 통하여 조명하기로 한다.

2. 민족고유의 효, 서포 효의 근원의식 탐색

1) 고조선 3대, 서포의 효

서포의 효심은 윤씨가 홀로 자애로써 형제를 키운데 있다. 다시 말하면 고조선시대 환인(桓因)의 부자자효(父慈子孝)의 가통은 그의 아들 환웅(桓雄)에게, 환웅은 웅녀와의 낳은 아들 단군에게 이어져 내려왔다.

한국의 효의 발상은 유교의식 이전에 단군신화에서 유래된 것이다. 웅녀는 환인(桓因)과 환웅(桓雄)의 가통을 이어 단군을 낳아 키워 고조선을 홍익인간의 이화세계(理化世界)를 세워 동북아 일대에서 가장 훌륭한 나라를 세웠다. 윤씨는 웅녀가 인간으로 환생하기 전 입사식의 고난을 극복한 것과 같이 홀어머니로서 맏아들 서석(瑞石) 김만기(金萬基, 1633~1687)와 둘째 아들 서포(西浦) 김만중(金萬重) 형제를 훌륭히 키워 입신출세케 했다.

전자 맏아들 서석은 대제학에 올랐다. 숙종 6년(1680) 경신환국 때에는 훈련대장으로 역모 사건을 다스려 보사공신 1등에 채택되기도 하였다. 후자인 서포는 대제학과 병조판서에 올랐다. 윤씨는 손자 증손자에 걸쳐 4명의 대제학을 배출해 광산김씨 문중을 빛냈다.

서포의 모부인 윤씨는 단군신화에서와 같이 곰이 웅녀(熊女)로서 환생하여 지모(Erd Mutter)·곡모(Getreide Mutter)적 존재와 같이 아들 형제를 훌륭히 키웠다. 따라서 웅녀와 윤씨는 '여(女)-수(水)-월(月)'의 생생력 환대(Fruchtharkeits-Kreise)[1)]를 이루어 생산적인 풍요로운 번성을 누린 것과 연계할 필요가 있다.

서포는 어머니 윤씨에게 남다른 효심을 발휘하게 된 것은 가정적 배경에서 원인된 것이고 멀리는 단군신화에서의 단군이 웅녀의 효심으로 이어지게 된다. 왜냐하면 한국인의 사상과 문화와 윤리의식 등은 단군신화로부터 유래되고 집단적 무의식적으로 오랜 전통이 이어졌기 때문이다.[2)] 왜 그렇게 보냐 하면 원래 신화는 제의(祭儀)에서 유래되고[3)] 제의로부터 실현된 것이다.[4)] 이런 연유로 환인·환웅·환검(단군)의 3대기는 역사성과 밀접한 관계를 이룬다.

---

1) 水-女-月은 우주적 생성력 환대(宇宙的 生成力 環帶):anthopo kosmis cherfruchtht barkeits kreis)(M.ElReligionen und des Heilige, Köke Salzburg,1954, S.218)를 이루어 만물을 풍성하게 생산하는 모성적 의미를 지닐 뿐만 아니라 풍요다산을 이룬다.

2) 윤경수, 『단군신화와 고전문학의 원형상징성』, 태학사, 1997, 11쪽.

3) E,hyman: The ritual VIeW of myth and the Mythic, in T. A. Seheck(ed) Myth: A symposium, 1985, p.93.

4) Stith Thompson : Myths and Folk tales : A symposium, edited by thomas A. sebcod :Lndiana Univ. press,1958. p.96. J. Ellen Harrison: Prolongment to the study of Greek Religion and Themis, New york, 1966. p.322.

윤씨는 1631년 14세 때에 광산김씨 가문에 김익겸(金益兼)을 남편으로 맞이하였다. 서포의 부(父) 김익겸은 예학의 대가 김장생의 손자이고 참판공(叅判公, 김반(金槃))의 아들이다. 어머니는 연안(延安) 서씨(徐氏)이며 형은 김익희(金益熙)이다.

일찍이 김익겸의 부(父) 김반(金槃, 1580~1640)은 사계의 아들로서 광산 김씨의 가풍을 이어받아 지조 있는 사람으로 자랐다. 그는 1613년(광해군5)에 계축옥사가 일어나자 낙향하여 10여 년 동안 초야에 은거하며 학문을 탐구하였고, 1623년(인조1) 인조반정 후 빙고별제(氷庫別提)에 임명되었으나 나가지 않았을 정도로 벼슬길에 연연하지 않고 절의(節義)를 지켰다. 이듬해 이괄(李适)의 난 때 인조를 공주로 호종(扈從)하였다가 공주의 행재소(行在所)에서 실시한 정시문과에 급제하고. 호종의 공으로 성균관 전적이 되었다. 그 후 그는 나라의 충성을 다하여 대사성·병조참판·이조참판 등 요직을 역임하고 사후에 영의정에 추증되었다.

여남(汝南) 김익겸은 조선 인조 때의 문신으로 성품이 강직하여 자신의 소신을 굽히지 않는 인물로 평가받는다. 그는 청(淸)과의 친교를 강력히 반대하였다. 왜냐하면 그 이유는 숭정황제(崇禎皇帝) 9년인 병자년(1636년 인조 14년)에 후금이 국호를 청으로 바꾸고 스스로 천자를 참칭(僭稱)하였기 때문이다. 더구나 청의 사자는 몽고사람을 데리고 왔는데 예의가 없었으므로 조정에서 해괴하게 여겼다.

그 당시 여남(汝南), 김익겸은 나이 22세로서 한 해 앞서 예업(藝業)을 닦아 사마과(司馬科)에 장원급제한 뒤 성균관[國庠]에서 공부를 할 때니 피 끓는 청년이었다. 그는 오만방자한 오랑캐와 상종해서는 안 된다고 혁연(赫然)히 개탄하면서 부도(不道)한 자를 조리돌리게 하고 주살하자고 주장하였다. 이때 여남(汝南) 김익겸의 황고(皇考, 선친) 참판공(叅判公, 김반(金槃)) 또한 당시에 대사간(大司諫)으로서 그 옳지 못함을 상소하였다.

청(淸)은 조선의 조정에서 친교를 반대하자 이해 겨울 오랑캐들이 결국 침략해 왔다. 여남의 부형들은 남한산성으로 어가를 호종(扈從)하였고, 여남 혼자서 여러 아우들과 함께 어머니 서씨(徐氏) 부인을 모시고 강도(江都)로 들어갔었다. 다음 해 여남은 정축년(1637년 인조15년) 정월에 관군(官軍)과 협조하여 성을 사수한다는 계획을 세웠다. 그러나 여남은 정월 22일 일이 다급해짐을 알고 성의 남쪽 초루(譙樓, 성문위에 세운 망루)에서 스스로 분신(焚身)하였다. 다음날 여남의 모친 서씨도 또한 우사(寓舍)에서 자결하였다.

더구나 여남(汝南)은 1936년에 후금의 태종이 용골대(龍骨大)를 사신으로 파견해 군신의 관계를 맺자고 요구하였을 때 청의 요구를 인정하지 않을 것을 주장하고 그의 목을 베일 것을 강력히 주장한 주전론(主戰論)이자 척화신(斥和臣)이다.

청은 1636년 자신들에 요구가 관철되지 않자 병자전쟁을 일으켜 그들의 침략으로 인조도 남한산성으로 피신하고 결국 이들에게 항복하였다. 그러나 여남은 강화성에서 이들과 끝까지 싸우다가 함락당하기 직전에 남문루에 화약고에 불에 뛰어들어 자결한 것이다.

윤씨는 강화성이 함락되어 척화신의 아내로서 화를 피하기 위해 21세 때 만삭의 몸으로 5세 된 맏아들 만기를 데리고 갯가로 나와 배를 타고 한양에 친정집으로 가게 되었다. 배안에서 만중을 낳은 관계로 서포는 김선생(金船生)이란 별명이 나돌았다. 서포의 효의식은 선친의 충효관념을 이어받아 모부인이 어려운 가운데 자신을 키우고 공부시킨 은혜를 보답하기 위해 작품을 쓴 것이다.

윤씨는 친정에 돌아와 아들 형제를 키울 때 몸소 아들형제에게 한문을 가르치고 책을 빌려다가 베기고 책을 구입할 돈이 없을 때 베틀에서 베를 잘라 팔아 구입하고 정성으로 키워 만기와 만중 형제가 대제학에 이른 것이다.

원래 윤씨는 평상시 폭 넓은 독서와 총명함을 함께 공유하고 있었고, 두 아들이 자신의 뜻을 성실히 따라 기대 이상의 성과를 내는 관계로 강한 자부심도 가지고 있었다. 윤씨는 두 아들이 중국의 구양수와 소동파 형제와 같이 훌륭한 문장가가 되기를 원한다고 하였다.5)

그런데 서포는 숙종이 장희빈을 맞아들이고 그의 소생을 세자로 책봉하려 할 때 민씨(閔氏) 인현왕후(仁顯王后)가 나이가 젊으니 기다려 그 소생으로 세자를 삼아야 한다고 상소를 올렸다. 결국 서포는 숙종의 노여움을 사서 괘씸죄로 남해 노도로 유배되었다. 서포는 노도에서 모정을 잊지 못하는 가운데 어머니 윤씨를 훌륭한 인물로 부각시키는 일환으로 『구운몽』과 『사씨남정기』를 지었다.

즉 전자에서는 소설 속에서 모부인을 최상으로 존대하여 위부인으로 나타냈다. 특히 이 소설에서는 주인공 양소유가 모친을 위하여 마련한 경복당(慶福堂)을 정경부인 윤씨의 당호로 바치기도 했는데 이곳은 조선 정궁인 경복궁의 서궁에 있다. 서포가 모친의 거처를 궁궐 수준으로 나타낸 것은 효심의 발로인 것이다. 후자에서는 주인공 사씨부인을 순임금의 두 여인 아황(娥皇)과 여영(女英)인 열녀 이비(二妃)와 관음보살로 형상화하여 밝혔으니, 모친 윤씨에게 효심을 나타난 소설이다.6)

---

5) 김진규, 『대부인행장습유록』.

서포는 남해노도에 유배되었을 때 한시도 잊지 못하여 위로하기 위하여 효소설을 지은 것이다. 그의 효는 가정적인 배경의 원인에서 남다른 효를 어머니에게 행한 것으로 이해하면 된다.

2) 모부인 위로하고자 『구운몽』에서 효심 발휘

『행장』의 원본은 서포가 쓴 한문본인데, 윤씨는 서적을 즐겨 늙도록 놓지 아니했다[7] 라고 하고, 또 역대치란과 명신언행을 좋아하였다[8]는 기록이 있다. 서포는 유배 중에 어머니의 외로움에 따르는 근심 걱정을 위로하고자 『구운몽』을 지었던 것인데, 어머니가 책을 좋아하였기 때문에 효심으로써 위로하기 위해 지은 것이다.

패설에 『구운몽』의 대체적인 뜻은 부귀공명을 일장춘몽에 돌린 것에서 대부인의 근심 걱정을 풀어드리고자 한 것이다.[9] 『서포연보』에서는 서포의 효 문화의식이 잘 드러나고 있다.

부군이 이미 유배지에 도착하였다. 모부인의 생일을 맞이하여 시를 지었는데 '멀리 어머니께서 자식 생각에 흘리실 눈물 생각해 보니 하나는 살아서 이별, 하나는 죽어서 이별인데' 라고 읊었다. 또 책을 지어 보냈는데 소일거리를 남게 하고자 함이었다. 그 뜻은 일체의 부귀영화가 몽환이라는 것이었으니, 또한 자신의 뜻을 넓혀서 자신의 슬픔을 달래기 위함이기도 했다[10]

이러한 내용은 이규경(李圭景, 1788~1856)이 『오주연문장전산고』(五洲衍文長箋散稿)에서 '서포가 모부인의 한가로움을 풀어드리

---

6) 설성경, 『윤씨부인의 삶과 그 정신』, 지식과 교양, 2011, 216쪽.

7) 『先妣貞敬夫人行狀』, : 以夫人好書, 聚古異書 以至稗官雜記日夜談話 左右以資一笑.

8) 『西浦集』, 序文.

9) 李綷, 『三官記』, 耳部.

10) 『西浦年譜』, 丁卯府君 五十一歲.

기 위해『구운몽』을 지었다'[11] 라고 밝히고 있는 것과 다를 것이 없다. 서포가 모부인 효성의 발로로써 사모의 정은『구운몽』서두에 전개되는 남악 형산 연화봉의 경개(景槪)를 모태회귀(Return to the womb)의 모티프로 묘사한 것에서 드러난다.

절정에 올라 폭포 근원을 굽어보고 물줄기를 따라가다가 돌다리 위에서 쉬는데, 이때가 바로 춘삼월이라 온갖 꽃이 골에 가득하였으니 붉은 안개 끼인듯하고, 새 짐승의 백가지 소리 생황(笙簧))을 주(奏)하는 듯하니, 봄기운이 사람의 마음을 태탕케 하더라. 팔선녀들도 자연 마음이 들뜨는지라. 돌다리 위에 앉아 시냇물을 굽어보니, 여러 골물이 교하에 모다 너른 징담이 되고 차고 맑음이 광릉(廣陵) 땅 보패의 새 거울이 걸린 듯 새로 닦은 듯하니, 푸른 눈썹과 붉은 단장이 물속에 떨어져 마치 한 폭 주방(周昉)의 미인도과 같더라.(『구운몽』일절)

이는 서포가 햇빛 찬란한 춘삼월의 풍경을 인간탄생의 원천인 모체 내부를 연상하여 어머니 원형(Mother archetype)의 이미지로 천상의 낙원을 묘사했다는 것을 알 수 있다. 서포는 대부인에 대한 사모의 정을 미의식으로 그렸다는 것은 유배생활에서도 오매 간에 한시도 잊지 못하는 기억 때문이다.

서포가 묘사한 물줄기는 마치 밀턴의『실락원』에 묘사된 에덴동산과 같이 거대한 강물이 흘러내리는 모습[12]과 비슷한 것이다. 물은 여성적인 의미를 가진 생명의 원천이기도 하고 어머니 원형의 이미지가 되어 희망과 새 사명으로 이끄는 역할을 하고 있다.[13] 서

11) 李圭景,『五洲衍文長箋散稿』, 小說辨證說, 世傳西浦竄荒時, 以爲大夫人破閑一夜製之.

12) C. G. Jung : The Collected Words, Vol.5. Symbols of transformation, Prinston University Press, 1952, pp.317~318.

13) Arnold Van Gennep : The Rites of Passage, tr. by Monkia B. Vizedom and Gabrelle S. Caffee,

포는 모부인이 고난 많은 생을 살다가 이승을 떠났던 것을 강물이 흘러 주야로 그치지 않는 영원성으로 보고 자손들의 번영을 모성과의 결합으로 모태회귀 의식으로 나타냈다.

모부인은 두 아들에게서 낳은 손자 다섯 손녀 넷을 두었으니 증손까지 그 후대에 이른 것을 합하면 그 수는 기하급수적으로 늘어나 마치 거대한 강물이 흐르는 물줄기와 같이 번성한 것이 된다.

'어머니'는 이미 선재하는 모든 여성들의 복합적 심상으로서 모든 생명 근원의 원초적 형태다. 이 어머니는 생산의 근원인 대지와 이를 둘러싸고 있는 생장의 식물, 그리고 이를 키워주는 햇볕과 냇물 등과 함께 연상된다. 이처럼 『구운몽』의 서두에 전개되는 연화봉의 이미지는 인류의 보편적인 모성원형을 반영한 낙원 형상으로서, 김만중의 전 생애를 통하여 그의 영혼을 부단히 지배해 온 내면의 영상으로서 그의 어머니에 대한 내면적 심리가 보편적인 체험으로 승화되어 형상을 얻게 된 것이라 생각할 수 있다.[14)]

서포가 쓴 『구운몽』과 행장이 모태회귀로 나타난 것은 단군신화에서의 웅녀와 같이 '거듭 태어남의 모티프'(the motive of twofold birth)로 이해할 수 있다. 이미 선학 동학들에 의해서 『구운몽』의 사상적 배경을 유불도로 연구하여 많은 공헌을 한 바 있다.[15)]

원래 서포는 사대부나 일반 양반유자와는 달리 유교경전 뿐만 아

1966. p.63.

14) 김병국, 「구운몽」, 『한국고전소설작품론』, 집문당, 1990, 678쪽.

15) 정규복, 『구운몽 연구』, 고려대학교 출판부, 1974.
정규복, 『구운몽 원천의 연구』, 일지사, 1977.
박성의, 『구운몽의 사상 배경 연구』, 동아출판사, 1970.
김열규·신동욱 편, 『김만중연구』, 새문사, 1983.
김무조, 「서포소설연구」, 동아대학교 대학원 박사논문, 1974.
사재동, 「불교계 국문소설의 형성과정」, 충남대학교 대학원 박사논문, 1977.
조동일, 「한국문학사시론」, 지식산업사, 1979.
류병환, 「고전소설 구운몽 연구」, 동국대학교 대학원 박사논문, 1986.

니라 도가와 불교에도 관심이 깊었던 것으로 이단자로 취급당하기도 하였다.16) 『구운몽』의 내용이 불교적인 내용으로 지은 것은 서포가 불교의 조예가 깊었기 때문이다. 『구운몽』은 유불도와 더불어 단군신화와의 관련으로 심화시켜 볼 필요가 있다. 웅녀와 윤씨가 겪은 수난을 같은 대상으로 보고 이를 도표화하면 다음과 같다.

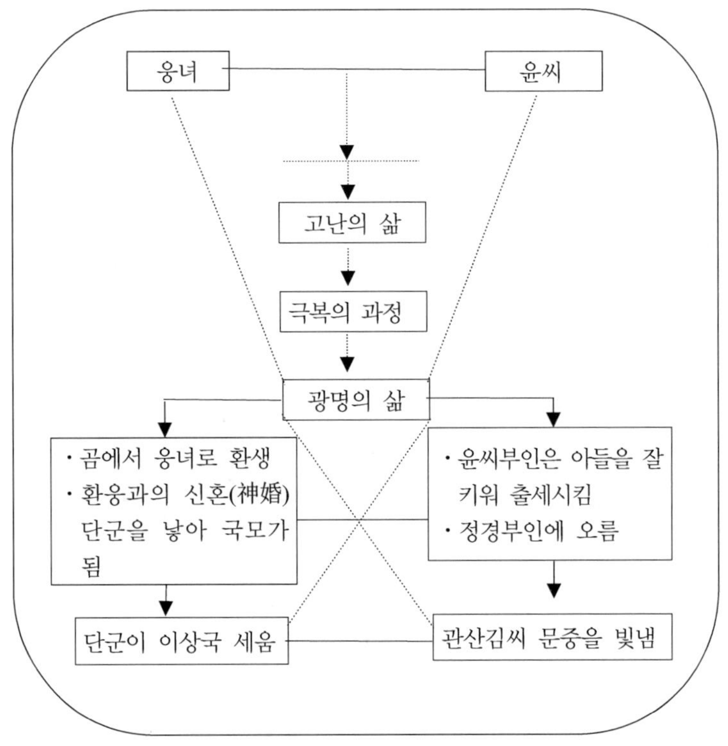

16) 『승정원일기(承政院日記)』 454책, 숙종36년(1710) 5월21일(을유) ; 正言洪禹寧啓曰, 凡科場文字, 不使用老·莊異端等說, 明有禁令, 而今番二所入格擧子試券中, 多有佛語, 至有極樂世界, 八百羅漢等語, 已極可駭, 而又於一所入格擧子試券中, 有以西浦稗 說爲頭辭云° 西浦卽近來宰臣之號, 而稗說卽漫筆小說之類也° 如許格外淆雜之文, 若不痛加 禁斷, 則無以嚴科場而杜後弊° 請令該曹, 收聚文科一二所入格試券, 相考拔去, 當該試官, 亦難免不察之失, 竝命從重推考° 答曰, 依啓° 拔去事, 令該曹稟處°

사람은 어머니의 품속을 벗어나면서부터 인생의 역경과 만나게 된다. 모태 내에서는 완벽한 보호와 사랑을 받기 때문에 인간이라면 타향에서 외로운 처지에 놓이거니 하면 누구나 모태로의 회귀를 꿈꾸게 된다. 서포 역시 비록 한 나라의 재상까지 지낸 신분이었지만, 인간이었기에 자식이었기에 이미 어머니가 돌아가시기는 했어도 어머니를 회상하면서 그 꿈속을 그리워했을 것이다.

이렇게 볼 때 서포의 효심은 효 문화로 승화되어 모태회귀성에서 비롯된 것이라 하겠다. 서포의 효심은 뿌리를 생각하는 근원이 되어 경남 남해군 상주면 양아리 노도(櫓島)에 이르면 1988년 9월에 남해청년회의소에서 김만중의 문학정신과 효행을 기리기 위해 세운 유허비(遺墟碑)가 있다. 그 비를 다음에서 보기로 한다.

서포의 초상화

서포의 유배지 노도

서포의 유허비

유허비란 한 인물의 행적을 기리고, 그의 옛 자치를 밝혀 후세에 알리고자 세워두는 비로 오늘의 입장에서 되새겨볼 때 서포문학을 연구하는데 새로운 가치와 의의를 더하게 된다. 왜냐하면 서포에 대한 내력과 인품은 유허비 뒷면에 상세하게 기재되어 있기 때문이다.

서포가 『구운몽』을 지은 것은 그의 귀양지에서 어머니 윤씨의 한가함과 근심을 덜어주기 위하여 하룻밤 사이에 이 작품을 지었다고 한다. 하룻밤 사이에 지었다는 것은 미화된 표현으로 온 정성을 다하여 썼던 것으로 이해하면 된다. 서포는 모부인을 위로하기 위해 지은 것이니, 효심의 발로이었다. 서포의 효는 1999년 후손들에 의해 비문을 세워 후세의 영원한 귀감으로 삼으려 세웠다.[17)]

일찍이 서포의 효는 그의 종손 김춘택에 의해 뛰어난 효심이 두루 알려지기도 했다.[18)] 『구운몽』은 서포의 효 의식으로 지은 것으로 알려진 소설이다. 그런데 이 소설이 모부인에게 전달된 것은 담천병이 극심할 때니, 읽었다는 기록이 전하지 않으니 아쉬울 뿐이다. 분명한 것은 서포를 유배를 보낸 남인계의 벼슬아치들은 조정에서 양소유와 같이 좌우부인을 거느리고 부귀영화를 누리게 되더라도 일장춘몽에 불과함을 비유적으로 나타냈다고 할 수 있다.

서포는 모부인에게 세상의 부귀영화는 뜬 구름과 같으니, 불교의 공(空)사상으로 살아가는 것이 주요과제로 당부한 것이라 할 수 있다. 공(空)은 노자(老子)의 무(無)과 같은 것이므로 세속의 온갖 번뇌를 잊고 마음을 비고 살아가는 생활 방식이다. 따라서 『금강경』의 공사상은 우리 중생들이 모든 고통에서 벗어나야 본성을 깨치게 되고, 본마음을 깨치면 바로 깨달음의 경지에 이를 수 있다는 견성성불(見性成佛)을, 사회에는 불국정토(佛國淨土)의 길을 제시하게 되므로 풍요롭게 살아갈 수 있다.

서포는 『구운몽』에서와 같이 모부인을 위로하기 위해 『금강경』의 공사상으로 마음을 비고 허심탄회하게 살아가라는 당부를 나타

---

17) 『문효공서포선생휘만중효행숭덕비문』.

18) 김춘택, 「서포유사별록」, 『북헌집』권16.

낸 것이다.

3) 『사씨남정기』의 목적소설로서의 효

『사씨남정기』는 서포의 목적성이 분명하게 드러나 있는 만큼 숙종이 민비(閔妃) 인현왕후(仁顯王后)를 폐출하고 장희빈을 왕비로 맞아들인데 대해 성심(聖心)을 회복시키고자 사씨부인으로, 교씨를 장희빈, 유한림을 숙종의 관계인 정치적인 담론으로 편 목적소설이다. 흔히 목적소설은 정치적 배경과 상관되어 있는데, 숙종이 장씨를 책봉하여 숙원(淑媛)을 삼은 것은 자못 얼굴이 아름다운데 있었다.[19)]

고소설은 정치적 배경의 담론을 소재로 하면서 『사씨남정기』와 같이 역사적 내용과 관련해서 내용으로 돌려서 쓴 작품도 존재하고 있다. 이에 따라 『사씨남정기』 또한 17세기 궁중에서 일어났던 관계를 소재로 한 목적소설이다. 이에 대한 확적한 증거는 궁중의 쟁총형으로 야기되는 비극을 풍자하기 위해 중국을 배경으로 설정한 것에서도 그 의도가 드러나 있다.

『사씨남정기』의 역사적 배경은 기사환국(己巳換局)과 관련되어 있는데, 1689년(숙종15) 숙종이 후궁 소의장씨(昭儀張氏:張禧嬪)의 아들 윤(昀)을 서둘러 정월에 왕자로 책봉하려하자 서인들이 반대했다. 이로 인해 숙종은 자신이 주장을 반대하는 중신을 납관(納官)시키고 송시열. 김수항 등 서인의 영수들은 유배 중 사사했다. 송시열은 김장생의 문하생이었으며 서포 또한 송시열의 제자였다.

---

19) 『숙종실록』권17 숙종12년(1686) 12월 10일(경신)조 ; 命封張氏爲淑媛, 初譯官張炫, 以國中巨富, 爲楨柟心腹, 庚申之獄, 受刑遠配, 張氏卽炫之從姪女也° 被抄於內人, 入宮中, 頗有容色.

서포는 서인인 관계로 남인이 득세한 관계로 결국보사공신(保社功臣)을 삭탈 당하고 남해 노도(櫓島)로 귀양가 모부인의 사망비보를 전해 듣고 된다. 서포는 송시열 등 서인들이 소의 장씨 아들을 세자로 봉작하려는 것을 반대하는 상소를 올렸기 때문에 서포도 중형을 받아 중벌로써 남해 노도에 위리안치 하게 된 것이다. 송시열은 숙종이 지혜롭지 못한 일로 중신들을 귀양을 보냈다고 했는데 그에 대한 상소를 올리지 못하고 그의 저술『송자대전』중 1788년(숙종 14) 7월 의소(擬疏)에 다음과 같이 실려 있다.

> 신이 헌부(憲府)의 신하들이 신(臣) 때문에 파직 또는 체직까지 되었다는 소문을 들으니, … 황공한 나머지 부끄러움에 땀이 흘러 옷깃을 적시고 있습니다. … 전하께서는 지난해에 두 대신을 축출하고 한 중신(重臣)을 귀양 보내셨고 오늘 또 두 대신을 귀양 보냈으니, 나라에 인물이 텅 비고 망하지 않은 나라는 보지 못했습니다. 전하께서는 …국운(國運)의 영원을 기원하는 근본으로 삼고자 하지 않으시니, 신은 민망스럽게 여깁니다.[20]

위의 의소(擬疏)는 임금에게 올리려다가 올리지 못한 소(疏)를 말한다. 두 대신(大臣)과 한 중신(重臣)은 외재(畏齋) 이단하(李端夏, 1625~1689))와 문곡(文谷) 김수항(金壽恒, 1629~1689)을 가리키고, 한 중신은 서포(西浦) 김만중(金萬重)을 가리킨다. 오늘 또 두 대신 영상(領相)은 남구만(南九萬, 1629~1711)과 우상(右相) 여성제(呂聖齊, 1625~1691)를 말한다. 이들 신하들이 유배를 당한 것은 서인들이라 남인들의 득세를 제지하기 위해 일차적으로 장희빈의 아들 세자책봉에 반대하여 숙종이 노여움을 샀기 때문이다.

20) 송시열,『송자대전』(宋子大全)제19권 의소(擬疏).

서포는 유배생활을 하는 중이라 장례식에도 참례치 못하고 슬픔을 애곡단장으로 지내다가 기사환국(己巳換局)의 내용과 관련지어 『사씨남정기』를 지었으니, 정치적 목적소설임이 완연하게 드러난다. 『행장』에 의하면 윤씨는 서포가 남해에 귀양길 때 손자 셋이 이어 절도에 귀양 가니 본래 담천병이 더해져 1689년(숙종15) 겨울 12월 22일 별세하였다. 효자 서포는 남해 귀향지에서 모부인의 사망 비보를 듣고 장례식에도 참례치 못하고 슬픔을 애곡단장 하다가 병을 얻어 세상을 떠나기 전에 자손들에게 감계를 삼고자 어머니에 대한 『행장』을 지었다. 서포는 『숙종실록』권24 1692년(숙종18) 4월30일에 의하면 56세를 일기로 외로이 숨을 거두었다.

조선후기의 실학자인 오주(五洲) 이규경이 목적성을 최초로 밝힌 이래로 김태준 또한 『조선소설사』에서 숙종의 민비 폐출사건으로 발표를 비롯하여 많은 학자들이 숙종 때의 기사환국과 관련된 것이라 했다.[21)]

서포는 기사환국으로 남해 고도인 노도에서 위리안치라는 가혹한 유배생활을 하면서 『사씨남정기』을 숙종과 민비 인현왕후와 장희빈의 삼각관계를 유한림, 사씨부인, 교씨로 나타냈다. 서포는 당시 상황을 배경으로 숙종을 깨우치기 위해 『사씨남정기』를 지어 교씨를 희생시키고 민비를 복위시켜 유한림과 재결합하는 내용으로

---

21) 주왕산, 『한국현대소설사』, 정음사, 1950, 125쪽.
이가원, 『구운몽』, 덕기출판사, 1955, 5장, 22쪽.
박성의, 『한국고대소설사』, 일신사, 1958, 292～293쪽.
신기형, 『한국소설발달사』, 창문사, 1960, 145～146쪽.
정규복, 「남정기 논고」, 『국어국문학』제26호, 1963, 291～307쪽.
정규복, 「남정기의 저작동기에 대하여」, 『성대문학』제15～16합집, 1970, 1～5쪽.
김기동, 『한국고대소설개론』, 태창문화사, 1956, 292～294
김기동, 『이조시대 소설론』, 정면사, 1959, 476쪽.

지은 것이다. 숙종은 『사씨남정기』를 읽어 장희빈이 민비를 해치려는 무속적인 방자행위의 현장을 목격하고 그녀를 사사시킨 것이다. 이 소설은 서포가 정치적 보복 행위를 빗대어 참을 수 없는 분노를 삭이면서 풍자적으로 재구성했다.

『사씨남정기』를 목적소설로 보면 주인공 사씨는 인현왕후 민비로, 첩 교씨는 장희빈으로, 유한림(유상서)을 숙종으로 보게 된다. 서포는 사씨부인을 관음보살과 같은 착한 인간성을 지니고 순임금의 이비(二妃)인 아황(蛾黃), 여영(女英)과 같은 만고의 열녀로 등장시켜 모친을 훌륭한 여인상으로 부각시킨 것으로 나타나니 효의식의 발로라 할 수 있다.[22)]

교씨는 잔학 무쌍의 악녀로 소설 상에서 등장되었다. 유한림은 교씨를 첩으로 맞아 사려분별이 어두운 남성상으로 나타났고, 사씨부인을 윤씨부인으로 등장시켜 현모양처형의 인간상으로 나타냈으니, 이는 모부인을 드높이고자 하는 효성의 발로였다. 서포가 효자였다는 것은 정조가 1783년에 문효(文孝)라는 시효를 내린 것에서도 알 수 있다.[23)]

『사씨남정기』를 사씨부인 교씨, 유한림을 민씨, 장희빈 숙종의 삼각관계로 나타낸 것은 정치적인 목적소설과 깊은 연관을 맺고 있는 것은 의심을 나위도 없는 것이다. 때문에 『사씨남정기』 또한 효심의 발로에서 지은 것이라 할 수 있다.

---

22) 설성경, 앞의 책, 215~235쪽.

23) 『정조실록』권15 정조7년 2월20일조.

3. 서포의 가계와 작품의 신화적 수용과 윤씨의 삶

1) 조상의 유훈(遺訓)과 학덕으로 유배생활 및 문묘배향

서포는 경님 남해 노도에서 유배생활을 하였다. 서포가 절해고도인 노도에서 유배생활을 하게 된 것은 강직한 성품과 청렴결백한 지조 때문이었다. 그는 사계(沙溪) 김장생(金長生)이 증손자다. 서포는 예학(禮學)의 후손이라고 일컬어지는 집안의 후손이었기에 임금이라 할지라도 인간의 도리에 어긋나는 일에는 지나쳐버릴 수가 없어 감히 숙종에게 부당함을 시정하여 성심(聖心)으로 돌아와 줄 것을 상소하여 남해 노도로 귀양을 간 것이다.

서포는 중신의 중책에 있으면서도 불의를 보면 참지 못했다고 할 수 있다. 서포의 행적에서 상소는 여러 차례 한 것으로 전해온다. 서포의 행위는 조상으로부터 물려받은 유훈으로 강직한 인간형으로 성품이 형성되어 사리에 어긋나면 바른말을 한 것이다. 그런 의미에서 증조부 사계 김장생의 저서를 소개해 본다.

사계의 인물상은 만인이 우러러볼 덕스러운 보습이고 필적은 유유히 흐르는 물결과 같이 막힘이 없어 보인다. 그의 저서로는 『상례비요』·『가례집람』·『의례문해』·『전례문답』·『근사록석의』·『경서변의』·『사계선생전서』(목판본 51권24책) 등이 전하니, 조선조 500년간에 유학의 종장(宗匠)이요 예학의 태두이다.

예학(禮學)은 사람이 살아가는 데 지켜야 할 기본자세이니, 천지를 궤 뚫은 원리이며 질서를 뜻한다. 따지고 보면 일상생활에서의 예(禮)는 우주와 인류와 국가의 제도나 개인에 이르기까지 생활문화의 양식이 총집합적인 것이다. 이러한 예를 학문의 경지에까지 올려놓은 분이 사계 김장생이라는 것을 소개하지 않을 수 없다.

사계 김장생으로 인해 충청인들이 양반이라는 말을 듣게 된 것을 상식적으로도 알아둘 필요가 있다. 흔히 충청도 하면 말소리가 느리다고 듣는다. 양반은 대개 행동거지(行動擧止)가 느리다. 연암(燕巖) 박지원(朴趾源, 1737~1805)의 『양반전』(兩班傳)에서 양반되는 13가지 중 하나인 '걸음은 천천히 걸어야 한다.'는 조목과 같이 대개 행동이 느린 것으로 인해 충청도인들이 양반이라는 말을 듣게 된 것이다.

그러나 충청도인들이 양반이란 말을 듣게 된 것은 사계 김장생으로 인해 충청남도 논산 두 곳의 서원을 세워 인재를 키워내 '예의 고울'(禮鄕)이란 말을 듣게 것으로부터 유래된다고도 할 수 있다. 즉 첫째는 충청남도 논산시 강경읍 황산리에 1626년(인조4)에 지방 유림의 공의로 이이(李珥)·성혼(成渾)·김장생(金長生)이 학문과 덕행을 추모하기 위해 황산사(黃山祠)를 창건하였다.

그 후 1665년(현종6)에 '죽림(竹林)'이라 사액되어 서원으로 승격됨과 동시에 조광조(趙光祖)와 이황(李珥)을 추가 배향하였다. 1695년(숙종21)에는 다시 송시열(宋時烈)을 추가 배향하여 선현배향과 지방교육의 일익을 담당해 많은 인재를 키워냈다. 죽림서원이란 서원 뒤편에 대나무 숲이 우거져 이서원에서 배운 이들은 대나무와 같이 올곧은 사람이 되라는 의미가 함유되어 있는 것이다. 이 관계는 "닮는 것은 닮는 것을 낳는다."는 말과 "어떤 일의 결과가 원인을 닮는다."는 말이 있듯이 유사법칙(類似法則:Law of Similarity)인 유감주술(類感呪術:Homeopathic Magic)형태와 관계된다. 이 주술은 유사(類似)의 관념 연상으로 모방주술(模倣呪:Imitative Magic)에 해당하니, 유기적 관계라 할 수 있다. .

죽산서원에 이어 둘째 돈암서원(遯巖書院) 소재지는 충남 논산시 연산면 임리 74번지이다. 이 서원은 예학의 대가인 김장생(1548~1631)선생이 타계한지 3년 후인 1634년(인조12년)에 세웠으며, 1659년(효종10년) 1660년(현종 원년)에 걸쳐 두 번에 사액을 받은 서원이다.

죽림서원 문화재사료 第75호

돈암서원 사적 제383호

이 양 서원은 사계의 학덕을 기리기 위해 세워 많은 인재를 키워 냈기에 예향(禮鄕)이라는 별칭으로 알려져 충청도 인들을 일컬어 양반이라고 한 것이다. 서포의 부(父) 김익겸은 사계의 가풍을 받아 지조 있는 사람으로 자라 나라의 충성을 다하다가 강화성이 함락되자 울분을 삭일 수 없어 자분하였다. 그는 적이 강화성에 이르자 남문루에서 김상용을 따랐다. 그 후 김익겸은 영의정으로 추증되고 광원부원군(光源府院君)에 추봉되었다. 시호는 충정(忠正)이며, 강화충렬사에 김상용 등 28위의 신위를 충렬사에 봉안하고 제향 되었다.

서포는 조부의 광산김씨의 혈통을 이어 받은 관계로 그의 인물됨을 알 수 있다. 그가 나라를 다스리는 임금에게도 바르게 살게 하려고 숙종에게 상소를 하였다. 숙종은 노해 서포를 괘씸죄로 다스려 살아서 돌아올 수 없는 열악한 노도로 유배를 보낸 것이다. 물론 여기에는 남인들이 서인인 서포를 견제력도 크게 작용했다고 할 수 있다. 서포는 가계의 유훈 및 조부의 영향력으로 대의명분에 입각하여 숙종에게 상소를 올려 마침내 유배생활을 하게 되어 이곳에서 생을 마감하게 된 것이다.

『고종실록』23권, 23년(1886 丙戌) 11월 16일(乙巳) 기사에서 이조판서・봉조하(奉朝賀) 김상현(金尙鉉, 1811～1890)이 상소를 올려 서포 김만중을 종묘에 배향하는 것에 대하여 논하였는데 그 기록은 다음과 같다.

> 고 예조판서(故禮曹判書) 문효공(文孝公) 김만중(金萬重)은 대현(大賢)의 시(詩)와 예(禮)를 계승하여 사림(士林)들의 영수가 되었습니다. 임금 앞에서 바른 말과 이치에 맞는 의론을 하여 흉악한 무리들의 꺼림을 거듭 받다가, 기사년 변란 때 남해에서 천극(荐棘)의 형벌을 받았는데 갑술년에 다시 바뀌는 것을 보지 못하고 귀양지에서 죽었습니다. 신의 생각에는 이 두 신하들을 다 같이 숙종대왕의 묘정에 추향해야 한다고 봅니다.[24)]

---

24)『高宗實錄』卷23 23年(1886 丙戌 / 청 광서(光緖) 12年) 11月 16日(乙巳) 條 … 奉朝賀金尙鉉疏

이와 같이 서포 김만중은 김상현이 1886년에 상소해 조선조 종묘 배향 공신록에 배향된 것으로 되어 있다. 그는 사필귀정으로 종묘에 배행되어 신원이 복귀되었다. 서포가 1692년에 세상을 떠났으니 195년 만에 종묘에 배향된 것이다. 서포의 가문은 가문이 보여준 바와 같이 대대로 벼슬과 덕행으로 계승되었기에 삼한의 갑족 예문종가로 일컬어졌다.[25] 서인인 서포는 남인과의 알력으로 바른 말 상소한 것이 화근이 되어 남해 노도로 유배되어 세상을 떠났지만 김상현의 상소로 억울함을 풀게 되었다.

2) 서포작품의 신화적 수용양상

서포의식에는 집단적 무의식으로 단군신화가 잠재되어 있다. 다음은 서포의 작가의식에는 집단적 무의식이라 할 수 있는 동굴모티프인 민족의식이 함유되어 있음을 수용하여 전개하기로 한다. 서포에게 효 문화의 집단적 무의식은 『삼국유사』에 전하는 단군신화 고조선 조에 의식이 수용되어 있다. 단군은 환웅과 웅녀와의 신혼(神婚)으로 태어났으니 환인의 손자이고 환웅의 아들이다.

웅녀는 곰이었는데 동굴에서 3.7일 동안 고난을 겪고 국모로서 환생하였으니 윤씨도 마찬가지로 입사식을 겪은 후에 정경부인에 오른 것은 같은 맥락이라 할 수 있다. 고조선에서의 효 문화는 환웅 단군에 이어져 내려왔는데 환인이 그의 아들 한웅에게 사랑을 베풀

略: 故禮判完南府院君金萬重, 承大賢詩禮, 爲士林領袖° 其在上前, 直言讜論, 積被群凶之惎忌, 己巳之變, 南海荐棘, 未及見甲戌更化, 而卒於謫° 臣謂: '此兩臣, 竝宜追享于肅宗大王廟庭也°' 司勳詔之大烝, 功宗記之元祀, 夫然後禮典正而義理明° 於是乎旅楹椀檝, 陟降有臨, 玉豆雕簋, 上下序秩, 想當日風雲際會之盛, 一唱三嘆, 當有愀然如復見之思矣 此非臣一人之言, 卽擧世大同之論, 亦百年未遑之事也° 伏願博詢在廷, 亟擧縟典. 批曰: "以若宿德´ 茂功, 危忠´ 卓節, 尙闕從享之典, 實未遑也° 宜其老成之有是論, 疏辭, 時原大臣´ 館閣堂上, 命招會議".

25) 김진규, 『문효공휘만중행장』.

어 환웅이 효로써 대하여 홍익인간의 신시(神市)를 열게 되었다. 단군 또한 선대에서 해온 것처럼 부자자효(父慈子孝)로 행하였다.

단군신화에서의 효 문화는 모태회귀 모티프이다. 동굴은 곰이 인간으로 환생하기 위해서 필수적으로 거쳐야만 하는 공간적 배경이다. 동굴 속에서 죽었다가 환생하는 시련을 거쳐야만 사람이 될 수 있기 때문이다.

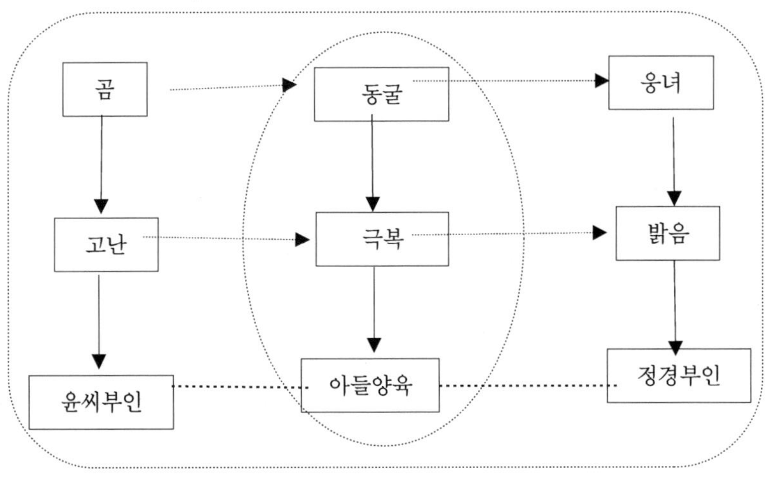

서포와 모부인과의 관계를 동굴모티프인 모태의식으로 나타내면 다음과 같다. 즉 프로이드에 의하면, 동굴은 여자의 정기, 나아가서는 자궁을 상징한다. 자궁은 인간의 영원한 고향이다. 우리 인간은 바로 이 어두운 자궁에서 새 날을 꿈꾸며, 어머니의 자양을 받으며 고통을 이겨낸다.... 이것은 곧 곰이 상징적인 죽음의 세계에 들어가 웅녀로 변신하는 일종의 재생모티프라 할 수 있다.[26]

26) 윤광봉, 「심청전의 동굴 모티프론」, 『국문 자료 논문집』, 대제각, 1990, 510~511쪽.

결국, 동굴은 고통과 시련의 장소이면서, 어머니의 자궁과 같은 모태회귀의 공간인 것이다. 단군신화에서의 동굴은 어두움을 상징하는 동시에 그 공간을 벗어나면 밝음을 상징하니 곧 광명상징이다. 모태 또한 동굴과 마찬가지로 '어두움'이라는 공통성을 가지고 있으며, 이 공간을 벗어나게 되면 '밝음'이 있게 된다. 이러한 관련성을 도표로 나타내면 위와 같다.

동굴에서의 탈피는 새로운 빛의 세계이며, 광명의 세계다. 곰이 인간이 되기 위해 동굴로 들어갔다. 곰이 동궁에서 입사식을 치른 후 웅녀로 변신했다. 웅녀는 환웅과 신혼(神婚)으로 단군을 낳아 키웠고 가르쳤다. 대부인 또한 부군이 강화도에서 순절하였으니 유복자인 서포를 홀로 벌어서 키우고 가르쳤다. 이는 다름 아닌 동굴모티프와 같은 입사식의 고난을 극복한 양상을 의미한다.

윤씨는 예법을 중시 여기는 관산김씨 문중에 시부모를 도리에 어긋남이 없도록 받들어 모시며 살았다. 윤씨는 난리를 만나 남편을 잃고 젊은 나이에 과부로서 두 아들을 키우고 가르쳐야만 했으니 많은 고생이 따랐지만 그 고난을 극복하였다.

서포가 『행장』에서 주장한 핵심은 효의식의 발로이다. 그는 어려서 자랄 때나 유배생활을 하면서 언제나 모부인의 효심을 생각하고 그 일환으로 작품도 남겼으니 몸소 실천궁행을 했다는데 의의를 지닌다. 그 실례는 그가 배소에서 56세 나이로 세상을 떠났지만 모부인의 효심을 잊지 않고 실천했던 관계로 시호를 문효(文孝)로 내린 것에서 알 수 있다. 그의 효행은 대전광역시 유성구 전민동 광산김씨 묘역 아래에 『사친시』(思親詩)가 다음과 같이 전한다.

정려각(旌閭閣)

서포의 『사친시』(思親詩)

이 문학비는 김만중의 효행을 기려 세운 정려각 앞 아래쪽에 있다. 광산김씨 묘역에는 이조참판을 지낸 김만중의 조부 김반(金槃, 1580~1640)과 병자전쟁 때 분신자결한 김만중의 부친 김익겸(金益兼, 1614~1636)의 묘(김반·김익겸의 묘, 대전광역시문화재자료 제7호)가 있다.

서포 문학비는 남해에 유배 중이던 김만중이 1689년 9월 25일 모친의 생일에 쓴 '사친(思親)'이라는 시가 적혀 있다. 이 시는 유배지 남해에서 처음 맞는 모부인 생신일 쓴 시이다. 1706년(숙종 32)에 내려진 김만중의 효정려를 모신 정려각에는 김만중의 석상도 세워져 있으며 정려각 왼쪽으로는 효행숭모비, 오른쪽으로는 문학비가 있다. 그 비에는 서포가 지은 『사친시』(思親詩)가 다음과 같이 소개되어 있다.

> 오늘 아침 사친의 시 쓰려 하니(今朝欲寫思親語)
> 글씨 쓰기 전에 눈물이 가리네(字未成時淚已滋)
> 몇 번이나 붓을 적셔 도로 던져 버렸나(幾度濡毫還復擲)
> 응당 문집에선 해남의 시 빠지겠네!(集中應缺海南詩)

위의 시는 1636년 병자전쟁이 반발 후 1637년 부친 김익겸이 강화도에서 정축노변(丁丑虜變) 때 순절하고, 윤씨는 21세로 청상이 되어 형 만기와 자기를 키우고 가르친 공을 잊지 못하여 서포가 배소에서 첫 생신을 맞아 시를 지은 것이다.

서포의 시는 아버지 김익겸의 위국충절의 순절과 모친 윤씨의 효심을 바치는 내용으로 배소에서 지었으니, 부모에 대한 효를 나타낸 것이라 할 수 있다. 그의 효의식은 부모를 생각하는 것이니, 그중 서포는 모친에 대한 정을 노도에서 생각했으니, 단군신화에서의 웅녀를 떠올리게 된다.

4. 끝맺으며

이상으로 서포가 남해 노도에서 지은·『구운몽』, 『사씨남정기』, 『행장』, 『사친시』에서 단군신화에서의 모태회귀 의식과 윤씨의 일생을 살펴보았다. 그중『행장』은 개략적으로 소개 했지만 다른 지면에서 자세하게 발표하기로 하고, 본 맺음말에서 보충적으로 소개하기로 한다. 서포는 정치가·문신·효자로서『구운몽』, 『사씨남정기』를 한글로 지어 한글애호가로 알려졌고, 한시를 지어 한 시대를 풍미한 학자이자 대문호이다. 그의 유배지 경남 남해 노도는 서포문학으로 인해 유배문학의 산실역할을 했다.

특히 서포가 노도에서『구운몽』, 『사씨남정기』, 『행장』을 지은 것은 대부인의 훌륭한 업적을 전하기 위함에 있다. 서포는 자신이 유복자로 태어나 대부인이 키우고 가르침으로 대제학·판서에까지 이르고 형 만기도 광성부원군이 되었다. 서포는 대부인 윤씨가 정경부인에 올라 사모의 정으로 효심을 발휘하여 작품을 쓴 것이다.

웅녀는 국모이자 지모신이라면 윤씨는 현모양처로서 고난을 인내로써 견뎌낸 후 밝은 세상, 꿈의 실현을 성취한 광명사상을 보여준다. 또한 서포가 모부인을 그리워하며 그 분의 일생을 돌이켜 글로 적은 것은 모태회귀 사상과도 연관된 것이다. 서포는 유배지 노도에서 지은 작품은 효심의 발로에서 쓴 것이니 효 문화와 관계대상으로 살펴 본 것이다.

우리의 단군신화는 우리 민족의 정신적 유산이 되어 왔다. 서포는 단군신화에서의 부자자효를 집단적 무의식과 웅녀의 동굴모티프인 모태회귀에 의한 전통적 사유체계를 수용허여 작품을 지었다고 할 수 있다.

『행장』의하면 윤씨는 자랄 때 선조의 따님 정혜옹주가 맡아 교육한 것으로 되어 있다. 서포의 학문은 윤씨와 외조부 참판공과, 또 숙부 김익희[27] 만기에게서 배웠음을 알 수 있다.[28] 서포의 감수기는 춘궁기와 같이 어려웠으나 대부인에 대한 사모의 정이 강하게 발휘되어 모태회귀 모티프도 그의 소설과 『행장』을 지었다. 더구나 윤씨는 정혜옹주에게 글과 예절을 배워 감화를 받았고, 서포 또한 윤씨의 감화가 있었기에 모성과의 결합이 『행장』에서 반영된 것이다.

『행장』은 효자 서포가 모부인의 행적을 기록한 글이라 미래성이 제시되었다. 다만 『행장』과 단군신화와의 차이점은 전자가 '현실의 진실'인 기술문학이라면, 후자는 신화적인 신성성의 장르적인 차이점이 있다.

윤씨의 죽음은 '돌아감'을 의미하는 것으로 시간의 단절이 아닌 영원히 죽음마저도 '돌아감'을 원형으로 삼는 것은 단군신화에서 그 뿌리를 찾을 수 있다. 곰이 빛 없는 동굴 속으로 들어갔다는 것은 모태회귀 의식이라 할 수 있다. 이 모태회귀는 재생을 위한 것으로 성인 입사식과도 같은 고행의 의미도 포함되고 있다. 윤씨는 두 아들을 키우는 어둠의 시간을 모태회귀로 분석하면 '영원성'으로 나아가는 근원적 태내복귀라고 할 수 있다.

단군신화는 '영원성'으로 이어지는 모태회귀성으로 볼 수 있으니, 윤씨는 지모신적 흐름의 미래지향적 역동성이 작용되어 있다. 어느 의미에서 서포는 모부인을 지모신인 웅녀와 같은 존재로 의식하여

27) 『瑞石集』, 卷13, 金益熙 行狀.

28) 『西浦集』 卷9, 先伯氏瑞石先生跋.

쓴 것이다.

우리나라는 환인 -> 환웅 -> 단군에 조부손의 삼대기의 지속적 역동성인 삶으로 오늘의 단군을 국조로 섬기고 있다. 이와 아울러 윤씨는 두 아들이 손자 여럿을 두어 번성하고 번영을 이루어 오늘에 광산김씨 문중을 빛냈다. 서포가 생을 마감한 지 300여년이 지난 지금 노도에는 그가 직접 팠다는 샘터와 초옥 터, 그리고 허묘가 남아 그의 자취를 더듬어 볼 수가 있다.

서포는 열악한 환경에서 좌절하지 않고 작품을 남겼다는데 가치와 의의를 지닌다. 특히 그의 시호를 문효(文孝)라 한 것은 일상생활 중에도 모친에 대한 효가 지극했지만 『구운몽』, 『사씨남정기』·『행장』의 내용이 크게 작용했다.

『구운몽』에 나타난 위부인과 유씨부인, 『사씨남정기』의 사씨부인으로 주인공을 나타낸 것은 모부인 윤씨의 이미지를 나타낸 효의식에 발로였다. 『행장』 또한 서포가 모태의식의 수용으로 윤씨의 후손들이 번성·번영하고 각 분야에서 명성을 드날리어 문중을 빛낸 관계의 내용 또한 효의 발로이니 한민족의 집단적 무의식인 우리 국조 신화의 수용이라 할 수 있다. 서포의 작품이 남해 노도에서 지은 『구운몽』, 『사씨남정기』· 『행장』· 『사친시』는 효의식의 지속적 가능성과 집단적 무의식인 단군신화와 연계하여 분석하였음을 밝힌다.

제3장

정토삼부경의 효사상

장 정 태

(삼국유사연구원장)

1. 글의 시작

한국불교의 특징은 원효 이래 통불교, 회통사상으로 집약될 수 있다. 원효의 통불교, 회통사상은 정토신앙에 기초한 사상이다. 수많은 마을을 돌아다니면 노래하고 춤을 추며 화영하고 돌아왔다. 그래서 가난하고 무지몽매한 무리까지도 모두 불타의 이름을 알고 나무(南無)의 칭호를 부를 수 있게 되었으니 원효의 교화가 크다고 하겠다.[1] 한국 사회에서 정토신앙은 샤머니즘적 경향에서 모든 종교를 이해하려는 한 민족에게 가장 잘 수용된 불교신앙의 바탕이며, 모든 불교는 이 정토교적 요소에 의해서만이 섭취되었다.

『정토삼부경』은 아미타불의 본원을 믿고 붓다의 가르침을 믿고 시방세계의 모든 붓다의 증거와 권유를 믿고, 그 가르침을 본받아 오직 '나무아미타불'의 명호를 염불 수행할 것을 가르치고 있다. 아미타불의 극락정토에 태어나기 위해서는 아무리 악행을 저질러 지옥에 떨어진 사람이라도 '나무아미타불'의 명호를 부르기만 하여도 왕생할 수 있다고 설하고 있다.

---

1) 『삼국유사』 제4권 의해 5 「원효불기」조.

붓다가 있는 국토는 모든 사람이 붓다와 같이 깨달음의 경지에 안주하는 세계다. 그래서 붓다가 될 목적을 갖고 수도에 정진하는 자 즉 보살은 불국토를 건설하여 사람들을 거기에 나도록 하는 것을 염원하며 이것을 불국토를 청정케 하여 중생을 성취하는 것은 염원이라고 한다. 대승의 경전 가운데 보살이 정토건설의 원을 발하는 것을 설하는 것이 많으나 이미 불국토를 건설한 붓다로서 가장 유명한 것은 아촉불의 묘희세계와 서방아미타불의 극락세계다. 그중에서도 아미타불의 정토에 대해서는 그 국토의 청정한 상태와 그것이 성립될 때까지의 보살의 본원을 설명하는 데 있어서 아촉불의 정토에 비해 훨씬 많으며 훌륭하므로 아미타불의 정토가 모든 정토 중에서 가장 이상적인 정토다.

서방극락과 그곳에의 왕생에 대하여 설해진 경전은 『대반야바라밀경』, 『묘법연화경』등이 있다. 이 중에서 근본이 되는 경전은 『무량수경』, 『관무량수경』, 『아미타경』, 『아미타고음성왕다라니경』등이다.

2. 정토사상의 형성

『정토삼부경』은 극락세계의 교주이신 아미타불을 신앙하고 모든 선근공덕을 닦아서 극락세계에 태어남을 그 내용으로 하는 경전으로서 『무량수경』과 『관무량수경』과 『아미타경』을 말한다. 그런데 극락정토 곧, 극락세계란 흐리고 악한 예토가 아닌 이른바 오탁악세를 여의고 욕계·색계·무색계의 삼계를 뛰어넘은 청정하고 안락한 이상적인 처소를 말한다. 그래서 경에는 청정토·안락국·불토

·불국 등의 이름이 있다.

그러기에 극락정토란 불·보살의 한량없는 공덕의 과보로 수용하는 청정한 보토(報土)요, 상주불멸(常主不滅)한 실상이며 모든 중생이 번뇌를 여의고 필경 돌아가야 할 영생의 고향이기도 한 것이다.

경전에는 아촉불(阿閦佛)의 정토·약사여래(藥師如來)의 정토·문수보살의 정토·미륵보살의 정토 등 여러 정토를 말한 데도 있으나, 모든 정토의 대표적이며 일반적으로 갈앙(渴仰)하고 흠모해 신앙대상이 되어온 것은 아미타불의 극락정토, 곧 극락세계에 관한 교설이다.

그래서 아미타불과 극락세계에 관한 교법은 현존하는 장경(藏經) 중에 실로 이백여 부에 달하며, 또한 그에 따른 여러 스님 네들의 저서는 이루 헤아릴 수 없는 정도로 많은 것이다. 역사적으로 보더라도 인도를 위시하여 서장(티베트)·중국·한국·일본 등으로 가장 널리 유통되어, 참으로 불교문화의 정화이며 민간신앙의 표본이 되어온 것이다. 그런데 현대에 와서 불교계에는 이미 알려진 제한된 사료와 고증을 근거로 하고, 범부의 지견(知見)으로 분별하여 모든 대승경전이 불설(佛說)이 아니라는 이른바 대승비불설(大乘非佛說)은 거의 정설처럼 되어 있다.

정토사상의 발생과 『정토삼부경』의 성립 년대에 대해서도 석존 이후 대승불교가 발생할 무렵, 어느 대승의 학장(學匠)에 의하여 이루어졌으리라고 주장하는 이들이 많다. 그러나 그러한 문제는 부정도 긍정도 할 수 없는 문제인 것이다. 그런 사료를 위주로 한 실증적 자세가 학구적인 분야에서는 필요한 일이기도 할 것이다. 그러나 순수한 신앙의 견지에서 생각할 때는 부처님의 부사의한 일체종지(一切種智)와 과거 이천여 년을 통해 『정토삼부경』을 불설로 확신해 온 수많은 조사 스님들의 법력을 의심하게 되고, 또한 자성(自性)에 본래 갖추어 있는 삼명육통(三明六通)을 불신하는 경향이 되지 않을까 우려하지 않을 수 없다.

『정토삼부경』을 불설로 확신해 온 조사스님들 가운데는 숙명통(宿命通)을 통달해 석존 당시를 꿰뚫어 보는 이도 많았으리라 생각된다. 그러기에 극락정토를 발원(發願)하는 불자들은 부질없는 분별에 마음을 팔지 말고 『정토삼부경』 그대로 신인(信認)하고 그대로 수행함이 불・보살의 본회(本懷)이며 극락왕생의 첩경이라 믿는 바다.[2)]

한국에서 정토신앙은 고구려에서부터 시작되었다. 백제, 신라 순으로 전래하였다. 정토는 청정한 국토란 뜻으로 평범한 사람들이 사는 세계는 오염된 국토 즉 예토인 데 대하여 불보살이 사는 세계가 정토다.[3)]

정토란 불교에서 극락왕생하는 곳을 말한다. 왕생하는 곳이란 정토의 주인이 서원을 세워 만든 곳이다. 따라서 정토를 건립한 주인에 대한 믿음에 의지해 갈 수가 있는 곳으로 정토주인의 <본원>으로서 장소를 말한다. <본원>이란 정토의 주인의 중생에 대한 마음이다. 이러한 <본원>에 대한 믿음에 의지해 왕생하기를 바라는 마음의 신념이 '본원의 믿음'이다.[4)]

단어 가운데 '정(淨)'이란 청정함을 의미한다. 청정이란 어떤 것

---

2) 청화 옮김, 『정토삼부경』, 광륜출판사, 2014, 26-28쪽 참조.

3) 태원, 「정토의 원리와 실천수행법-정토삼부경을 중심으로-」, 『대학원연구논집』제1집, 중앙승가대학, 2008, 157-159쪽.

4) 전원주, 『원효의 정토사상에 관한 연구』, 동국대학교 대학원 석사논문, 2011, 44쪽.

에도 오염됨이 없는 완전히 깨끗한 상태를 의미한다. 불교에서는 마음의 번뇌가 완전히 제거되고, 이 번뇌를 일으키는 무명마저 없는 상태를 의미한다.

'토(土)'란 국토를 의미한 것으로 기세간을 말한다. 이 기세간이란 사람들이 의지하는 장소로 여기에는 예토, 정토, 불국토 등 다양하게 나눌 수 있다. 여기서 말하는 정토란 마음의 청정을 얻기 위해 건립된 수행의 도량이다. 정토란 거기에 사는 사람에 따라 분류되기도 한다.

붓다가 있는 국토는 모든 사람이 붓다와 같이 깨달음의 경지에 안주하는 세계다. 그래서 붓다가 될 목적을 갖고 수도에 정진하는 자 즉 보살은 불국토를 건설해 사람들을 거기에 나도록 하는 것을 염원하며 이것을 불국토를 청정케 해 중생을 성취하는 것은 염원이라고 한다. 대승의 경전 가운데 보살이 정토건설의 원을 발하는 것을 설하는 것이 많으나 이미 불국토를 건설한 붓다로서 가장 유명한 것은 아촉불의 묘희세계와 서방아미타불의 극락세계다. 그중에서도 아미타불의 정토에 대해서는 그 국토의 청정한 상태와 그것이 성립될 때까지의 보살의 본원을 설명하는 데 있어서 아촉불의 정토에 비해 훨씬 많으며 훌륭하므로 아미타불의 정토가 모든 정토 중에서 가장 이상적인 정토다.

1) 무량수경(無量壽經)

무량수경은 대무량수경(大無量壽經) 또는 약하여 대경(大經)이라고도 하며 상·하 두 권으로 되어 있다. 일찍이 석존께서 기사굴산에 계실 때, 아난존자와 수많은 제자들을 상대로 해 광명이 무량하고 수명이 무한하신 아미타불의 극락세계에 관한 한량없는 공덕과 거룩한 장엄을 설하신 경전이다.

그 상권에는 아미타불이 극락정토를 건설하게 된 원인과 그 과보(果報)를 설법하셨는데, 아미타불께서 일찍이 법장보살(法藏菩薩)이었을 적에 세자재왕불(世自在王佛)의 처소에서 이백십 억의 불국토를 보고, 거기에서 가장 훌륭한 공덕만을 선택해 최선의 이상국을 세우고자 큰 서원(誓願)을 발하였다.

그것은 사십팔 종의 서원인데, 그 내용을 요약하면 "선인도 악인도 현명한 이도 어리석은 이도 나의 원력(願力)을 믿고 따르는 이는 모두 다 반드시 구제해 극락세계에 태어나게 하리라. 만약 이 일이 성취되지 않는다면 나는 차라리 부처가 되지 않겠다."고 맹세하였다. 그래서 이 서원을 성취하기 위해 영겁의 오랜 세월을 두고 온갖 수행을 거듭하였다. 그리하여 법장보살은 서원을 성취해 아미타불이 되시고 공덕과 장엄이 원만히 갖추어진 극락세계를 세우신 것이다.

법장보살이 아미타불이 되신 이러한 성불의 인연설화는 비단 아미타불에만 국한한 성불의 인연만은 아니며, 과거・현재・미래 삼세의 모든 부처님들의 성불 인연의 의미이기도 하며, 그것은 바로 우리 자신의 성불의 도정(道程)이 되는 동시에 영생상주한 진여법성(眞如法性)의 부사의한 일대행상인 것이다.

그 하권에서는 중생이 극락세계에 왕생하는 원인과 그 과보를 설법하셨는데, 중생이 극락에 왕생하는 원인에는 염불해서 왕생하는 이도 있고, 또는 다른 모든 선행을 닦아서 왕생하는 이도 있다고 하셨으며, 이러한 공덕들은 모든 부처님들께서도 칭찬하시고 권장하신다고 말씀하셨다. 그리고 중생이 극락세계에 왕생한 과보를 설하셨는데 관세음보살과 대세지보살이 극락세계에 왕생한 맨 처음이라 하셨다. 또한 극락에 왕생한 이는 누구나가 다 삼십이 대인상(大人相)을 갖추고 지혜가 원만하며 신통력이 자재해 시방세계의 부처님들을 공양하며, 또는 나와 나의 소유라는 상이 없고 언제나 남의 행복만을 바라며 마음이 평정해 감정의 파동이 일지 않고, 매양 모든 중생을 제도하고자 하는 자비심이 충만함을 말씀하셨다.

그런데 부처님의 부사의하고 무한한 지혜공덕을 신(信)하지 않고는 극락세계에 왕생할 수 없는 것이니, 모름지기 부처님에 대한 깊은 신앙심을 간직하고 오악(五惡)을 짓지 말고 오선(五善)을 닦을 것을 간절히 당부하셨으며, 먼 후세에 설사 모든 경전이 없어질지라도 나는 자비로써 특히 이 무량수경만은 백세 동안 더 오래 머물게 하리라고 굳게 다짐하셨다.

> 많은 보살이 이 경전을 들으려 하여도 과거에 큰 공덕이 없으면 들을 수 없는 귀중한 진리이기 때문이니라. 만약 어떤 중생이 이 경전의 가르침을 듣기만 하여도, 그는 위없는 대도(大道)에서 끝내 퇴전하지 않을 것이니, 먼 미래에 이 세상에서 불법이 망하고 모든 경전이 다 없어진다 하더라도 나는 자비한 마음으로 말세 중생을 가엾이 여겨 특히 이 무량수경만은 백 년을 더 오래 머물게 할 것이니라. 그래서 누구든지 이 무량수경을 만나서 그 가르침을 믿고 따르는 이는 그들의 소원대로 모두 극락세계에 왕생할 수 있을 것이니라."[5)]

5) 『무량수경』, 「유동분」.

2) 관무량수경(觀無量壽經)

관무량수경은 십육관경(十六觀經) 또는 관경(觀經)이라고도 한다. 석존께서 만년에 기사굴산에 계실 적에 왕사성에서 큰 비극이 일어났었다. 그것은 태자 아사세가 제바달다의 사주를 받아 왕위를 빼앗기 위해 부친인 빈바사라왕을 가두고, 아버지를 옹호하는 자기 어머니인 위제희부인마저 가두어 버렸다.

이에 위제희부인은 못내 슬퍼해 멀리 석존의 왕림을 기원하였다. 그래서 석존께서는 아난존자와 목련존자를 데리고 신통력으로 부인의 처소에 나타나셨다. 그리고 자신의 광명 속에서 시방세계의 정토를 나타내셔 부인에게 보였는데, 부인은 그 중에서 모든 괴로움이 없고 안락만이 충만한 극락세계에 왕생할 것을 바라고 극락세계에 태어날 방법을 가르쳐 주시기를 석존에게 애원하였다.

그래서 석존께서는 부인을 위하사 십육관(十六觀)의 수행법을 설하셨는데, 그것은 정선(定善) 십삼관(十三觀)과 산선(散善) 삼관으로서, 정선이란 산란한 생각을 쉬고 마음을 고요히 해 극락세계의 국토와 부처님과 보살들을 점차로 관조(觀照)함을 말한다. 석존께서 이를 설하시는 동안 칠 번째인 화좌관(華座觀)을 설하실 적에, 부인을 위하사 모든 고뇌를 없애는 법을 설하시겠다고 말씀 하실 때 홀연히 아미타불이 허공 중에 나타나시니, 부인은 환희에 넘쳐 아미타불을 예배하고 깊은 신심을 일으켜 바른 깨달음을 얻었다.

석존께서는 정선(定善) 십삼관(十三觀)을 설하시고 나서 다시 산선(散善) 삼관을 설하셨는데, 산선이란 산란한 마음이 끊어지지 않은 채, 악을 범하지 않고 선을 닦는 것을 말한다. 그런데 그 산선이란 이른바 삼복(三福)이라 하여 세간의 선과 소승의 선과 대승의 선을 가리킨다.

다시 석존께서는 이 삼복을 중생의 근기에 배당하여 구품(九品)으로 구분하셨는데 그 중에서 상품상생과 상품중생과 상품하생의 삼품은 대승의 근기로서 대승선(大乘禪)을 닦아서 극락에 왕생함을 말하고, 중품상생과 중품중생의 이품은 소승의 근기로서 소승선(小乘禪)을 닦아서 극락에 왕생함을 말하며, 중품하생의 일품은 세간의 근기로서 세간선(世間禪)을 닦아서 극락에 왕생함을 말한다. 그리고 하품상생과 하품중생과 하품하생의 삼품은 이른바 삼복무분(三福無分)이라 하여 조금도 선행을 닦은 바가 없는 악인이라 할지라도, 다만 지성어린 염불만으로 극락세계에 왕생할 수 있다고 하셨다. 끝에 가서 석존께서는 다시금 아미타불 염불을 찬탄하사 이것이 가장 수승한 극락왕생의 길이니, 지성으로 믿고 간직하도록 간곡히 당부하셨다. 석존의 설법이 끝나자, 위제희부인은 진리실상을 깨닫는 무생법인(無生法忍)을 훤히 통달하고, 오백의 시녀들도 또한 깊은 신심을 일으켰다.

3) 아미타경(阿彌陀經)

아미타경은 약하여 소경(小經)이라고도 하는데 석존께서 사위국의 기수급고독원에서 사리불존자를 상대로 해 설하신 법문으로서, 대무량수경과 관무량수경의 뒤를 이어 두 경전의 뜻을 요약하셨다고 할 수 있으며, 극락세계의 찬란한 공덕 장엄과 그 극락에 왕생하는 길을 밝히신 경전이다.

먼저 극락세계의 위치와 그 이름을 풀이하시고, 극락세계의 칠보나무와 칠보 연못과 칠보 누각과 미묘하고 청아한 음악 등 부사의

하고 찬란한 장엄을 찬탄하시고, 극락세계에는 바로 지금 아미타불께서 설법하고 계신다고 하셨다. 그리고 광명이 무량하고 수명이 무한하므로 아미타불이라 이름하며, 극락세계에 왕생하는 중생도 또한 무량한 광명과 무한한 수명을 얻는다고 찬양하셨다.

그런데 극락세계에 왕생하기 위해서는 적은 선근(善根)이나 적은 복덕으로는 불가능하니, 깊은 선근과 많은 복덕이 되는 염불에 의해 극락에 왕생하라고 권하셨다. 또한 동서남북과 상하 육방의 헤아릴 수 없는 모든 부처님들께서도 염불 공덕의 위대함을 찬탄하고 증명하신다 하셨다. 그래서 이렇듯 모든 부처님들께서 깊이 기억하시고 옹호하시는 부사의한 공덕이 있는 염불을 하라고 간곡히 타이르셨다.

요컨대, 다른 경전들은 거의가 제자들의 간청에 의하여 설하신 법문인데, 이 아미타경은 이른바 무문자설경(無問自說經)이라 하여 석존께서 자진해 설하신 경전으로서, 석존께서 세상에 나오신 근본 의의인 중생 구제의 참 뜻을 밝히신 귀중한 법문임을 절감하지 않을 수 없다.

미타는 원래 아미타불의 준말이다. 원어에는 amitābha(무량광불)와 amitābha(무량수불)의 두 가지가 있다. "서방극락세계의 교주, 과거, 구원겁에 세자재왕불의 재세시, 국왕이 무상 도심을 발해 왕위를 버리고 출가해 법장비구가 되었다. 제불정토를 다 구경하고 오겁 동안 생각한 후 48원을 세워 공덕을 쌓았기 때문에 10겁 년 전에 그 발원이 성취되어 아미타불이 되었다는 것이다. 이 신앙은 오래전부터 민간신앙 또는 기본 신앙 요소와 습합을 이루고 있다.

정토사상은 아미타불의 본원력에 의지해 정토에 방생하는 이론과 방법으로서 이와 같은 신앙을 타력신앙이라고 한다. 정토는 정토교리를 구성하는 가장 중요한 개념 중 하나로서 청정한 땅, 붓다 국토를 가리키는 말이다. 정토에는 미륵보살의 도솔정토, 아미타불이 있는 서방정토 극락세계로 보고 있다.

『무량수경』이나 『관무량수경』등에 설해진, 즐거움이 충만한 미타 극락정토의 장엄상은 다른 정토에 비할 수 없을 정도이다. 그 주불인 아미타불은 무량항 수명과 광명을 가진 부처님이라 해서 무량수불, 무량광불이라고 한다. 극락왕생의 목적은 부처님의 본원력에 의해 이루어진다. 본원이란 붓다가 붓다 되기 이전 발심 때에 세운 서원이다. 그 서원 속에는 깨달음을 얻게 하자는 이타적인 원이 동시에 세워진다.

본원력에 의한다고 하는 것은 바로 그러한 불보살의 이타구체적인 원의 힘에 의한다는 뜻이다. 그 본원의 수는 경전마다 조금씩 다르다. 그 중 『무량수경』에는 48원이 보이고 있다. 아미타불의 극락정토는 죄악범부를 구제하려는 법장비구의 48원에 의해 건립되었다.[6)]

『정토삼부경』의 개략적 내용과 함께 그것의 신학적 내용을 살펴보면 『무량수경』은 붓다의 제불이 중생을 섭수해 정토에 왕생함을 설하고 있다. 세자재왕여래의 교화 시 국왕이 세자재왕여래의 설법을 듣고는 출가해 사문이 되어 여래로 하여금 정각을 속성해 생사근고의 근본을 배우는 방법을 가르쳐 달라고 애원한다. 이에 여래는 이백십억 제불찰사의 천인의 선악과 국토를 설명하고 그 실상을 시현해준다. 이것을 보고 국왕은 곧 무상 수 승의 사십팔대원을 발

---

6) 서경수, 『불교철학의 한국적 전개』, 불광출판사, 1990, 204쪽.

하고 시현해 준다. 수행하여 성불하고 서방정토에 주하게 된다. 이 붓다의 세계는 안락이라 하며 칠보로 되어 있는데, 거기에 왕생하고자 일념으로 불명을 생각하거나 신심을 내면 오역죄나 정법을 비방하는 죄를 제외하고는 모두 불퇴전의 정정취에 주한다.[7)]

『관무량수경』

관무량수경은 극락세계의 방법을 설하고 있다. 이 경전의 본 경은 서분, 정종분, 이익분으로 되어 있는데 붓다가 미타를 중심으로 극락의 의정이보을 관해서 하는 것을 설한다. 서분에서는 아사세왕의 역악 때문에 어머니 위제희는 갇힌 몸이 되어 붓다에게 우뇌 없는 곳을 염송한다. 이에 붓다는 부인에게 여러 정토를 구현해주고 부인은 미타를 찾아 억 년 정관을 구한다. 정종분은 붓다가 이에 응하여 십육관법을 설하고 있음을 나타내고 이익분에는 이로써 위제희 부인이 오백 명의 시녀와 함께 무생인을 얻어 왕생함을 보인다.

『아미타경』

아미타경은 극락정토의 의정장엄을 설하고 있다. 십만억불토를 지나서 있는 세계가 아미타불이 설법하는 극락인데. 이 극락에는 고가 없고 락만 있으며 만약 선불선의 여인이 있어 아미타불을 부르며 칠일을 일심불란하면 임종 시에 아미타불이 제성중과 함께 현전해 극락정토에 인도함을 보인다.

---

7) 경일남, 「신라왕생설화의 연구」, 충남대학교 대학원 석사논문, 1983, 23쪽.

3. 『정토삼부경』의 효 수용

불교는 붓다께서 처음으로 이룬 종교로서 불법을 깨닫고 그 깨달은 내용을 가르침으로 성립된 종교현상이다. 그것이 여시아문(如是我聞)으로 나타나서 불교로 대체로 8만 4천의 법문이라고 한다. 이것을 다시 대승경전과 소승경전으로 나누고 또 붓다가 직접 설했다는 경전과 이와 같은 경전을 중심으로 시대와 지역에 따라 새롭게 찬술되었다는 위경으로 구분된다. 대승경전 가운데 대표적인 경전인 『반야삼매경』과 함께 『정토삼부경』(무량수경, 관무량수경, 아미타경)이며 대승불교에서는 정토신앙이 불교 기본신앙으로 확립하는데 중요한 역할을 하였다. 정토신앙 중에는 미타정토, 미륵정토, 약사정토, 반야정토 등의 구별이 있으나 정토사상하면 미타정토사상이 기본이다.8)

불교에서는 이상적 공간으로 아미타부처가 건설하고 머물고 있다는 극락정토가 있다. 이곳은 과거 법장비구가 극락정토를 세운 원인으로부터 시작된다. 『정토삼부경』에서 극락 가는 길을 살펴보면 법장비구가 붓다에게 자신의 성불을 이루고자 할 때 48서원이 먼저 이루어진 이후 선택할 것을 말한다. 법장비구가 말하고자 하는 48원 가운데 19. 제가 부처가 될 적에, 시방세계의 중생들이 보리심(菩提心)을 일으켜 모든 공덕을 쌓고, 지성으로 저의 불국토에 태어나고자 원을 세울 때, 그들의 임종 시에 제가 대중들과 함께 가서 그들을 마중할 수 없다면, 저는 차라리 부처가 되지 않겠다. 20. 제가 부처가 될 적에 시방세계의 중생들이 제 이름(아미타불)

---

8) 석효란, 『불교의 전통신앙(정토사상)』, 반야회, 1985, 19쪽.

을 듣고 저의 불국토(극락세계)를 흠모해 많은 선근공덕을 쌓고, 지성으로 우리나라에 태어나고자 마음을 회향(回向)할 제, 그 목적을 이루지 못한다면, 저는 차라리 부처가 되지 않겠다.

법장비구가 세우고자 하는 불국정토 청사진을 살펴보면 한없이 넓고 청정 미묘하여 비할 데가 없으며, 또한 그 나라는 영원불멸하여 모든 것이 변하지 않고 쇠미하지 않은 극락의 정토이다.[9] 정토에 태어나는 것은 윤회하는 것과 같이 태어나 죽고, 다시 태어나는 생이 있는 세계가 아니고 열반, 해탈을 체득하기 위해 태어남이 없는 무생의 생이다.

법장비구의 발원으로 건설한 정토세계를 붓다의 설명으로 살펴보면 그 불국토는 금, 은, 유리, 산호, 호박, 자거, 마노 등 칠보로 땅이 이루어지고, 그 넓이는 광대하여 끝이 없으며, 그곳 온갖 보배들은 서로 빛나서 한량없이 찬란하고 미묘 청정하게 되어 있다. 시방세계의 어느 세계보다도 뛰어나게 훌륭하니, 그것들은 모든 보배 중의 으뜸으로서, 마치 타화자재천(他化自在天)의 보배와도 같다.

또한, 그 국토에는 수미산과 금강철위산 등 일체 산이 없고, 바다나 강이나 시내나 골짜기 우물 등도 없으나, 보고 싶어 할 때는 부처님의 신통력으로 바로 나타나리라. 그리고 지옥과 아귀와 축생 등의 괴로운 경계도 없고, 사계절도 없으니, 춥지도 덥지도 않아서 항시 온화하고 상쾌하다.

또 붓다께서 말씀하시기를, "아난아, 그러면 그대는 야마천(夜摩天)[10]으로부터 색구경천(色究景天)까지의 모든 천상들은 모두 어디

---

9) 『무량수경』.

10) 욕계 6천의 제3천, 공거 4천의 1, 수야마천, 염마천, 염천이라고도 하며 선시천, 시분천이라 번역, 시간을 따라 쾌락을 받으므로 시분천, 지상에서 십육만유순 위에 있다. 이 천상 사람의 키

에 의지하여 머무를 수 있다고 생각하느냐?" 무량수불(아미타불)의 불국토인 극락세계에는 칠보로 된 갖가지의 나무가 온 세계에 충만하여 금으로 된 나무, 은으로 된 나무, 유리나무, 파려나무, 산호나무, 마노나무 자거나무들이 있는데, 혹은 두 가지 보배로 되고 혹은 세 가지 보배에서 일곱 가지 보배가 합해 이루어졌느니라......극락세계에 있는 인간이나 천신들이 이 보리수나무를 보면 삼법인(三法忍)을 얻게 되는데, 첫째는 가르침을 듣고 깨달아 마음이 안온한 음향인(音響忍)이요, 둘째는 진리에 순종하여 법대로 행하는 유순인(柔順忍)이며, 셋째는 모든 법의 실상을 깨닫는 무생법인(無生法忍)이니라.......아난아, 저 극락세계의 강당과 절과 궁전과 누각들은 모두 칠보로 되어 있는데, 그것들은 저절로 변화해 이루어졌으며, 진주와 명월마니주로 엮은 보배 그물로 그 위를 덮었다. 부처님께서 장로 사리불에게 말씀하셨다.

> "여기에서 서쪽으로 십만 억의 불국토를 지나서 한 세계가 있는데, 그 이름을 극락이라 하느니라. 거기에 부처님이 계시는데 그 명호(이름)를 아미타불이라 하며, 지금 현재도 그 극락세계에서 설법하고 계시느니라. 사리불아, 그 나라 이름을 어찌하여 극락이라 부르는가 하면, 그 나라의 중생은 아무런 괴로움이 없고 다만 모든 즐거움만을 받으므로 극락이라 하느니라."

붓다의 상세한 설명을 들은 아난이 붓다에게 정토에 태어나는 길을 묻는다. 붓다는 아난에게 그 길을 알려주고 있다. 누구든지 무량

는 2유순, 옷의 길이 4유순, 넓이 2유순, 무게3수 처음 난 때가 인간의 7세 아이와 같고 얼굴이 원만하여 의복은 저절로 마련되고 수명은 2천 세, 그 하늘의 1주야는 인간의 200년 인간의 세월로 그 하늘의 2천세를 환산하면 16억 4백만 년(운허 용하, 『불교사건』, 동국역경원, 1985, 566쪽).

수불(아미타불)의 명호를 듣고 기쁜 마음으로 신심을 내어 잠시라도 지성으로 극락세계에 태어나기를 원하는 이는, 그 부처님의 원력으로 바로 왕생하여 마음이 다시 물러나지 않는 불퇴전의 자리에 머물게 되느니라. 그러나 오역죄[11]를 범한 자와 정법을 비방한 자는 그럴 수 없느니라."

오역죄와 정법을 비방한자는 제외하고 지극한 믿음으로 아미타불의 명호를 부르는 자로 규정하고 있다. 그곳에 갈 수 있는(태어날 수 있는) 사람으로는 효를 강조하고 있는 서방정토 극락세계에 태어나고자 하는 이는 첫째 부모에게 효도하고 스승과 어른을 받들어 모시며 자비심으로 실행하지 말고 열 가지 착한 업을 닦으라. 둘째는 삼귀의례를 받아 지니고 여러 가지 계를 지키며 위의를 업무 수행하지 마라. 셋째는 보리심을 발해서 깊이 인과를 믿고 대승경전을 독송하며 다른 수행자들에게 전하는 전법과 함께 권하고 있다.[12] 극락정토에 들어가는 방법으로 제일은 효에 있다는 것을 강조하고 있다.

단순히 물질적 효뿐 아니라, 부모들이 가르쳐 충고하면 눈을 부릅뜨고 말대꾸하며, 부모의 가르침을 따르지 않고 거역하며 반역하느니라, 비유하면 원수와 같이하여 자식이 없는 것만 같지 못하다……. 부모의 은혜도 모르고, 스승과 친구의 의리는 사람까지 포

11) 5역, 5무간업이라고도 한다. 불교에 대한 5종의 역적중죄 1)소승의 5역①살부(殺父)②살모(殺母)③살아라한(殺阿羅漢)④파화습승(破和合僧)⑤출불신혈(出佛身血) 혹은 1과 2를 합하여 1로 하고, 다시 제5의 파갈마승(破羯摩僧)을 더하여 5로 한다. 2)대승의 5역: ①탑사(塔寺)를 파괴하고 경상(經像)을 불사르고,3분의 재물을 훔침 ②삼승법(三乘法)을 비방하고 성교(聖教)를 경천하게 여김 ③스님네를 욕하고 부림 ④소승의 5역죄를 범함 ⑤인과의 도리를 믿지않고 악구(惡口),사음(邪淫)등의 10불선업(不善業)을 짓는 것(운허 용하,『불교사건』, 동국역경원, 1985, 615쪽)

12)『관무량수경』.

함시켰다.[13)]

다섯 번째 음주의 악으로 술에 빠져서 좋은 것만 즐기고 음식에 절제가 없어 여러 가지 혼란과 허물을 막기 위해 설한 것이다. 음주에 대한 경계는 단순히 이 경에만 국한되지 않고 있다. 『선생자경』, 『제법요집경』, 『보살행방편신통변화경』 등 여러 경전에 자세하게 있다. 술의 패해는 참된 사람을 죽이려 하고 화합된 승가를 분열시키려고 하며 부모, 형제, 권속 등을 해치려는 것으로 정의하고 있다.

불교에 가르치고 있는 효는 넓어서'깨달음'을 통한 소위 사생자부(四生慈父)가 되는 것이며 불교의 효가 지향하는바 일체중생을 받들고, 더구나 나의 부모뿐만 아니라 타인의 부모라도 윤회의 과정에서 나의 부모가 되었을 지모를 가능성을 깊이 통찰해 진실한 자비를 실천할 때, 효는 더욱 깊이가 있을 것이다.[14)] 마음을 중요시하여 행하는 것으로 물질적 봉양보다 정신적 위안을 앞세우며, 평등한 원리에 전개되며, 내세관을 가진다.

불교에서 부모와 자식의 인연 관계는 자신의 전생업에 따른 인연으로 자신에게 책임을 두고 있다. 부모와 자식의 인연에서 부모를 만나는 것은 우리들 스스로 부모를 골라 그것을 인연으로 해서 태어났다고 한다. 즉 부모가 마음대로 자식을 낳은 것이 아니라 자신이 골라 전생의 업을 인으로, 부모를 연으로 해서 태어난 것이라 할 수 있다. 이는 불교의 독자적 인생관이며 연기사상이다. 그러므로 불교의 효는 어디까지나 서로 예배하는 부처로서의 관계에 선

---

13) 『불설무량수경』.

14) 송석구, 「불교와 조상숭배-불교의 효도관」, 『한국문화인류학』 18, 한국문화 인류학, 1986, 79-82쪽.

것이었다. 효란 물론 자식이 부모에 대해 가지는 보은의 사상이고, 행위지만, 한편 이 효는 자식에 대한 부모의 자애와 예경을 의미하는 윤리였다. 즉 윤회설과 연기설에 바탕을 두는 불교의 효 사상은 내가 존재할 수 있는 직접적인 조건을 제공해 준 지금의 부모를 깨달음에 이르게 하는 것이 최상의 효도이다. 그러나 여기서 끝나지 않고 일체중생이 전생에 내 부모였다는 윤회사상에 근거해 모든 존재를 자비와 선행의 대상으로 간주한다는 점에 불교 특유의 효 사상이 있다고 할 것이다.

부모와 자식 간의 관계에 대해 붓다의 가르침은 서로 상호성을 가지며 자식이 부모에 대한 보은사상으로 나타난다. 또한 불교의 효사상은 현세적인 물질적 정신적인 부모봉양으로 끝나는 것이 아니고 윤회 속의 고통과 괴로움을 궁극적으로 해결하고자 하는 삼세적 효행이다. 더 나아가 효행 대상이 나의 부모로 국한되는 것이 아니라 일체중생을 나의 부모와 같이 여기는 동채대비사상으로 불교적 효행은 그 가치와 완성을 이룬다.[15]

불교의 효는 부모와 자식의 관계가 일회적인 것이 아니며, 윤회를 통해 자식이 부모가 되고 부모가 자식이 될 수 있으며, 그러한 다생의 반복을 통해 일체의 남자는 아버지요, 일체의 여자는 어머니가 될 수 있다. 이와 같은 의식으로 형성된 『부모은중경』에서 설명되고 있다.

그때 세존께서는 대중을 거느리고 남쪽으로 가시다가 마른 뼈 한 무더기를 보시자 다섯 활개 땅에 던져 마른 뼈에다 절을 하셨다.

---

15) 정수동, 「유교와 불교의 효사상」, 『동아시아불교문화』 제7집, 동아시아불교문화학회, 2011, 260-272쪽.

이때 아난 등 대중이 부처님께 사뢰었다. "세존이시여, 여래께서는 삼계의 큰 스승이시며 사생의 인자한 어버이시어서 많은 대중들의 공경을 받으시거늘 어찌하여 이 마른 뼈에다 절을 하시옵니까?" 부처님께서 아난에게 말씀하셨다. "너는 비록 나의 우두머리 제자로서 출가한 지가 오래되었건만 아는 것이 넓지 못하구나, 이 한 무더기의 뼈는 혹시 나의 전생의 할아버지이거나 부모일 것이기에 절을 하였느니라.[16]

『육도집경』 제43, 섬도사본행'부처님이 들려주는 이야기 '를 보면 붓다가 모든 비구에게 말씀하셨다.

> "내가 전생에 모든 부처님을 받들고 지극히 효행을 하였기 때문에 덕이 높아지고 복이 융성하여져서 마침내 하늘 중의 하늘로서 삼계에 홀로 서게 되었느니라. 그때 섬이란 자가 바로 나였으며 국왕은 아난이었고 섬의 아버지였던 자는 지금의 나의 아버지이며, 어머니였던 이는 나의 어머니이고, 하늘의 제석은 미륵이었느니라."[17]

윤회는 돌고 도는 것이다. 말 그대로 바퀴가 돌 듯, 지금의 인간관계가 전생, 혹 내생에 어떤 인연이었는지는 알 수 없다. 전생에 부부, 부자, 형제, 자매일 수 있다. 지금의 인연만 생각한다면 상대에게 섭섭하게 할 수 있지만 불교에서는 그럴 수 없다. 한 번의 죽음으로 모든 인연이 정리되는 것이 아니라 순환한다는 것이 불교에서 보는 세계관이다. 그것은 불교에서 나이가 어린 사람의 죽음 앞에서 예를 갖추는 근본적인 이유가 될 수 있다.

---

16) 월운, 『부처님이 들려주는 효 이야기』, 동국역경원, 2001, 13-16쪽.

17) 『육도집경』 제43, 섬도사본행, 부처님이 들려주는 이야기.

본 본문에서 다루고 있는 아사세 태자와 빈비사라왕 그리고 위제희 부인 세 명에 얽힌 과거의 인연이 금생에 이와 같은 악연으로 이어졌다. 빈비사라왕이 뒤를 이을 자식이 없어 고민하였다. 신에게 기도하였지만, 영험이 없었다. 마지막으로 왕은 점치는 사람에게 상담을 하게 된다. 점치는 사람은 "산중에 한 사람의 신선이 있는데, 오래지 않아 죽지만 삼 년 뒤에 다시 태어나 왕의 자식이 될 것입니다." 왕은 이 이야기를 듣고 기뻐하지만 "과인은 이미 나이를 먹어 도저히 삼 년을 기다릴 수 없다"며 신하를 통해 신선에게 왕을 위해 빨리 죽기를 청한다. 왕의 부탁을 따를 수 없다는 신선의 말을 전해들은 왕은 그의 목숨을 끊을 것을 말한다. 죽음에 임한 신선은 유언으로 "나는 아직 수명이 남아있는데 왕 때문에 죽는다. 만약 내가 왕의 자식으로 바뀌어 태어나면 반드시 원수를 갚을 것이다."라고 말을 남기고 숨을 거둔다. 이후 위제희 부인은 임신하였다. 점술가를 통해 전해들은 아이와 빈비사라왕, 위제희 부인과 관계는'왕을 위해 좋지 않다 '는 소식이다. 왕과 부인은 공모하여 태어나는 순간 아이의 목숨을 거두는 일을 벌인다. 그러나 아이는 무사했다. 후일 두 사람이 원치 않았던 아사세 태자가 왕이 된다. 그리고 신선으로 생을 마감하는 순간 품었던 일을 벌이게 된다. 이것이 왕사성의 비극이다. 제바달다가 알려준 아사세 태자의 탄생 비밀, 후계자를 만들기 위한 피의 서막 왕사성이란 무대에 등장하는 네 명의 주인공(빈비사라왕, 우제희 부인, 아사세 세자, 제바달다) 모두 죄의 경중을 논할 수 없다.

> 내 생에 원수로서 서로 해치는 허물이란 세간의 부모와 자식 사이다. 금생에 있어서 원한의 마음을 일으켜 미워하고 질투하면 다음

세상에서는 큰 원수가 되는 것이다. 세상 사람들 가운데 부모와 자식, 형제, 부부, 가족, 일가, 친척 간에는 마땅히 서로 공경하고 사랑해야 하며 미워하고 시기하지 말지니, 있든 없든 서로 도와서 탐하고 아끼지 말며, 말과 얼굴은 항상 부드럽게 하여 서로 다투고 다투지 말아야 한다........ 다음 생에는 더욱더 심해져 원수가 된다.[18]

부모와 자식의 인연은 일반적으로 말하는 인연이 아니다. 그러나 전생에 심어놓은 인과에 의해 악연으로 이어지기도 한다. 빈비사라 왕, 아사세 왕, 위제희 부인 이들은 복수를 다짐한 선인에 의해 왜곡된 부모, 자식으로 만나고 있다. 좋은 인연과 전생의 원한을 갚으려는 악연으로 만나기도 한다. 이와 같은 사실을 알고 있기에 붓다는 태어날 때는 혼자이나, 전생에 원한이 있으면 서로 같은 곳에 태어나서 보복해 마지않으며, 그 악업의 종자가 다하기 전에는 서로 떠날 수도 없다.[19]

처자를 버리고 부모를 모시지 않으며 머리를 자르고 후사를 끊는 불교의 전통수행법이다.[20]는 연구자의 의견과 유교에서 주장하는 불교의 특징으로 멸인륜(滅人倫), 무군(無君), 무충(無忠), 무효(無孝)[21]를 근거를 통해 불교가 효와 거리가 있음을 비판하고 있다. 그러나 불교는 출가와 재가로 나눠 있으며 재가인들에게는 극락으로 들어가는 방법을 효를 통한 것을 보고 있다.

붓다는 『아미타경』을 통해 인간의 법칙과 극락세계에 들어감을

---

18) 『불설무량수경』.

19) 『무량수경』.

20) 서병대, 「불교의 효 윤리연구-불교의 효에 관한 경전을 중심으로 한 고등학교 효교육지도방안-」, 성산효대학원대학교 석사논문, 2004, 2쪽.

21) 송석구, 「불교와 조상숭배-불교의 효도관」, 『한국문화인류학』 18, 한국문화인류학, 1986, 79쪽.

설하고 있다. 마가타국의 왕사성에 아사세라 하는 한 태자가 제바달다라는 나쁜 벗의 꼬임에 빠져 아버지 빈비사라왕을 일곱 겹의 담으로 둘러싼 깊은 감옥에 가두어 놓고 신하들에게 명령하여 한 사람도 가까이하지 못하게 하였습니다.

> 붓다가 위제희 부인에게 : 극락세계에 왕생하고자 하는 이는 마땅히 세 가지 복을 닦지 않으면 안 됩니다. 그 첫째로는 부모에게 효도하고 스승과 어른을 받들어 섬기며 자비한 마음으로 살생하지 말고 지성으로 십 선업을 닦는 것이다. 사리불아, 그대 생각에 저 극락세계의 부처님을 어찌하여 아미타불이라고 부르는지를 아느냐? 사리불아, 저 부처님의 광명은 한량이 없어서, 시방세계의 모든 나라를 두루 비추어도 걸림이 없으니, 그러므로 무량한 광명의 부처님(無量光佛) 곧 아미타불이라 하느니라. 또한, 그 부처님의 수명과 그 나라 사람들의 수명이 한량이 없고 끝이 없는 아승지겁이니, 그러므로 무량한 수명의 부처님(無量壽佛) 곧 아미타불이라 이름하느니라. 사리불아, 아미타불께서 성불하신 지는 이미 열 겁(十劫)의 세월이 지났느니라.[22)]

위제희 부인이 붓다에게 묻는다. 당신(붓다) 사후 남아 있는 우리는 극락세계를 볼 수 없다. 붓다는 친절하게 질문에 대답하고 있다.

> 부인은 잘 모를 일이나 아미타불은 결코 멀리 계시는 것이 아닙니다. 부인은 마땅히 마음을 가다듬어, 청정한 업으로 이루어진 저 극락세계를 자세히 관찰해 보시오. 나는 지금 부인을 위해 널리 가지가지의 비유를 들어, 다음 미래 세상의 모든 중생들도 청정한 업을 닦아서 서방 극락세계에 왕생할 수 있도록 하겠습니다. 그런데 저 극락세계에 왕생하고자 하는 이는 마땅히 세 가지의 복을 닦지 않으면 안 됩니다. 그 첫째로는 부모에게 효도하고 스승과 어른을 받들어 섬기며 차비한 마음으로 살생하지 말고 지성으로

---

22) 『아미타경』

십선업을 닦는 것입니다. 둘째는 부처님과 불법과 성인네 등 삼보에 귀의하여 여러 가지 계율을 지키며 위의를 바르게 하는 것입니다. 셋째로는 위없는 진리를 깨닫고자 하는 보리심을 내어 깊이 인과의 도리를 믿고 대승경전을 독송하며, 한편 다른 이에게도 그렇게 하도록 힘써 권면해야 합니다. 그래서 이러한 세 가지의 수행을 극락세계에 왕생하는 청정한 업(淨業)이라 하는 것입니다.

4. 끝맺으며

붓다가 설한 경전들의 특징을 살펴보면 제자들이 청하고 그에 대한 문답 형식으로 구성되어 있다. 그러나 『정토삼부경』 만큼은 스스로 붓다가 법을 청하고 답변하는 형식으로 구성되어 있다. 그것은 출가자들에 교단으로 구성되어 있어 간과할 수 있는 효문제가 외도들 때문에 제기될 것을 염려함 때문이다. 유교에서 가장 많이 논의되고 있는 부모와 떠나 출가함으로 보은의 실천에 문제와 자손을 남기지 않는 인륜에 맞는 문제가 생길 수 있다는 것이다. 본 『정토삼부경』에서 효 연구는 유교의 비판에 대해 편찬된 『부모은중경』과 달리 중생들의 이상세계인 극락정토에 태어날 방법으로 가장 중요한 덕목으로 효를 가리치고 있다.

경전 속에 효를 강조한 예도 드물지만 그를 인간들이 가고자 하는 이상적 세계, 번뇌가 없고 근심·걱정이 없는 세계에 갈 수 있는 가르침으로 하고 있다.

본고는 단순히 이상적 세계인 극락에 태어나고자 하는 유토피아적 사고에 대해 가는 방법을 제시하는 붓다의 가르침을 경전 속에서 찾아 연구하였다. 기존의 연구가 얼마 되지 않아 단순히 붓다의 설법을 소개하고 있다. 차후 중복되는 설법과 당시의 시대상황 연구를 통해 시대배경이 이 경이 성립된 연구를 하게 된다면 보다 나은 연구가 될 수 있다고 본다.

제4장

효명세자의 효문화 정치와 왕권강화

김 명 숙

(동덕여자대학교 교수)

1. 글의 시작

효명세자(孝明世子)는 1809년(순조9) 순조와 순원왕후(김조순 딸)의 첫째 아들로 태어났다.[1] 4세 때 왕세자에 책봉된 효명세자는 19세가 된 1827년(순조27) 2월부터 대리청정(代理聽政, 이하 대청)을 하면서, 왕권을 강화하고 세도정치의 모순을 개혁하고자 노력했던 '개혁군주'였으나, 대청 시행 3년 3개월만인 1830년(순조30) 5월 22살에 요절한 불행한 왕세자였다.

시 짓기를 좋아한 효명세자는 궁궐의 여러 정자에서 사계의 아름다운 풍경을 서정적으로 표현한 400여 수의 시를 남겼을 정도로 문학적 감수성과 시적 형상화의 재능이 역대 군왕 중 단연 으뜸이었다.[2] 뿐만 아니라 그는 이처럼 뛰어난 문학적 역량을 기반으로 대청 기간 동안 자신이 주최한 여러 궁중 연향에서 직접 정재무(呈才舞)를 창작하고 무용 반주음악의 가사를 지었으며 치사(致辭)를

1) 휘(諱)는 영(旲), 자(字)는 덕인(德寅), 호(號)는 경헌(敬軒)이며, 사후 그의 아들 헌종에 의해 익종(翼宗)으로 추존되었으며, 익종의 대통을 이은 고종에 의해 1899년(광무3) 문조익황제(文祖翼皇帝)로 추존되었다(『순조실록』권31, 순조 30년 7월 15일 誌文; 『헌종실록』권1, 헌종 즉위년 11월 19일; 『고종실록』권39, 고종 36년 12월 7일).

2) 이종묵, 「효명세자의 저술과 문학」『한국한시연구』10, 2002.

지어 올리는 등, 3년 3개월이라는 짧은 대청기간 동안 '조선 궁중 춤의 진경시대(眞景時代)'를 이루었다.

이처럼 예술적 재능이 다채로웠던 효명세자에 대해서는 역사 뿐 아니라, 문학・무용・복식 등 다양한 학문분야에서 관심을 기울여, 역대 조선의 왕 중에서 가장 문학적이고 예술적이며 동시에 진취적인 '개혁군주'로 평가되고 있다. 역사학에서는 주로 효명세자의 대청이 갖는 정치사적 의의에 주목하였고,[3)] 국문학에서는 그의 한글 악장과 시를 통한 문학세계를 조명하였다.[4)] 무용학에서는 효명세자에 의해 정비된 정재무에 대한 집중적인 연구가 이루어져, 효명세자 대청기에 '조선 궁중 춤의 진경시대'가 이루어진 것으로 평가하였으며,[5)] 복식학에서도 『효명세자책례도감의궤(孝明世子冊禮都監儀軌)』를 중심으로 왕세자 책봉의례의 복식에 대한 연구가 이루어지기도 하였다.[6)]

필자는 본고에서 효명세자 대청기의 정치를 효를 정치 전면에 내세우고 시행된 '효문화 정치'[7)]로 규정하고, 대청기에 시행된 1827

3) 신용우, 「익종 대리청정에 대한 고찰-대청시행 과정과 정무처리를 중심으로-」, 한양대학교 사학과 석사논문, 1986; 조재곤, 「19세기 초반 효명세자(익종)의 개혁정치와 그 성격」『북악논총』11, 1993; 김명숙 「19세기 반외척세력의 정치동향-순조조 효명세자의 대리청정 예를 중심으로-」『조선시대사학보』3, 1997; 정만조, 「19세기 전반기 조선의 정치개혁 움직임과 근대화」『한국학논총』21, 1998.

4) 신경숙, 「순조조 외연의 한글 악장-효명세자의 작품을 중심으로-」『효명세자연구』, 두솔, 2005; 이종묵, 「효명세자의 삶과 문학」『효명세자연구』, 두솔, 2005.

5) 문화체육관광부에서는 매월 '이달의 인물'을 선정하여 그의 업적을 기리고 있는데, 효명세자는 2005년도 '11월의 인물'로 선정되어 '춤을 사랑한 조선의 왕'으로 관심이 집중되었다. 이에 한국무용예술학회 주관으로 2005년 11월 효명세자에 대한 종합적인 조명이 이루어졌으며, 그 성과물로 『효명세자연구』(두솔, 2005)가 출간되었다.

6) 劉頌玉, 「孝明世子 冊封儀禮의 服飾에 관한 硏究」『효명세자연구』, 두솔, 2005, 283-296쪽.

7) 심승구 교수는 서평 「孝로써 天下를 다스리려 한 孝明의 꿈-송방송 외 6인, 『국역순조기축진찬의궤, 서울: 민속원, 2007-」(『한국음악사학보』 39, 2007)에서 효명세자의 '효'에 의한 정치에 주목한 바 있으나, 심승구 교수는 '기축년진찬' 만을 대상으로 검토하였다는 점에서 필자와 차이가 있다고 하겠다.

년(순조27) 「자경전진작(進爵)」, 1828년(순조28) 「무자진작」 그리고 1829년(순조29) 「기축진찬(進饌)」을 살펴본 후, 능행을 통한 효의 실천과 왕권강화 과정을 살펴봄으로써, 효명세자의 '효문화 정치'의 의미를 음미해 보기로 한다.

2. 효명세자와 대리청정

세종대 처음 실시된 대청의 명분은 국왕이 연로하거나 건강상 문제가 있을 때 차기 군주인 왕세자에게 정무의 일부를 맡겨 정치실습을 시키는 '인턴 십'에 있었다. 그러나 순조가 단행한 효명세자의 대청은 인턴 십의 의미를 넘어 왕권강화를 위한 기획 프로젝트였다. 안동김씨(이하 안김) 세도정권 하에서 국왕으로서 포부를 제대로 펼 수 없었던 순조는, 대청이 시행되기 5-6년 전부터 효명세자에게 종묘・사직의 제례를 섭행토록 하고, 자신은 척족정치에 비판적인 신진세력을 세자시강원과 세자익위사의 관료로 배속시켜 효명세자의 근신으로 육성하는 등, 세자의 대청에 힘을 실어주기 위한 만반의 준비를 하였다.[8)]

뿐만 아니라 순조는 대청이 시행되기 이전부터 대신들과 논의하여 세자와의 직무분담을 규정한 「정해청정절목(丁亥聽政節目)」[9)]을 마련하였다. 여기서 주목되는 것은 순조가 세종대 이래 국왕의 고

---

8) 본 장에서 효명세자의 대청과 관련된 부분은 주로 김명숙의 「19세기 반외척세력의 정치동향-순조조 효명세자의 대리청정 예를 중심으로-」(『조선시대사학보』3, 1997)와 「『翼宗代聽時日錄』의 편찬과 정치사적 의의」(『동학연구』19, 2005)를 참조하였으며, 특별한 경우가 아니면 주를 달지 않았다.

9) 『순조실록』권28, 순조 27년 2월 9일 丁亥聽政節目.

유권한이었던 군사권・사법권・인사권 중에서 인사권을 세자에게 이양해주고 대청하는 세자에게 힘을 실어주었는데,[10] 이는 세종대 대청이 시작된 이래 전례가 없는 파격적인 조처였다. 여기서 우리는 안김 세도정권을 견제하고 왕권을 강화하려는 순조의 강한 의지와 효명세자의 대청에 거는 기대가 차기 군주의 인턴십, 그 이상이었음을 짐작할 수 있다.

효명세자는 이처럼 순조의 전폭적인 지지와 후원 속에 대청 초반부터 인사권을 행사하여, 1829년(순조29)경에는 안김 세도정권의 권력재생산의 기반이었던 비변사를 장악할 수 있었다. 세자는 이러한 정치기반 위에서 대청 초반부터 제기되었던 정치의리를 조정하고 소외된 정치세력을 회유하며 과감하게 정국을 운영해 나갔고, 한편으로는 상언・격쟁제도를 활성화하여 민심을 위무하면서 민폐를 시정해 나갔다.[11]

대청에 임한 효명세자가 가장 이상으로 삼은 정치적 Role-Model은 할아버지 정조였다. 외모부터 정조와 흡사했다는 효명세자는[12] 할아버지 정조를 흠모하고 그의 정치를 이상으로 삼아, 정조가 그러했듯이 '자신의 하루의 일과(日課) 중에서 독서와 저술에 힘쓰고 직무에 충실했는가?'를 날마다 반성하고 기록하였다고 한다.[13]

효명세자는 대청을 시작하면서 좌척우현(左戚右賢)과 우문정치

10) 迺於本月十八日 命王世子聽政 苟非兵刑之大要 勿煩稟啓 凡厥中外之庶務 悉令總裁(『순조실록』 권28, 순조 27년 2월 18일 頒教文).

11) 김명숙(1997), 앞의 논문, 174-212쪽.

12) 세자는 이마가 융기(隆起)한 귀상(貴相)에다가 용의 눈동자로 천표(天表: 帝王의 儀容)가 빼어나고 아름다웠으므로 궁중의 상하가 모두 '장효왕(정조)과 흡사하다.'고 말했다(『순조실록』권31, 순조 30년 7월 15일 誌文).

13) 김명숙(2005), 앞의 논문, 11-12쪽.

(右文政治)를 표방했던 정조대의 정치를 계승하여 해이해진 왕조의 기강을 바로 잡고 왕권을 강화하기 위한 여러 조처를 취했다. 그는 대청 초 척족의 정치 간여를 배제하고 정치와 학문을 논할 수 있는 사대부를 육성하고자 척족정치에 비판적인 신진세력을 근신으로 육성하여 규장각신으로 배치하고, 이들의 숙소였던 이문원에 자주 나아가 학술과 정사를 논하였다.

효명세자는 당시 정치적 입장의 차이로 갈등하던 정치세력에 대해서는 노론의 의리(辛壬義理)를 인정해 주고, 반면 정치적으로 소외되었던 소론·남인·북인을 국왕의 독자적인 인사권 행사가 가능한 언론 삼사(홍문관·사헌부·사간원)의 관원으로 발탁하여, 이들로 하여금 안김계 관료들의 사치와 권력 남용을 공격토록 하여 공론(公論)에 의해 정계에서 축출하는 방식을 취하였다.

이와 함께 효명세자는 부왕 순조가 지지기반 형성에 실패하여 개혁정치를 추진하는데 걸림돌이 되었던 점을 교훈삼아, 장차 자신이 추진할 개혁정치의 지지세력을 육성하는데 심혈을 기울였다. 그는 대청기간 동안 총 53회에 걸쳐 과거를 시행하였는데, 당시 특정 가문출신이 아니면 합격하기 어려웠던 과거제의 폐단을 시정하고자, 문벌가의 자손이 아닌 인물 중에서 청렴과 근신을 기준으로 인재를 선발하고자 노력하였다.

한편 그는 특지(特旨: 국왕이 후보자 명단에 첨서하여 발탁)를 활용하여 이조·병조·호조판서 및 선혜청 당상, 훈련대장에 자신의 근신(김로·서준보·김노경·조만영 등)을 배치하여 이들과 함께 대청 전 기간을 통하여 인사권·경제권·군사권을 장악하고 나아가 비변사를 장악할 수 있었다.

그 결과 효명세자는 대청 시행 2년 만인 1829년(순조29)경이 되면 김조순을 비롯한 안김계의 핵심인물들을 정계에서 축출하고, 척족정치에 비판적인 자신의 근신들을 비변사의 실무를 담당하는 전임당상(專任堂上)으로 배치하여, 현직 의정으로 구성된 비변사 도제조를 배제하고도 직접 국정을 처리할 수 있을 만큼 독자적인 정치기반이 마련되었다.[14]

3. 효명세자의 '효문화 정치'

1) 궁중 연향을 통한 '효문화 정치'

순조의 큰 기대와 사랑을 받고 자란 효명세자는 어려서부터 어머니 순원왕후가 금하는 일이면 곧 중단하였을 정도로 효성이 지극하였고,[15] 성장해서는 400여 수의 시를 남겼을 정도로 감수성 예민하고 시재(詩才)가 뛰어난 문학청년이었으나,[16] 대청을 앞두고는 시작(詩作)보다 성군(聖君)의 요체가 되는 독서와 수양에 힘쓰고 경세(經世)를 위한 학습에 전념하는 등,[17] 순조의 기대에 부응하였던 효자였다.

효명세자의 시호(諡號)인 효명(孝明)도 '부왕 순조의 뜻(대리청정-필자 주)을 이어 사업(왕업-필자 주)을 이루었다'는 의미에서 '효', '사방에 군왕의 뜻을 밝게 비춘다.'는 의미에서 '명'이라 하였듯

14) 김명숙(1997), 앞의 논문, 174-185쪽; 김명숙(2005), 앞의 논문, 7-12쪽.

15) 『순조실록』권31, 순조 30년 7월 15일 誌文

16) 이종묵, 「효명세자의 저술과 문학」 『한국한시연구』10, 한국한시학회, 2002, 316쪽.

17) 김명숙(2005), 앞의 논문, 9-10쪽.

이,[18] 대청을 하다가 요절한 세자를 기리기 위하여 세자의 대청을 '효의 실천'으로 높이 평가하고 이를 시호에도 반영하였던 것이다.

이처럼 효성이 지극하였던 효명세자는 대청이 안정기에 접어든 1828-29년경이 되면, 그동안 세도정권 하에서 위상이 약화된 왕실의 권위를 높이고 왕권강화를 위한 가시적인 노력의 하나로, '효의 실천'을 전면에 내걸고 대규모의 연향을 자신이 직접 주도하며 거행하였다.

본래 조선시대 궁중잔치인 연향은 예악(禮樂)에 의한 교화정치의 일환으로서, 군신간의 대화의 장이자 사회통합의 기능을 지닌 국가적인 행사였다. 조선전기에는 세자나 신하가 국가나 왕실의 경사가 있을 때 이를 축하하기 위하여 풍정(豊呈)·진연(進宴)·진찬(進饌)·진작(進爵) 등 다양한 궁중잔치를 열었다.[19]

그러나 연향은 선조 대부터 흉년과 민생 등의 경제적 이유로 점차 그 규모가 축소되었고, 영조 대에 와서는 진연의례가 더욱 검소해지고 규모도 국가적인 것에서 집안 규모의 형태로 축소되어, 영조 재위기간에는 단 한차례의 진연과 4차례의 진찬만이 시행되었다.[20] 그런데 효명세자 대청기에는 매년 화려하고 격식을 갖춘 대규모의 황제식 연향이 거행되었던 것이다. 더욱이 효명세자 대청기

---

18) 효명세자 생전의 이름인 '영(昪)'도 햇빛을 의미하는데, 이는 순원왕후의 태몽과도 관련이 있다. 태몽으로 용꿈을 꾼 순원왕후는 효명세자를 낳을 때 궁정에 오색 무지개가 드리우고 소나기가 뿌리면서 우레가 치더니, 효명세자가 태어나자마자 하늘이 즉시 개이고 궁전 기와에 오색 구름기운이 머물다가 권초일(捲草日: 왕비의 산실에 깔았던 자리를 걷어치우는 날)에 흩어졌다고 한다(『순조실록』권31, 순조 30년 7월 15일 誌文).

19) 풍정은 나라에 경사가 있을 때 신하들이 임금에게 음식을 바치며 축하하는 것으로 연향 중에서 규모가 가장 큰 잔치였고, 진연은 풍정보다 작은 규모의 잔치였으며, 영조대 후반에 등장한 진찬은 진연보다 작고 진작보다는 큰 중간 규모의 격식을 갖춘 궁중잔치였다. 진작은 임금께 술잔만을 올리는 가장 작은 규모의 잔치였다(심승구, 앞의 논문, 259-261쪽).

20) 김말복, 앞의 논문, 13-14쪽.

에는 거듭되는 홍수와 재해로 나라형편이 어려운 상황이었는데도 이처럼 대규모의 연향이 거행되었던 것은 단순한 '효의 실천'으로 보기 어려운 면이 있다. 특히 효명세자가 대신들의 반대와 비판을 무릅쓰고 매년 시행한 것은 실상 그 내면에 정치적 의도가 깔린 고도의 예악정치였음을 짐작케 한다. 그러면 효명세자가 대청기간에 연향을 통하여 구현하고자 한 정치적 의도를 1827년의 「자경전진작」과 1828년의 「무자진작」 그리고 1829년의 「기축진찬」을 중심으로 구체적으로 살펴보기로 한다.

1827년 9월 10일 자경전에서 거행된 진작은 효명세자가 대청을 시작한 지 7개월 만에 시행한 첫 번째 잔치였다.[21] 1827년 7월 원손(元孫)이 태어나자 효명세자는 이 경사를 순조와 순원왕후의 은덕으로 돌리고 양친에게 존호를 올리고자 하였다. 그러나 순조는 자신이 30년 동안 정사를 펼쳤지만 생민이 곤궁해지고 법도가 실추된 상황에서 병으로 요양하며 세자에게 대청을 맡긴 처지이고, 자신의 치세는 옛날 성왕의 성대한 일에 비할 수 없다고 하면서 존호 받기를 사양하였다.

그러나 세자는 5차례에 걸쳐 상소를 올려 이를 성사시켰는데,[22] 이는 효명세자가 순조와 달리 자식 된 도리로서 부왕에 대한 '효의 실천'이라는 측면에서 연향을 보다 적극적으로 추진할 수 있는 위치에 있었기 때문에 가능한 일이었다. 그러나 세자가 "진연이나 진찬으로 이름 붙일 것까지 없고, 조그만 술자리를 베풀어 경사를 기념하려고 한다."고 하였듯이,[23] 아직은 대청의 기반이 잡히기 이전

---

21) 김말복, 앞의 논문, 14-16쪽; 조경아, 「순조대 효명세자의 대리청정시 呈才의 연행양상-歌舞樂 요소의 계승과 변화를 중심으로-」 『효명세자연구』, 두솔, 2005, 336-337쪽.

22) 『순조실록』 권29, 순조 27년 7월 22일; 23일; 24일; 25일; 26일; 27일; 28일; 9월 9일

임을 감안하여 정재공연 없이 왕에게 작(爵)만을 올리는 순수 의식으로 거행하였다.

그러나 효명세자는 백관이 모인 자리에서 부왕 순조에게 존호(尊號)[24]를 올리고, 자신이 직접 창작한 치사(致詞)와 전문(箋文)[25]을 통해 왕위를 이을 왕통의 탄생이라는 경사를 계기로 보다 공고해진 왕권과 굳건해진 왕실의 체통을 과시하려는 정치적 목적을 이루기에는 손색이 없었다. 즉 효명세자는 효를 전면에 내걸고 거행된 궁중 연향을 단지 군신 간의 술을 나누는 자리가 아니라 주빈을 향해 낭독되고 불리는 치사・전문・악장을 통해 왕을 구심으로 한 조화와 화합을 강조하고, 실추된 왕권을 강화하는 정치적 의식으로 양식화하였던 것이다.[26]

1928년 2월 12일 순원왕후의 성수 40년을 축하하기 위하여 자경전에서 거행된 「무자진작」 역시 명분은 '효의 실천'이지만, 순원왕후를 위한 진작과 야진별반과(夜進別盤果) 이외에 세자를 위한 왕세자 회작(會酌)이라는 연희를 별도로 구성하여 대청하는 효명세자에 대한 예를 동시에 갖추는 등,[27] 궁극적으로는 안김 세도정권을 견제하고 1928년부터 안정권에 들어선 대청을 자축하기 위한 정치적 의미를 내포한 것이었다.

특히 효명세자는 1828년 「무자진작」에서부터 전통적으로 당대

---

23) 『순조실록』 권29, 순조 27년 7월 25일

24) 순조의 존호는 연덕현도경인순희(淵德顯道景仁純禧), 순원왕후의 존호 명경(明敬)이었다(『순조실록』 권29, 순조 27년 7월 25일).

25) 치사는 연향에서 누가 누구에게 무슨 목적으로 잔을 올렸는지를 축하하는 글로, 매 잔이 올려질 때마다 연향 참석자 모두가 돌아가며 임금에게 올리는 송덕의 글이고, 전문은 임금이 그 어버이에게 올리는 송덕의 글이다(김말복, 앞의 논문, 14쪽)

26) 김말복, 앞의 논문, 14쪽.

27) 김말복, 앞의 논문, 25쪽.

문임(文任: 홍문관·예문관 제학)들이 악장을 창작하던 전례를 깨고, 자신이 직접 연향에 쓰일 악장과 가사를 창작하여 예제하였으며, 정재의 단자 선택과 치사·전문의 창작, 정재무의 연습과 감독에 이르기까지 연향을 총괄함으로써, 궁중 연향의 규모와 절차를 크고 새로워지는 등 조선후기 궁중 연희의 새로운 패러다임을 이루었다.[28]

1829년 2월과 6월 순조의 성수 40년과 등극 30주년을 맞이하여 명정전과 자경전에서 거행된 「기축진찬」은 진연보다는 작은 규모이지만, 앞의 두 차례의 잔치에 비해서는 성대한 규모의 잔치였다.[29] 「기축진찬」 역시 효명세자의 효심에서 발로된 것이지만, 보다 궁극적으로는 차별적 질서를 강조하는 예(禮)와 조화로움을 강조하는 악(樂)이 어우러지는 연향에서 자신이 창작한 궁중무용인 정재무(呈才舞)를 통해 왕의 선정(善政)을 칭송하고 만수무강을 기원함으로써, 궁극적으로는 국왕 중심의 지배질서를 강조하고 왕실의 권위를 되살려 왕권강화의 기회로 삼았던 것이다.[30]

이상과 같이 효명세자는 대청기간 동안 3차례에 걸쳐 대규모의 연향을 주도하면서 자신이 직접 악장·치사·전문 그리고 정재를 창작하고, '효를 다한다.'는 의미에서 절차나 의식 하나 하나를 직접 살펴보는 등 진두지휘를 하였던 것이다.[31]

28) 김말복, 앞의 논문, 17-18쪽.

29) 김말복, 앞의 논문, 26쪽.

30) 조경아, 앞의 논문, 333-343쪽.

31) 『순조실록』권30, 순조 29년 1월 13일

2)능행을 통한 '효문화 정치'

효명세자는 정조와 마찬가지로[32] 경기 일원에 위치한 선왕의 능・원(陵・園)에 연 평균 2-3회 정도 행차하여 참배함으로써 유교국가의 군왕으로서 만백성 앞에 효를 실천해 모범을 보이고자 하였다. 다음의 표는 효명세자가 대청기간에 참배한 능・원을 정리한 것이다.

<table>
<tr><th colspan="2">연・월・일</th><th>능・원호</th><th>피장자</th><th>소재지(현재 지명)</th></tr>
<tr><td rowspan="5">1827</td><td rowspan="2">3.13</td><td>휘경원</td><td>수빈박씨(정조 후궁)</td><td>남양주시 진접읍 부평리</td></tr>
<tr><td>의릉</td><td>경종</td><td>서울시 성북구 석관동</td></tr>
<tr><td rowspan="3">9.21</td><td>건원릉</td><td>태조</td><td rowspan="2">양주군 구리면 인창리</td></tr>
<tr><td>원릉</td><td>영조</td></tr>
<tr><td>휘경원</td><td>수빈박씨</td><td>남양주시 진접읍 부평리</td></tr>
<tr><td rowspan="5">1828</td><td rowspan="2">2.23</td><td>건릉</td><td>정조</td><td rowspan="2">경기도 화성군 안용면</td></tr>
<tr><td>현륭원(융릉)</td><td>사도세자(장조 추존)</td></tr>
<tr><td rowspan="3">9.9</td><td>명릉</td><td>숙종</td><td>고양군 신도면 용두리</td></tr>
<tr><td>효릉</td><td>인종</td><td rowspan="2">고양군 원당읍 원당리</td></tr>
<tr><td>희릉</td><td>장경왕후(중종 계비)</td></tr>
<tr><td rowspan="3">1829</td><td>2.27</td><td>휘경원</td><td>수빈박씨</td><td>남양주시 진접읍 부평리</td></tr>
<tr><td rowspan="2">8.27</td><td>홍릉</td><td>정성왕후(영조 비)</td><td rowspan="2">고양군 신도면 용두리</td></tr>
<tr><td>창릉</td><td>예종</td></tr>
<tr><td>1830</td><td>2.28</td><td>휘경원</td><td>수빈박씨</td><td>남양주시 진접읍 부평리</td></tr>
</table>

위 표에서 보듯이 효명세자는 대청 1달 만인 1827년 3월 13일

32) 정조는 역대 왕과 왕비의 능과 원・묘를 가장 활발히 찾아 참배하였던 국왕으로, 그는 재위 24년 동안 연평균 3회 이상 능행을 하여 경기도 일원에 있던 선왕의 능을 대부분 찾아 참배하였다(이태진, 『왕조의 유산-외규장각도서를 찾아서-』, 지식산업사, 182-188쪽.).

부왕 순조를 모시고 휘경원(순조 생모 가순궁 수빈박씨[33])의 묘)에 나아가 참배한 것을 시작으로, 대청 3년 3개월 동안 연평균 2회 정도 능행길에 나섰다. 효명세자가 참배한 선왕은 조선 전기의 경우 태조・인종・예종이었고, 조선후기의 경우는 숙종・경종・영조・사도세자・정조였다. 숙종・경종・영조・사도세자・정조는 순조로부터 5대조까지의 선왕들로, 숙종 대에 경종과 영조가 대청을 하였고, 영조 대에 사도세자와 정조가 대청을 하여, 치세 중에 자신 혹은 아들이 대청을 하였다.[34]) 효명세자는 능행을 통하여 자신이 태조 이래 정통의 왕위계승자임을 천명하고, 나아가 자신의 대청이 선왕들의 유지를 계승한 왕업의 실천임을 천명하였던 것이다.

특히 효명세자의 능행에서 주목되는 점은 대청 직후 첫 능행지로 순조의 생모 가순궁을 모신 휘경원을 선택했고, 대청 3년 3개월 동안 무려 4차례(1827년 2회, 1829년 1회, 1830년 1회)나 휘경원에 행차하여 참배한 점이다. 효명세자가 이처럼 휘경원에 자주 행차한 이유는 무엇이었을까?

주지하듯이 순조는 정조의 후궁인 가순궁의 소생이나 정비인 효의왕후가 슬하에 소생이 없어 효의왕후의 아들로 입적되어 왕세자로 책봉되었다.[35]) 일반적으로 국왕이 사망하면 후궁들은 궁을 나가야 하지만, 가순궁은 정조 사후에도 자신의 아들이 국왕이 되었으

33) 순조의 생모인 수빈박씨(綏嬪朴氏: 1770-1822)는 본관이 반남(潘南)으로 판돈녕부사 증영의정(贈領議政) 박준원(朴準源)의 3녀이다. 1787년(정조11)에 정조의 빈으로 간택되어 순조와 숙선옹주(淑善翁主)를 낳았다. 궁호(宮號)는 가순(嘉順), 시호는 현목(顯穆), 원호(園號: 무덤의 명칭)는 휘경(徽慶)이며, 효자동 소재 칠궁(七宮) 내의 경우궁(景祐宮)에 제향되었다.

34) 조미은,「조선시대 왕세자 대리청정기 문서 연구」『고문서연구』36, 2010, 58-60쪽.

35) 순조는 정조의 후궁인 가순궁 수빈박씨와 정조 사이의 2남으로 태어났으나, 장남인 문효세자(文孝世子)가 일찍 죽어 1800년(정조24) 왕세자에 책봉되고 그해 6월에 11세의 나이로 조선 제 23대 왕으로 즉위하였다.

므로 궁에서 살다가 1822년(순조22) 12월 26일 창덕궁 보경당에서 사망하였다.[36] 그런데 순조는 후궁 출신이기하나 국왕의 생모이기도 한 가순궁의 장례를 가능한 융숭하게 예우하기를 원하였으나, 이는 신하들의 반대에 부딪혀 자칫 효·현종 대처럼 '예송(禮訟)'으로 비화할 가능성이 내포된 사건이었다.

1822년 12월 28일, 예조에서는 『의례(儀禮)』 시복조(緦服條)를 근거로 ①순조가 존자(尊者)와 일체가 되었으니 감히 사가(私家) 어버이의 복을 입을 수 없다. ②순조의 상복은 오복(五服) 중에서 가장 격이 낮은 '시마(緦麻) 3개월'로 하며, 순조가 가장 낮은 복을 입게 되므로 가순궁의 손자인 효명세자 부부는 복을 입지 않는다. ③빈전(殯殿)과 혼전(魂殿)은 궁 밖의 지정된 별전(別殿)으로 할 것을 결정하였다.[37]

그러나 순조가 ①상복은 불가불 예조의 결정대로 따르되, 묘지에 묻히기 전까지 머무는 빈궁은 창경궁 환경전으로 하고, ②3년간 위패를 모시는 혼궁은 창경궁 도총부 건물로 할 것을 주장하면서 순조와 신하들 간의 대립이 시작되었다.[38]

이는 '후궁의 상(喪)은 궁에서 치룰 수 없다.'는 신하들의 예론(禮論)과 '예(禮)도 결국은 인정에서 비롯된 것이고, 성인도 필시 나의 심정을 이해할 것이다.'라는[39] 순조의 인정론이 정면으로 충돌한 것이다. 순조는 신하들의 반대에도 불구하고 국고(國庫)가 아닌 왕실의 개인재산을 사용하여 자신의 뜻대로 어머니 가순궁의 상

36) 『순조실록』권25, 순조 22년 12월 26일

37) 『순조실록』권25, 순조 22년 12월 28일

38) 『순조실록』권25, 순조 22년 12월 28일; 29일; 『순조실록』권26, 순조 23년 1월 1일

39) 『순조실록』권26, 순조 23년 1월 9일

을 치렀다.

그러나 순조는 상복만은 신하들의 반대를 꺾지 못하고 불가불 오복 중 가장 격이 낮은 시마복을 입어야 했던 것이 못내 불만이었다. 이에 순조는 가순궁의 장례가 끝나자 1등급 국상(國喪)에서나 사용할 수 있는 가장 격이 높은 백대(白帶)를 두르고 백립(白笠)을 쓴 채 편전에서 정사를 보았고, 조회에까지 백립을 쓰고 나아가는 강수(强手)를 두면서까지 후궁이었던 어머니에 대한 '인정'을 지켜내고자 하였던 것이다.[40]

지금까지 살펴 본 바와 같이 가순궁의 상례 문제를 놓고 벌어진 순조와 신하 사이의 대립은 표면상 '예론과 인정론'이라는 인식의 차이로 표출되었지만, 당시 순조의 최측근이었던 김재찬조차 순조의 결정에 반대를 하였을 정도로 순조의 지지자가 거의 없는 상황에서,[41] 사실상 국왕 순조가 혼자 외롭게 고군분투하였던 것이다. 즉 이는 세도정치기 국왕의 위상을 잘 드러내준 사건이었던 것이다.

그런데 효명세자 대청 직후인 1827년 3월 13일의 첫 능행에서 효명세자가 부왕 순조를 모시고 제일 먼저 휘경원에 행차하였고 이후에도 3차례나 더 휘경원을 찾았던 이유는, 부왕 순조의 한이기도 했던 생모 가순궁에 대한 극진한 예우를 통하여, 안김 세도정권 하에서 실추된 국왕 순조의 권위를 회복하고 나아가 이를 왕권강화의 계기로 삼으려는 목적이 내포된 것이었다. 정조가 화성을 성공적으로 건설한 후 어머니 혜경궁을 모시고 현륭원(사도세자의 묘소, 융능)에 행차하여 아버지 사도세자의 한을 풀고 왕권강화의 기회로

40) 『순조실록』권26, 순조 23년 5월 26일; 28일

41) 『순조실록』권26, 순조 23년 1월 1일

삼고자 하였듯이,[42] 효명세자는 대청을 시작하면서 부왕 순조를 모시고 휘경원에 자주 행차하여 할머니 가순궁에 대한 효를 극진히 함으로써, 왕권을 강화하고 백성들로 하여금 충(忠)을 이끌어내는 이중의 효과를 기대했던 것이다.

한편 효명세자는 대청이 어느 정도 안정권에 들어선 1828년에는 순조를 모시고 화성에 행차하여 3박4일 동안 머물면서 정조대 화성행차에 버금가는 성대한 행사를 거행하였다. 1828년 2월 22일, 창덕궁을 출발한 순조와 효명세자는 화성에 도착하여 행궁에 머물면서 이튿날은 건릉과 현륭원에 나아가 직접 제사를 주관하였다. 24일에는 효명세자가 능행에 따른 화성민인의 수고를 위로하기 위하여, 화성에 거주하는 70세 이상의 노인들을 초대하고, 사대부와 일반 백성 중에서 순조와 동갑인 경술생(庚戌生: 39세) 40명을 선발하여 쌀과 고기를 하사해주고, 노인을 공경하는 마음과 부모에 대한 효의 실천을 화성민인들 앞에 몸소 실천하였다.

또한 화성 인근의 유생과 무사들을 위한 특별 시험을 시행하여 인재를 선발함으로써 화성의 민인들을 격려하고 위무하였다. 효명세자는 "밤에 누우면 8도의 가련한 백성들의 고생하는 모습이 떠오르고, 술과 음식을 대할 때면 8도의 백성들이 취하고 배부를 수 있기를 생각한다."고 할 정도로 위민(爲民)정치에도 심혈을 기우렸다. 그는 능행길에서 자신의 대청에 기대를 걸고 징을 치거나(擊錚) 글을 올려(上言) 억울함을 호소하는 수많은 백성들을 만나면서 능행을 위민정치의 계기로 삼고자 하였다.[43] 더불어 세자는 대청 전 군

42) 유봉학, 『꿈의 문화유산, 화성』, 신구문화사, 1996; 유봉학, 『정조대왕의 꿈-개혁과 갈등의 시대-』, 신구문화사, 2001; 이태진, 『왕조의 유산-외규장각도서를 찾아서-』, 지식산업사, 1994.

43) 『익종대청시일록』에는 세자의 능행길에 억울한 사연을 호소한 백성들의 상언과 격쟁 내용 473

권장악을 위해 부심했던 순조의 노력이 안김 세도정권의 반발로 무위로 돌아갔던 점을 교훈 삼아, 야간에는 자신의 능행길 호위를 담당한 군관들을 화성 안 동장대에서 훈련시키는 등, 능행을 군권강화의 기회로 삼았다. 25일에는 효명세자가 환궁하면서 남관왕묘에 나아가 전작(奠爵)을 행하고, 창덕궁에 돌아와서는 순조가 제관(祭官)을 비롯한 여러 신하들의 노고를 치하하며 시상을 하였다.[44)]

4. 끝맺으며

지금까지 살펴 본 효명세자의 '효문화 정치'가 갖는 역사적 의미를 논하는 것으로 맺음말에 대신하기로 한다.

조선왕조는 예악(禮樂)을 바탕으로 성리학적 이상사회를 실천한 유교국가로, 조선의 역대 군왕은 효를 교화의 근원으로 삼고 효를 통한 통치를 중요한 통치방식의 하나로 인식하였다. 이러한 '효치(孝治)'를 가장 효과적으로 실천하고 정치적으로 승화시킨 임금은 정조였다.[45)]

정조의 정치를 이상으로 하였던 효명세자 역시 대청이라는 비상체제에서 효를 전면에 내걸고 궁중 연향과 선왕의 능을 참배하기 위한 능행을 시행하여, 위로는 부왕을 효로서 섬기고 아래로는 신하들로부터 충성을 이끌어내는 '효문화 정치'를 추진하였던 것이다.

건이 실려 있다. 당시 세자는 상언·격쟁 내용이 아무리 많더라도, 직접 그 내용을 검토하여 해당 관청에 회부하거나 특별 조사관을 파견하여 재조사함으로써, 가능한 억울한 죄인이 없도록 최선을 다하였다(김명숙(1997), 앞의 논문, 193-212쪽).

44) 이상은 『익종대청시일록』 순조 28년 2월 22일, 23일, 24일, 25일조 참조.

45) 임형진 교수는 정조의 통치방식을 '孝治'라는 개념으로 규정한 바 있다(임형진, 「正祖의 孝思想과 孝콘텐츠 開發 硏究」 『靑少年과 孝文化』12, 한국청소년효문화학회, 98-128쪽).

군약신강(君弱臣强)의 세도정권 하에서 궁중 연향이나 능행을 통한 '효의 실천'이 왕권강화책으로 이어지기에는 한계가 있는 것이기는 하지만, 비상수단으로 단행된 대청을 통하여 왕권강화와 민생안정의 과업을 이루려던 나이어린 예비군주에게 '효문화 정치'는 일면 그가 할 수 있는 최대치의 정치술이었던 것이다.

또한 문학·무용·음악 다채로운 예술적 재능을 가졌던 청년군주 효명은 자신의 재능을 통치에 적극 활용하여, 조선 궁중 춤의 예술적 패러다임을 바꾸는 예술사적 위업을 이루기도 하였다.

그러나 순조와 척족정치에 비판적인 청류(淸流)세력의 절대적 희망이었던 효명세자는 20대 초반의 예비 군주라고 믿기 어려울 정도로 성실하고 과감하게 대청을 추진하였던 '개혁군주'였으나, 예기치 못한 갑작스런 죽음으로 그의 '효문화 정치'는 좌절되고 말았다.

제5장

사자소학에 내재된 효사상

이 미 숙
(청주대학교 교수)

1. 글의 시작
2. 사자소학의 내용 구성
3. 사자소학에 내재된 효사상
4. 사자소학의 인성교육적 의미
   1) 효교육의 필요성
   2) 효교육의 실태
   3) 인성교육서로서의 사자소학
5. 끝맺으며

1. 글의 시작

현대에 이르러 급속한 사회변화로 부모에 의한 가정교육은 제대로 이루어지지 않고 있으며, 학교교육 또한 인성교육보다는 진학을 위한 입시위주의 학업교육에만 치중하고 있으며, 사회교육은 편향된 대중매체로 인하여 인간의 존엄성을 추구하기 보다는 수단위주의 사고를 키움으로써 청소년들의 윤리의식이나 인성이 무너지면서 사회에 심각한 문제를 안겨주고 있다. 특히 청소년들이 급격한 사회변화에 효과적으로 적응하지 못하고, 경쟁위주의 사회에서 탈락하게 됨으로써 나타나는 일탈 행동은 우리사회의 심각한 교육문제로 이어지게 됨에 따라 가정을 비롯한 학교, 사회에서 청소년과 학생들에 대한 인성교육은 무엇보다도 우선적으로 이루어져야 한다. 그런데 인성교육은 인격과 성격의 바탕이 되는 마음을 교육함으로써 청소년 스스로 자신을 이해하고 수용할 수 있는 인성을 함양하며 아울러 사회 구성원과 더불어 살아갈 수 있는 심성을 길러내는 교육이다.[1)]

---

1) 이상범, 「사자소학을 활용한인성교육 지도 방안 탐색」『한국교육사상연구회 학술논문집』, 53집, 한국교육사상연구회, 2011, 160쪽.

우리나라에서는 예로부터 효(孝)를 모든 인간 교육의 으뜸으로 삼았으며, 다른 어떤 덕목보다도 효를 더욱 중시하여 통치와 국민 교육의 근간으로 삼아왔다. 또 효(孝)에 대한 윤리성은 그 본질에는 변함이 없는 타당한 것으로 입증되어 오고 있고, 효는 가치를 다루는 교육으로서 우리나라 전통의 인성교육이었다. 따라서 효를 현대적 모양으로 되살려 우리의 생활윤리로 정립하고, 인성교육의 실천 방법으로서 효를 세워야 할 필요성이 제기되고 있다.[2] 그런데 효 교육은 올바른 효를 알아가는 방법, 실천하는 방법을 교육하는 만큼 우리 전통의 다양한 효 교육방법을 상황에 따라 설계하고 적용한다면 그 무엇보다 효과적일 것이다.

당시 청소년의 인성을 교육하기 위한 교본서로는 다양한 종류가 있었지만 그 중에서 효 내용이 들어 있는 『사자소학(四字小學)』은 몽학교재로서 가장 널리 활용되었다. 『사자소학』은 중국 유학자인 주자(朱子)가 집주(集註)한 『소학』중에서 어린아이들에게 꼭 필요한 내용을 가려 뽑아서 만든 몽학교재(蒙學教材)로서 글자 사자(四字)를 일구(一句)로 엮었기 때문에 『사자소학』이라 부르게 되었다. 『사자소학』은 현재 1932년 전주에서 간행된 목판본이 유일한 간행기록으로 되어 있으나, 이것을 누가, 언제 지었는지는 알 수 없다.[3] 그러나 조선 초에 주자의 『소학』이 중시됨에 따라 주자의 『소학』보다 간결하면서도 효 의식을 심어 주는데 실효를 거둘 수 있다고 판단되어 이 책은 누가 편술하였는지는 잘 알 수 없지만 공발적(共發的)으로 공감(共感)을 얻어 그 시대 청소년 교육을 위하여 전

2) 권순학, 「우리나라 청소년 효교육의 실태와 개선방안」 『효학연구』8호, 한국효학회, 2008, 136쪽.

3) 권오석, 『서당 교재의 간행에 관한 연구』, 청주대학교 석사학위논문, 1994, 35~43쪽.

국적으로 속도 있게 파급되었다고 보여 진다. 사실상 교육의 효과가 컸다고 판단된다.

본 연구는 『사자소학』에 내재되어 있는 효사상과 인성교본서로서 가치를 살펴보고자 한다. 『사자소학』은 가장 잘 정리되었다고 평해지는 성백효의 정리본을 바탕으로 해서 이를 오륜(五倫)의 정신에 기초해 재구성한 안은수의 정리본에 근거하여 살펴보았다.

2. 『사자소학』의 내용구성

『사자소학』은 오늘날에 이르러서 여러 종류의 간본들이 시중에 유통되고 있다. 그러나 이 간본들이 언제, 누구에 의해 지어진 것인지 알 수 없으며, 그 구성과 내용에 있어서도 차이를 보이고 있다. 또한 문맥이 제대로 이어지지 않는 경우도 있다. 따라서 『사자소학』은 어떤 시기에 한 인물에 의해 구성된 것이 아니라 오랜 시간동안 다양한 지역에 걸쳐 다양한 인물에 의해 정리되었음을 추측할 수 있다[4]

또 『사자소학』이 『소학』에 기초하여 어린이들의 인성교육과 한자 학습을 위한 자료로 구성되었다고는 하지만, 『소학』과 일치되는 문장은 효(孝)와 관련된 52문장 중에서는 겨우 9문장뿐이다. 이러한 것으로 볼 때 『사자소학』은 우리나라의 실정에 맞게 새롭게 구성된 동몽학습서이기 때문에 문장을 구성하는데 있어서 『소학』의 내용을 그대로 축약하지 않았으며,[5] 문자 교육상 어려운 한자를 가

---

4) 성백효 편역, 『현토완 역 사자소학』, 전통문화 연구회, 1989, 서문.

5) 남수극, 『『사자소학』을 활용한 초등학교 한문교육 방안의 연구』, 성균관대학교 교육대학원 석

능한 배제하고 표현을 쉽게 하여 인성 교육의 목적 달성을 용이하게 하기 위한 차원에서 서술되었다는 것을 알 수 있다.

『사자소학』의 내용은 『사자소학』을 재구성한 사람들마다 묶는 덕목은 다르지만, 주 내용은 수신(修身), 부모에 대한 효(孝), 형제간의 우애(友愛), 스승에 대한 공경(恭敬), 친구간의 도리(道理) 등 '오륜'의 정신에 기초하여 기본적인 인간관계에서 지켜야 할 덕목 중심으로 이루어져 있다. 『사자소학』에 나오는 구절은 『예기(禮記)』 『논어(論語)』 『시경(詩經)』 등 기타의 여러 경전에서 어린아이의 인성교육에 도움이 될 만한 아름다운 글귀들이 뽑혀져 나온 것이다.

『사자소학』의 내용구성을 살펴보면, 제1장은 효행(孝行) 104구, 제 2장은 형제(兄弟) 60구, 제3장은 사제(師弟) 38구, 제4장은 붕우(朋友) 52구, 제5장은 수신(修身) 60구로 총 314구로 이루어져 있다.[6] 그 내용을 분석해 보면, 부모에 대한 효도를 강조하여 전체의 33%를 차지하고 있으며, 다음으로는 형제관계에 대한 것이 19%를 차지하고 있으며, 붕우와 관계된 것은 16%를 차지하고 있다.[7]

『사자소학』의 내용구성에서 가장 많은 구절을 차지한 효행 편은 부모에 대한 효를 모두 일상생활 속에서 마주칠 수 있는 상황의 세세한 내용으로까지 자세히 설명하고, 어떻게 행동해야 하는지 그 행동요령을 제시하여 직접적인 실천을 강조하고 있다. 따라서 『사자소학』은 인륜 가운데에서도 특히 효를 강조하고, 이를 통해서 올

사학위논문, 2001, 30쪽.

6) 안은수, 『사자소학』, 장락, 1991.

7) 반면 성백효 『사자소학』은 그 내용구성에 있어서 오륜의 차례를 따라 먼저 부모, 부부, 형제, 사생, 장유, 붕우간의 도리를 말하고, 끝으로 인의예지의 본성과 인간이 지켜야할 오륜, 삼강, 구용, 구사, 사물 등의 순으로 엮어 총 320구로 이루어져 있다. 부모에 대한 효를 강조하는 부분이 104구로 전체의 32.5%나 되며, 다음으로 형제 관계에 대한 내용이 48구로 전체의 15%를 차지하고, 세 번째로는 붕우관계가 36구로 전체의 11%를 차지하고 있다.

바른 인성을 기를 수 있도록 교육하기 위해서 편찬된 책이라는 것을 알 수 있다.

오늘의 현실은 천륜을 버리고 조기상속을 받기 위한 물욕과 사리사욕에 눈이 어두워 존속을 살해하는 패륜행위까지 일어날 정도로 가정윤리가 파괴되고 있는 실정이다. 이러한 비인간적인 사건들이 일어나게 된 배경에는 여러 가지 복합적인 원인들이 있겠지만 가정과 학교, 사회에서 인성교육이 잘 이루어지지 않기 때문이라 할 것이다. 최근 노인에 대한 공경심과 부모부양 등 가정에 대한 연대감이 낮아지고 노인 학대 등이 사회 문제화 되고 있으며, 조상을 모르고 이웃친척을 모르는 비협동적 사회를 이루고 있다. 또한 오늘날 효 교육의 필요성이 절실히 요구됨에도 불구하고 효를 낡은 윤리의식이나 진부한 도덕적 규범 정도로만 생각할 뿐 효를 내면화하고 실천하기 위한 효 교육이 제대로 이루어지지 못한 것이 가장 큰 원인일 것이다.

3. 『사자소학』에 내재된 효사상

『사자소학』에 나오는 효(孝) 구절은 104구로 가장 많은 부분을 차지하고 있다. 본절에서는 『사자소학』에 수록된 효 구절을 분석하여 그 속에 내재된 효사상을 살펴보고자 한다. 효란 자식이 부모와 조상에게 사랑과 존경을 다하여 섬기는 것을 말하는데,[8] 효는 우리나라에서는 전통적으로 인간윤리와 인성교육의 원천이었다. 따라서

---

8) 조준하, 「제5장 전통윤리의 핵심과 덕목」 『한국인의 가정윤리』, 율곡사상연구원, 1997, 171쪽.

전통의 교육에서는 효에 대한 중요성을 강조하여 왔다.

『사자소학』은 제일 먼저 효의 의미와 중요성을 강조하기 위해서 나에게 생명을 주시고, 나를 길러주신 부모의 은혜와 은덕을 다음과 같이 설명하고 있다.

> 아버지께서는 나(내 몸)를 낳아 주시고, 어머니께서는 나(내 몸)을 길러 주셨다.[9]

나는 부모에게서 나왔으며, 부모의 몸을 이어 받았으니 부모의 생명을 이어가는 존재라고 할 수 있다. 그러므로 나의 신체는 자기의 소유만이 아니라 부모에게서 물려받은 것이다. 사람들에게 자신이 가진 것 중에서 가장 소중한 것을 말하라고 한다면 아마도 거의 모든 사람들은 '생명'이라고 말할 것이다. 부모는 나에게 이 세상에서 가장 소중한 생명을 주신 분들이다.[10] 요즈음 청소년들이 생명과 신체를 경시하여 자신을 버리는 사건이 증가하면서 심각한 사회문제로 대두되고 있다. 자신의 신체와 생명이 부모로부터 물려받은 소중한 것이라는 효의 의미를 알고 있다면 이라한 사회문제는 발생하지 않을 것이다.

> 배로써 나를 품어주시고 젖으로써 나를 먹여 주셨으며, 옷으로써 나를 따듯하게 하시고, 밥으로써 나를 배부르게 해주셨다.[11]

---

9) 『四字小學』「父母我身 母鞠吾身」

10) 서영숙, 『초등학교 도덕과 교육에서 '사자소학' 활용 방안』, 경인교육대학교 교육대학원 석사학위논문, 2005, 19쪽.

11) 『四字小學』「腹以懷我 乳以哺我 以衣溫我, 以食飽我」

어머니의 배와 젖은 어머니의 피와 살이나 다름없다. 어머니는 자식을 위해서라면 자신을 모두 희생하신다. 또 자식이 배고프지 않도록 밥을 먹여 주시고, 추위에 헐벗고 떨지 않도록 따듯하게 옷을 입혀 주신다. 당신은 먹고 입을 것이 없을망정 자식에게만은 먹이고 입히려고 모든 노력을 기울이신다. 자식이 어떤 상황에 처해 있든 항상 자식을 먼저 생각하는 것이 부모의 마음이다. 부모는 자식이 눈에 보이지 않는 때도 자식에 대한 근심을 떨쳐 버리지 못한다. 이렇게 나를 위해 애쓰시고 고생하시는 부모의 은혜에 대해 말하고 있다. 그리고 자식을 사랑하는 부모의 은혜와 은덕이 헤아릴 수 없을 만큼 크고 깊다는 것을 강조하였다.

(부모님) 은혜는 높기가 하늘같고, 은덕의 두텁기는 땅과 같다.[12]

부모의 은혜와 은덕은 하늘과 땅과 같아서 그 크기와 깊이를 헤아릴 수 없을 정도이다. 천지는 이 세상의 모든 것을 뜻하므로 부모의 은혜는 온 세상과도 바꿀 수 없을 만큼 크다는 것을 의미한다.[13] 부모는 나에게 생명을 주고 키우고 이끌어 가르쳐 주신 분으로 크고 깊은 사랑을 베풀어 주셨다. 자식으로서 부모를 공경하고 사랑한다는 것은 당연한 일인 것이다.

사람의 자식 된 이로서 어찌 효도하지 않은 수 있겠는가.[14]

12) 『四字小學』「恩高如天 德厚似地」

13) 안은수, 앞의 책, 19쪽.

14) 『四字小學』「爲人子者 曷不爲孝」

부모는 나에게 생명을 주어 무한의 가능성과 희망을 주고, 삶의 즐거움을 주었으니 그 은혜와 은덕을 갚는 것은 자식 된 도리인 것이다. 효는 부모에 대한 지은(知恩)과 감은(感恩)에서 자연스럽게 우러나오는 보은(報恩)의 정(情)이며 실천이다. 자기의 부모를 아끼고 위하는 것이 생명존중의 첫걸음인 것이다. 효는 만고불변의 진리이며, 윤리도덕의 원천이고, 인간생활의 필수불가결한 규범이다. 효행의 방법에는 변화가 있을지언정 자식이 부모를 존경하고 자기를 낳고 기르신 은혜에 보답하는 근본정신만은 영구불변이며, 이는 만고(萬古)의 아름다운 진리이며, 참된 철학이라 하겠다. 그렇기 때문에 자식으로서 부모에게 효도하는 것은 당연한 일이라 할 것이다.

이처럼 『사자소학』은 나의 근원은 부모라는 것을 제시하고, 효의 시작이 나로부터 시작되고 있다는 것을 강조였으며, 부모의 은혜와 은덕은 무한으로 크고 깊다는 것을 말하면서

> 그 은덕을 갚고자 한다면 크고 넓은 하늘처럼 다함이 없어야 한다.15)

라고 하여 자식으로서 그 은혜에 보답하려는 마음도 끝이 없어야 함으로써 효를 강조하고 있다. 오늘의 내가 있게 된 것은 부모가 계시기 때문이다. 나를 이 세상에 낳아주지 않고 건전하고 튼튼하게 잘 길러 주지 않았다면 올바른 삶을 당당히 살아갈 수도 없고 또 큰 희망을 가질 수도 없기 때문이다. 그러므로 사람의 자식 된 자이면 누구든지 부모의 은혜를 잊을 수 없다. 또 나를 키우시느라 많은 고생을 한 사실을 생각한다면 그 은혜는 평생을 갚아도 갚을

15) 『四字小學』「欲報其德 昊天罔極」

길이 없을 것이다.

이처럼 자식에 대한 부모의 무한한 사랑과 은혜를 강조하여 자식의 도리인 효의 근본을 밝히고, 자식이 부모에게 효행하는 구체적인 방법으로서 청소년의 눈높이에 맞추어서 공경(恭敬), 순종(順從), 봉양(奉養), 시봉(侍奉), 수신(修身)의 효와 제사를 받드는 도리를 아주 세세하고 기본적인 것부터 차례로 그 실천윤리로 제시하고 있다.

먼저 '부모에게 공경하는 효'를 다음과 같이 설명하고 있다.

> 새벽에 (어른보다) 반드시 먼저 일어나고 반드시 세수하고 양치하여야 한다.[16)]

부모를 모시는 사람의 마음가짐과 행동에 대해 말한 내용으로 자식이 부모님보다 먼저 일어나 깨끗한 몸가짐을 갖추고 부모를 대하는 마음가짐과 자세를 나타낸 것이다. 자식이 부모보다 늦게 일어나 부스스한 얼굴로 부모를 대하는 것은 도리에 어긋나는 일이다.

> 앉아서 명하시면 앉아서 듣고 서서 명하시면 서서 듣는다.[17)]

부모가 앉아서 말씀하시는데 자식이 서 있으며, 부모는 고개를 높이 쳐들어 자식을 우러러 보아야 한다. 또 부모가 서서 말씀하시는데 자식은 앉아서 부모를 쳐다보면서 듣는다면 부모를 공경하는 태도라 할 수 없다.

---

16) 『四字小學』「晨必先起 必盥必漱」.

17) 『四字小學』「坐命坐聽 立命立聽」.

문(門)의 한군데 서지 않고 방의 한가운데 앉지 않는다[18)]

방의 한가운데는 어른의 자리이기 때문에 함부로 앉아서는 안 된다. 옛날에는 아무리 자식의 나이가 많아도 부모님이 살아 계시면, 어른 행세를 하지 못하였으며, 어른이 앉는 자리에 감히 앉지 못하였다. 자식은 마땅히 부모를 공경하여야 하기 때문에 예의를 지켜 공경함을 극진히 해야 하는 것이다.

공자는 '부모에 대한 공경'에 대해 다음과 같이 말하였다.

> 지금 효라는 것은 능히 봉양하는 것을 말한다. 그러나 개나 말에 대해서도 능히 봉양함이 있다. 공경하는 마음이 없으면 무엇으로 구별하겠는가?[19)]

부모에게 봉양만을 잘해서 부모가 건강하게 살아계신다고 해도 자식들이 부모를 공경하지 않는다면 효를 다하였다고 할 수 없는 것이다. 아무리 물질적으로 풍부하게 한다하더라도 공경하는 마음이 없다면 그것은 진정한 의미의 효가 아니다. 자식은 일상생활에서도 부모를 사랑하면서 공경하는 정성스러운 마음가짐과 예절을 가져야 한다. 부모를 공경하는 것은 정신적인 것으로 진심으로 존경해야 하는 것이므로 모든 효 중에서 가장 중요하다.

둘째로 '부모를 봉양하는 효'에 대해 다음과 같이 설명하였다.

> 저녁에는 잠자리를 살펴 드리고 새벽에는 밤새 별 일 없으신지 살펴 드리며, 겨울에는 따듯하게 해 드리고 여름에는 시원하게 해드

---

18) 위의 책, 「勿立門中 勿坐房中」.

19) 『論語』爲政篇.

려라.[20]

아침·저녁으로 문안을 드리고 잠자리를 살피는 것은 부모의 건강을 살피기 위한 것으로 자식으로서의 당연한 도리이다. 키워준 은혜를 잊어버리고 자기만 편하다고 부모님의 불편을 돌보지 않는 것은 있을 수 없는 일인 것이다. 이러한 '부모를 봉양하는 효'에 대해 증자(曾子)[21]는 다음과 같이 말하고 있다.

> 효자가 늙은 부모를 봉양할 때에는 그의 마음을 즐겁게 하며, 그의 뜻을 어기지 않으며, 그의 귀와 눈을 즐겁게 하며, 그의 잠자리와 그의 거처를 편안하게 하며, 그 즐기는 음식으로써 정성껏 봉양할 것이다. 이런 까닭으로 부모가 사랑하는 것은 아들도 또한 사랑하며, 부모가 존경하는 것은 아들도 또한 존경한다. 개와 말 같은 짐승에 이르러서도 다 그러하거늘 하물며 사람이야 말할 것이 있겠느냐?[22]

즉 부모를 봉양하는데 있어서 부모의 마음을 즐겁게 해드리고, 부모의 뜻을 잘 받들며, 부모의 구복(口腹)을 음식으로 채우고 잠자리와 거처를 편안히 해드리는 것이 함께 이루어져야 비로소 자식으로서 마땅히 해야 할 도리라는 것이다. 자식이 부모를 봉양함에 있어서 물질적으로나 정신적으로도 모든 정성을 다하여 부모를 즐겁게 해드려야 한다는 것이다.

또『예기』의「내칙」에는 "아침 문안을 가서 부모님이 계신 곳에 이르면 숨소리를 낮추고 부드러운 말소리로 입고 계신 옷의 덥고

---

20)『四字小學』「昏定晨省 冬溫夏凊」.

21) 공자의 제자로서 효도를 역설하였다.

22)『小學』內篇「明倫」.

추운 정도를 여쭙는다. 만일 편찮아하시거나 가려운 데가 있으면 조심하여 짚어보고 긁어 드린다. 부모님이 밖으로 나오려고 하시면 앞뒤로 서서 조심스럽게 부축해드린다"라고 문안드리는 방법을 설명하고 있다. 새벽에 일찍 일어나 깨끗이 세수하고 옷을 갖춰 입은 다음 부모님께 밤새 별 일 없으신지 문안드리는 것은 자식의 당연한 도리인 것이다. 그러나 요즈음 청소년들은 늦은 밤까지 게임에 빠져 부모보다 늦게 일어나며, 오히려 부모를 걱정하게 하는 일이 많다.

오늘날 우리사회는 부모와 자식이 함께 거주하면서 부모의 안부와 건강을 챙기는 것도 매우 힘들어 졌다. 특히 서구사상의 유입으로 인해 가족의 공동체 생활이 핵가족화로 변화되었으며, 직장, 학업문제 등으로 부모와 자식이 서로 떨어져 사는 것이 일반화되었다. 그러나 부모님께 전화로라도 어디 불편하신 데는 없는지 건강은 괜찮으신지 자주 안부를 여쭙는 것이 자식으로서 마땅히 해야 할 도리인 것이다.

> 밥상을 대하고서 잡수지 않거든 좋은 음식을 장만할 것을 생각하여야 한다.[23]

부모가 밥상을 대하고도 음식을 잡수시지 않으면 먼저 몸이 불편하신지 살펴야한다. 그 다음에는 부모님의 음식을 장만하는데 소홀하지 않았는가를 되돌아봐야 한다.[24] 음식은 부모의 건강에 중요한 영향을 끼친다. 그러므로 부모의 입맛에 맞는 음식을 장만하여 올

23) 『四字小學』 「對案不食 思得良饌」.

24) 안은수, 앞의 책, 38쪽.

려서 부모가 맛있게 식사를 하시도록 하여야 할 것이다. 또한 밥상이 물려나오면 꼭 잡수신 분량을 확인하여 부모의 건강이 나빠지지 않도록 성심껏 모시는 것이 자식된 도리인 것이다.

그러나 요즘은 아이들이 가장 좋은 자리를 차지하고, 제일 좋은 음식을 먹는 것이 당연한 것처럼 되어 있다. 이와 같은 현실은 가정교육부재(家庭教育不在)에서 나온 결과이다. 이러한 상황에서는 부모님께 효도하는 마음을 기대할 수 없다. 현대인 모두는 자녀교육에 대한 재반성이 촉구된다.

부모님이 편찮으시면 근심하고 낫게 해드려라.[25)]

부모가 병환이 났을 때 마땅히 행해야 할 자식의 도리이다. 부모는 자식이 아프면 식사도 거르시면서 밤낮을 가리지 않고 곁에서 자식을 정성스럽게 간호하신다. 공들여 키워준 은혜를 잊어버리고 자기만 편안하다고 부모의 건강이나 불편한 것을 돌보지 않는 것은 있을 수 없는 일이다. 자식은 부모의 건강이나 불편한 점에 대해서도 세심한 관심을 갖고 정성을 다하여 극진히 보살펴 드려야 하는 것이 '봉양의 효'인 것이다.

셋째로 '부모에게 순종하는 효'를 다음과 같이 설명하고 있다.

부모님이 나를 부르시면 즉시 대답하고 달려가라.[26)]

부모가 부르실 때 사내아이는 빠르고 크게 대답하고 여자아이는

25) 『四字小學』「父母有疾 憂而謀瘳」.

26) 『四字小學』「父母呼我 唯而趨進」.

빠르되 나지막하게 대답하는 것이 바른 예절이라고 했다.[27] 그러나 오늘날은 이러한 구분은 의미가 없는 것이다. 무엇보다도 중요한 것은 부모님이 부르실 때 자기가 하던 일을 멈추고 바로 대답하고 달려가야 하는 것이다.

『예기(禮記)』의 「옥조(玉藻)」편에는 다음과 같이 '순종의 효'에 대해 설명하고 있다.

> 아버지가 명하여 부르면 자식은 빨리 대답하고 지체하지 않는다. 손에 일을 잡고 있을 때는 일을 내던지고, 음식이 입속에 있으면 뱉으면서 달려가되 종종걸음으로 가지 않는다.[28]

우리는 효도라고 하면 거창하거나 아무나 할 수 없는 큰 것만을 생각한다. 그러나 효는 우리가 부모에게 할 수 있는 가장 기본적인 도리부터 시작하는 것이다. 오늘날 자식들은 자신의 일이 우선이며, 편하다고 부모에게 함부로 대하기도 한다. 또한 부모님이 부르셨을 때 귀찮다고 생각하여 빨리 대답하지 않고 꾸물거리기도 한다. 이러한 행동은 부모를 존중하고 공경하는 태도가 아니다. 아무리 중요한 일이 있더라도 '곧 가겠습니다.'라고 대답하고 일어나는 것이 부모에 대한 가장 기본적인 예절이며, '순종하는 효'를 행하는 것이다.

> 부모님이 나에게 무슨 일을 시키시면 거스르지 말고 게을리 하지 말라.[29]

27) 안은수, 위의 책, 28쪽.

28) 『禮記』 「玉藻」 「父命呼 唯而不諾 手執業則投之 食在口則吐之」.

29) 『四字小學』 「父母使我 勿逆勿怠」.

요즈음 아이들은 부모님이 간단한 심부름만 시켜도 다른 일을 하고 있다는 이유를 들어, 또 자신이 힘들다는 핑계로 부모님이 시키신 일을 미루거나 모른척한다. 이러한 행동은 나를 낳아주시고 키워주신 부모님에 대한 은혜를 저버리는 일이다. 자식은 부모님께 항상 감사하고, 부모님께 어려운 일이 없는지 살펴 도와 드리는 것이 진정한 효라 할 것이다.

> 공자께서 말씀하시기를 사람의 자식 된 자는 부모에게서 명(命)을 받았을 때 설사 그 일이 자기 마음에 맞지 않더라도 결코 성난 안색을 보여서는 안 되며, 부모를 위해서 힘든 일을 하더라도 결코 원망하지 않는다. 이와 같은 것을 효라고 할 수 있을 것이다.[30)]

부모가 심부름을 시켰을 때 그 일을 하기 싫다고 짜증난 모습을 보이는 것은 진정한 효를 행하였다고 할 수 없다. 부모가 나에게 일을 시키면 즉시 받들어서 부지런하게 시행하고, 다소곳이 고개를 숙이고 공손하게 듣는 것이 자식 된 도리이다. 부모님의 말씀을 듣고도 자신의 일이 먼저라고 생각하고 이런 저런 핑계를 대면서 늑장을 부리거나 이행하지 않는 것은 부모에게 순종하는 태도가 아니며, 부모의 은혜를 안다고 할 수 없다. 그러므로 부모님의 명(命)은 즉시 받들어서 이행하여야 하고, 부모를 위해서 힘든 일을 하더라도 결코 원망하지 않는 것이 자식 된 도리인 것이다. 또 부모가 시키시기 전에 무언가 도와 드릴 일은 없는지 살펴보고 앞장서서 행하는 것이 자식의 도리인 것이다.

넷째로 '부모에게 시봉하는 효'를 다음과 같이 설명하고 있다.

---

30) 『禮記』「坊記」「子云 從命不忿 勞而不怨 可謂孝」.

나갈 때 반드시 아뢰고 돌아오면 반드시 뵙고 여쭈어야 한다.[31]

자식은 부모에게 외출할 때 가는 곳과 목적을 말씀드리고, 돌아와서는 무사히 다녀온 것을 알려 부모가 근심하지 않도록 하며, 불편하신 점이 없었는지 여쭈어야 한다. 요즈음은 통신기기의 발달로 걸맞지 않는 말일지 모르나, 자신이 무슨 일로 어디를 가는지 부모님께 알려 근심 걱정을 덜어드리는 것 또한 효라 할 것이다. 부모는 언제나 자식을 걱정하신다. 자식이 나가서 돌아오지 않으면 자식이 돌아 올 때까지 문밖에서 기다리신다. 또한 자식 된 사람은 나이가 많으신 부모님이 계시면 어느 때 무슨 일이 있을지 모르니 먼 곳에는 되도록 가지 않고, 어디를 가든 자기의 소재를 알려 언제라도 연락을 취할 수 있게 하여야 한다.

먼 곳에 가서 놀지 않으며 놀더라도 반드시 있는 곳을 아시도록 해야 한다.[32]

『논어(論語)』「이인(里仁)」편에는 "공자가 말씀하시기를 부모가 계시거늘 멀리 놀지 아니하며, 놀되 반드시 있는 곳을 밝혀야 할 것이다."[33]라고 한 것에서 그 의미를 살펴 볼 수 있다. 자식은 반드시 자기가 있는 곳을 알게 하여 부모가 근심하도록 해서는 안 되며, 자기를 부르면 바로 부모의 부름을 받고자 하는 것이다.

오늘날도 자신이 있는 곳을 부모님께 알려 걱정을 덜어드리는 것은 올바른 행동이다. 만일 멀리 떨어져 있다면 전화나 편지 등을 통

31) 『四字小學』「出必告之 反必拜謁」

32) 위의 책, 「愼勿遠遊 遊必有方」

33) 『論語』「里仁」「子曰 父母在 不遠遊 遊必有方」

해 자주 연락을 드려 소식을 전함으로써 부모님이 걱정하지 않도록 하여야 한다. 부모는 자식의 나이가 많아도 어린아이처럼 늘 걱정을 하신다. 이런 부모의 마음으로 부모를 섬긴다면 자신의 부모를 버리거나 돌보지 않는 패륜(悖倫)의 일은 일어나지 않았을 것이다.

> 일은 반드시 여쭈어 보고 행하며, 감히 제멋대로 해서는 안 된다.[34)]

어떠한 중요한 일을 정하려 할 때는 그것이 자신의 개인적인 일이나 집안의 일이라 할지라도 반드시 부모와 상의하고 결정해야 한다. 자신이 스스로 능히 할 수 있다고 하여 부모에게 상의하지 않고 결정한다면 자칫 실수하여 부모에게 근심을 안겨주게 된다. 부모와 상의를 하다 보면 자신이 미처 생각하지 못한 점이나 올바른 방법을 발견할 수 있으며, 결정을 성급하게 하여 일어나는 실수를 줄일 수 있다. 그러므로 부모에게 상의하지 않고 성급히 결정하는 행동은 부모에게 염려를 끼칠 수 있기 때문에 자식으로서 해서는 안 되는 행동이다.

다섯째는 자기의 몸을 닦고 행실을 삼가는 '수신(守身)하는 효'에 대해 강조하고 있다.

> 몸과 머리카락 피부를 훼손하지 말며, 상하게 하지 말라.[35)]

내 몸을 지켜 생명을 보존하고 후손을 이어 가는 것이 곧 부모에

34) 『四字小學』「事必稟行 無敢自專」

35) 『四字小學』「勿登高樹 父母憂之」

게 효를 행하는 것 중에서 가장 우선한 일이라는 것이다. 내 몸은 내 사사로운 것이 아니고 부모로부터 친히 받은 몸인 것이다. 그러므로 함부로 해서는 안 된다. 그러나 요즈음 청소년의 자살이 증가하면서 심각한 사회문제로 대두되고 있다. 이것은 부모가 주신 생명과 신체를 훼손하여 근심과 걱정을 끼치는 행동이며 자신을 길러주신 부모의 은혜를 저버리는 행동인 것이다.

> 높은 나무에 올라가지 말라 부모님이 근심하신다.[36]

> 깊은 연못에서 헤엄치지 말라 부모님이 염려하신다.[37]

부모는 자식이 다치거나 병이 들까 항상 근심하신다. 효는 부모가 근심하지 않도록 행동하는 것이며, 자식으로서 불행한 일이 생기지 않도록 하는 것이다. 나의 신체는 나 자신의 신체인 동시에 부모가 주신 것이므로 함부로 생활하여 나의 신체를 상하게 하는 것은 부모에게 근심을 가져다주는 불효가 되는 것이다.

공자는 '수신하는 효'에 대해 다음과 같이 강조하였다.[38]

> 신체의 모발과 피부 등은 부모에게서 물려받은 것이니 감히 훼손하거나 상하게 하지 않는 것이 효도의 처음이며, 입신(立身)하여 도를 실천하고 후세에 이름을 떨쳐서 그것으로써 부모의 존재를 드러나게 하는 일이 효도의 마지막이다.[39]

---

36) 위의 책, 「勿泳深淵 父母念之」

37) 위의 책, 「身體髮膚 勿毁勿傷」

38) 김익수, 『한국 충효사상과 국민정신』, 성균관, 1977 참조.

39) 『孝經』 「開宗名義章」

나의 몸은 단순히 내 몸이 아니라 부모로부터 물려받은 것이다. 부모는 자식을 지극히 사랑하기 때문에 그 몸을 늘 걱정하여 혹시 질병에 걸릴까 늘 고심하신다. 그러므로 자식은 부모의 마음을 헤아려서 길러주신 은혜를 갚고 자신의 뜻을 펼치기 위해서는 자신의 몸을 건강하고 잘 지키는 것이 제일 중요한 효인 것이다. 부모에게 효행하는 데 있어서 무엇보다도 공경(恭敬)을 근본으로 하는 수신(守身)의 중요성을 지적하였다.

> 내 자신이 능히 어질면 그 명예가 부모에게 까지 미치고, 내 자신이 어질지 못하면, 그 욕됨이 부모에게 미친다.40)

공자는 "입신하여 후세에 이름을 알리어 부모의 이름까지 나타나게 하는 것이 효의 마침이라."고 말하였다. 나의 입신은 부모의 자랑이며, 명예이다. 그러나 이름을 내는 것이 효도라 하여 수단과 방법을 가리지 않고 명예를 탐내는 사람들이 있으나 실상은 없이 헛되게 명예만을 구하는 것은 오히려 불효가 되는 것이다.41) 자식은 항상 부모를 잊지 않고 행동을 조심해야 한다. 자신의 그릇된 행동은 곧 부모를 모독하는 것이 되기 때문이다.42) 진정으로 부모의 은혜에 보답하고자 한다면 평소의 생활하는 행동 중에도 항상 부모를 생각하고 자신의 몸가짐을 바르게 하며, 그릇된 언행을 하지 말아야 한다.

여섯째로, 부모가 돌아가신 후에 행하는 '제사지내는 도리'를 다

---

40) 『四字小學』「我身能賢 譽及父母, 我身不賢, 辱及父母」

41) 조준하, 「우리나라 한국의 정신과 효문화」『한국인의 효사상과 정신문화』(1), 수덕문화사, 2011, 176쪽.

42) 김익수, 『율곡의 청소년교육문화』, 수덕문화사, 2003, 92쪽.

음과 같이 설명하고 있다.

오래도록 (먼 조상을) 추모하여 근본에 보답하고, 제사는 반드시 정성스럽게 지내야 한다.[43]

> 선조가 계시지 않았다면 내 몸이 어디서 생겨났겠는가.[44]

나의 생명은 부모가 주셨지만 부모의 생명은 다시 그 부모로부터 이어온 것이다. 나의 생명 근원은 먼 조상으로부터 현재까지 단절되지 않고 이어져 내려온 것이다. 자신의 생명이 소중한 만큼 자신을 존재하도록 해주신 분들에 대한 고마움을 잊지 않는 것은 당연한 일이다. 자신의 근원이 되어준 분들에 대한 공경을 밖으로 드러낸 형식이 제사라는 의식이다.[45] 따라서 제사에 있어서는 무엇보다도 엄숙하고 진실 된 마음으로 정성이 지극해야 하는 것이다.

이와 같이 부모에게 효도하는 실천 방법을 제시한 후에 마지막 부분에서는

> 부모님 모시기를 이와 같이 하면 효도한다고 할 수 있으나 그렇지 못하면 금수(禽獸)와 다름없다.[46]

는 말로 결론을 짓고 있다. 자신의 근본에 대한 존경심이 없다면 짐승과 다를 것이 없다. 사람이 사람다울 수 있음은 자신의 존재를 스스로 확인할 수 있다는 점일 것이다. 이 점은 나는 누구이고, 어

---

43) 『四字小學』「追遠報本 祭祀必誠」

44) 『四字小學』「非有先祖 我身曷生」

45) 안은수, 앞의 책, 78쪽.

46) 『四字小學』「事親如此 可謂孝矣 不能如此 禽獸無異」.

떻게 생겨나게 되었는가 하는 존재의 근원에 대한 물음을 던질 수 있는 통찰력을 지녔다는 말과 같다. 자신을 되돌아보고 자신의 위치를 스스로 정립할 수 있어야 이 사회에서 자신이 어떻게 처신해야 하는지 그 해답도 구할 수 있을 것이다.[47]

앞에서 살펴본바와 같인『사자소학』은 나를 낳아주시고 길러주신 부모님의 은혜가 하늘처럼 높고 땅처럼 두터움을 말하여 자식으로서 부모에 대한 효도는 사람의 도리라는 것을 자연스럽게 이끌어내고 이를 바탕으로 구체적인 효행의 실천방법을 전통의 효사상인 '부모를 공경하면서 부모에게 순종하고, 부모를 봉양(奉養), 시봉(侍奉)하며, 자신을 지키는 수신(守身)의 효와 제사를 받드는 도리를 청소년의 눈높이에 맞추어서 아주 세세하고 기본적인 것부터 차례로 제시하고 있다. 즉 효를 행하는데 있어서 그 효행이 마음가짐에서 시작되어 겉으로 드러나므로 항상 공손하며, 예의바르게 행동하라는 윤리적 가르침으로써, 몸과 마음이 하나같이 부모님을 공경하라는 것이다. 그리고 부모의 마음을 헤아려 부모가 항시 즐겁게 생활할 수 있도록 뜻을 어기지 않으며, 안색을 부드럽게 하고 잠자리를 보살피고 정성껏 봉양하여 근심걱정과 자식걱정 없이 살아가실 수 있도록 하여 효는 백행지본야요, 애친(愛親), 경친(敬親)은 백선지시야임을 밝히고자 한 것임을 알 수 있다.

47) 안은수, 앞의 책, 81쪽.

4. 『사자소학』의 인성교육적 의미

1) 효 교육의 필요성

한국의 교육적 전통은 효로부터 비롯되었다. 인간의 가장 근본적이고 기본적인 관계가 천부적인 부모와 자녀간의 관계이기 때문에 효는 인간이 인간됨의 기본적인 행위로서 모든 덕목의 근본이며, 모든 인성교육의 시발점인 것이다.[48] 효는 노인을 공경하고 부모에게 효도를 다하는 아름다운 전통이 이어져 오면서 가정의 질서와 화목한 관계를 유지하기 위해서 가정윤리의 근본으로서, 또한 사회의 신의를 지키는 사회윤리로서 나아가서는 민족애(民族愛) 내지 인류애(人類愛)까지 발전해 가는 중심으로서 우리 민족의 사상이며, 국민정신교육으로 계승 발전되어야 할 사상이다. 효의 본질은 전통사회뿐만 아니라 오늘날에도 변할 수 없는 것이다.

오늘날 우리 가정의 가족 형태는 핵가족화로 변화되었지만, 전통적인 대가족적인 요소가 남아 있어서 남성 중심적 가부장제도, 남녀차별, 가장의 권위와 가족 구성원들 사이의 불화 와 같은 문제들이 다양한 갈등 양상으로 표출되고 있다. 가족들과의 관계도 전통적인 부부관계와 평등한 부부관계를 강조하는 부부간의 갈등, 남편과 아내의 역할 분담을 둘러싼 갈등 등으로 이혼율이 증가하고 있으며, 부모와 자녀 사이의 갈등뿐만 아니라 가정의 부재로 인한 청소년 문제가 심각하게 노출되고 있다. 또 평균수명의 연장으로 인하여 노인 인구는 지속적으로 늘어가고 있다. 그러나 오늘날 효가 주축이 되었던 가정교육이 아주 소홀하게 되면서 개인주의가 팽배

---

48) 오석원, 「유교의 효사상과 현대사회」『한국인의 효사상-효문화를 중심으로』, 수덕문화사, 2009, 359쪽.

하고 가족공동체 의식이 없고 자기 개인만 알고 처자(妻子)만 중시하고 인간의 도리를 망각한 채 어버이를 공경하는 마음을 가지지 못하면서 부모와 자식 간의 문제는 돌이킬 수 없는 패륜적 사건들이 발생하는 등 새롭고 복잡한 양상으로 전개되고 있다.

또 교육의 실상은 부모를 공경하고 사람을 존중하는 인성교육은 무시하고, 가정과 학교에서 지식과 기술만을 가르치는 교육이 되었으며, 어려서부터 가정에서 입시위주의 교육을 실시하여 공교육은 황폐화되고 사교육이 강성해지면서 학교교육도 무너지고 있다. 또 학교에서 배우는 도덕과 윤리는 한국적 도덕윤리가 아니고 서양의 도덕윤리가 밑바탕이 되고 있다는 점이다. 이러한 서양의 도덕윤리는 우리사회에 깊은 영향을 끼쳐 많은 현대인들이 미풍양식인 문화전통과 윤리적인 전통의식을 불합리한 것으로 생각하고 이를 배척하려고 한다. 심지어 몰지각한 학자들은 도덕적 규범을 전통문화와 연결시켜 생각하는 것은 비합리적이고, 보수적이라 매도한다. 그들은 새 술은 새 부대에 담아야 하듯이 새 시대에는 새로운 윤리가 나와야 한다고 주장하기도 한다. 그러나 오늘날 발생하고 있는 시대적 위기를 극복할 방안으로는 전통적 사상인 효 이외는 다른 대안이 없다는 것이다. 즉 가정과 사회가 일보 진보하고 거듭하려면 서양의 철학과 문화바탕을 둔 윤리와 도덕을 교육하기보다는 우리 전통의 가정과 사회윤리에 뿌리가 되는 효사상과 효 문화를 기저로 한 윤리와 도덕을 가르쳐야 한다는 것이다.[49] 만일 우리 사회가 복잡하고, 삶의 가치관이 변화하였다고 해서 효의 근본정신마저 버리고,

49) 한관일, 「한국교육의 위기를 극복하기 위한 교육계획과 효교육」『청소년과 효문화』18집, 한국청소년효문화학회, 2011, 103쪽.

효 교육마저도 실시하지 않는다면 사회윤리 규범이 흔들리게 되어 비인간화, 비도덕화로 더욱 치닫게 될 것이다. 효는 모든 종교와 시간적인 차이와 이념과 사상의 한계를 뛰어넘을 수 있기 때문이다.[50) 이러한 때에 실시된 <효행장려 및 지원에 관한 법률>이 적극 실시되고 있는 것은 우리사회의 바람직한 모습이라 할 것이다.

2) 효 교육의 실태

오늘날 효 교육은 가정이나 학교 어디에서도 제대로 이루어지지 않고 있다. 전통 사회의 부모는 효 사상을 바탕으로 어려서부터 자녀에게 부도덕한 행위를 예방하는 것을 중요하게 생각하도록 하였으며, 어린자녀들에게 날마다 격언이나 올바른 이론을 보고 듣도록 하였다. 그리하여 어린 자녀들이 다른 말에 현옥되거나 동요되지 않도록 하였다. 반면 현대의 가정은 자체의 교육적 책임과 기능을 포기하고, 모든 것을 학교에 위임하고 있다. 또 핵가족화 된 가족구조에서 부모를 공경하기보다는 자녀를 더 우선시하는 경향이 생겨났으며, 조부모와 함께 살지 않은 가정이 보편적인 형태가 되면서 세대 간의 단절현상이 생기게 되고 효 가치관을 교육할 기회도 사라지게 되었다. 또 노인들이 존경의 대상이 아니라 부양의 대상으로 전락하면서 효와 밀접한 가치를 찾는 경로자세도 가르치기 어렵게 되었다.[51)]

또 전통사회의 부모는 사람으로서 올바르게 사는 길이 무엇이며, 사람됨의 바람직한 모습이 무엇인가에 대한 그들 나름대로의 신념

50) 권순학, 「우리나라 청소년 효교육의 실태와 개선방안」『효학연구』8호, 한국효학회, 2008, 139쪽.

51) 조성남 외 2인, 『고령화 · 정보화 시대의 신효문화 실천방안 연구』이화여자대학교 사회과학연구소, 2004.

을 가지고 자녀를 교육하였던 것에 비해 오늘날의 부모는 엄격하고 근엄하며 예절을 지키려 애쓰는 노력을 보수적이고 융통성이 없으며 바람직하지 않은 태도로 폄하시키는 경향을 보이고 있다.

이와 같이 가정에서의 효 교육 실태는 가정이 핵가족화 되면서 어른을 공경하기보다는 자녀들을 우선시하는 경향으로 자녀들의 독선과 이기심만 키워 주고 있다. 그리고 교육이 본연의 자녀교육을 실시하지 못하고, 지나친 경쟁의식으로 지적능력의 신장을 위한 교육만 중점적으로 실시하고 사실상 효제(孝悌)교육과 인성교육이나 인륜교육은 뒷전이다.[52] 부모들도 무원칙적인 생활과 무가치관으로 인해 자녀들에게 모범이 되지 못하고 있다. 가정에서 효 교육은 부모들 자신부터 사고의 변화를 가져야 한다. 부모가 자신을 낳아 길러 주신 분에 대한 공경과 사랑을 몸소 실천하고, 자녀에 대한 부모의 이기심을 버리고 지나친 경쟁의식을 심어 주기보다는 헌신적인 사랑을 베풀어 모범을 보였을 때 참다운 효 교육이 이루어질 것이다.

학교 교육에서 가장 기본이 되어야 할 것은 인성교육이다. 인성교육은 마음의 근본을 교육하며 인간을 인간답게 길러내는데 있다. 그렇기 때문에 전통 학교에서는 효 교육을 통해 인간의 도리와 도덕적인 삶의 가치를 생각하는 전인간적인 교육을 실시하였다. 그러나 오늘날 학교교육의 실태는 지식위주의 교육에만 치중되고 있다. 이러한 모습은 오직 교육을 신분상승과 출세지향의 도구로 인식하고 입시위주의 교육이 실시되면서 우리교육의 본질이 되어야 할 인

---

52) 김익수, 「율곡의 효사상과 청소년 문화교육의 세계화 방향」『한국의 청소년 문화』7집, 한국청소년문화학회, 2006, 45~48쪽.

성교육이 소외되는 양상을 보이고 있는 것이다. 이 학교교육의 문제는 우리 전통인 인간존중과 경애를 위한 교육, 인간애 교육, 사랑을 바탕으로 하는 협동의 교육, 평화를 추구하는 교육으로 참된 인성교육의 모체인 효(孝)를 통해 해결할 수 있기 때문에 무엇보다도 적절한 효 교육이 필요하다.[53)]

학교의 효 교육은 먼저 학교교육을 주관하고 직접 지도하는 교사의 교육관이 중요하다. 지도자의 효에 대한 관심이나 효심이 얼마나 깊은 가에 따라 학생들에게 전달되는 효과도 달라질 것이기 때문이다. 또한 학생들은 어른들의 행동을 모방하기 때문에 부모나 교사의 효도관과 효행의 실천은 학생들에게 지대한 영향을 미친다. 그러므로 교사가 진심으로 공경과 사랑하는 마음을 가지고 효를 실천한다면 학생들도 이를 본받아 효 교육도 자연스럽게 이루어 질 것이다.

3) 인성교육서로서의 『사자소학』

인륜의 도리와 도덕적 삶이 무너지고 반면 노령화 사회는 급속하게 다가오고 있다. 머지않은 시간에 젊은 한사람이 노인 한사람을 부양하는 시대가 도래할 것이다. 그러나 현재 가정뿐만 아니라 학교, 사회에서는 인성교육은 말 뿐이고 다만 성과와 실적위주에만 중점을 두고 있다. 그로 인해 우리 사회에 있어서 인성교육은 크게 퇴보하였고, 청소년들의 인성은 현저하게 떨어져 우리 고유의 공동체 의식이 사라지고 자기중심적이며, 이기적인 성격으로 변화하였고, 예절과 질서를 무시하고, 남의 입장을 무시하는 독선적인 행동

53) 권순학, 위의 책, 144쪽.

을 하는 청소년들이 많아졌다. 이러한 오늘의 현실에서 볼 때에 오늘의 실정에 맞는 효행교본을 편찬하여 가정이나 학교에서 늘배우고 익히게 하는 교육이 필요하다.[54]

『사자소학』은 전인적인 인간 즉 도덕적인 지식을 알고 합리적인 판단 능력을 지니고 실천할 수 있는 의지를 기르며, 행동으로까지 옮길 수 있는 인간을 기르는 인성교육의 기본자료라 하겠다. 특히 『사자소학』의 내용은 윤리의 핵심인 효에 관한 언급이 대부분을 차지하고 있다. 또한 효에 대한 실천내용을 무엇보다도 가장 중요하게 말하고 있다. 즉 나를 낳아주시고 길러주신 부모은혜에 감사하는 마음을 갖도록 가르쳐 준다.

우리가 이 세상에 태어나게 하고, 우리가 아프거나 힘들 때 돌봐주시고 훌륭한 사람이 되도록 가르쳐주시며, 온갖 고생을 마다하지 않으시는 부모님께 감사하는 마음을 갖는 것은 너무나 당연한 일이다. 부모에게 우리 자식들은 은혜를 어떻게 보답하여야 할 지 그 실천방법에 대해서도 말하고 있다. 즉 부모를 공경하고 부모에게 순종하며 부모를 정성껏 봉양하고, 자식으로서 근심하거나 걱정하시지 않도록 몸가짐과 행동함으로써 전통적인 인성교육의 덕목인 효를 실행하는 것이다.

『사자소학』에서 말하고 있는 효는 단순히 부모님을 잘 받들고 모시는 것에 대한 일들뿐만 아니라 내가 내 부모를, 또는 내 형제를 아끼고 사랑하는 마음을 이웃에까지 미루어 발전시켜야 함을 강조하고 있다.[55] 이렇게 본다면 효의 정신이 무너지면서 부모도 몰

54) 한관일, 「한국교육의 위기를 극복하기 위한 교육계획과 효교육」『한국의 청소년문화』18집, 한국청소년효문화학회, 2011, 115쪽.

55) 홍성주, 『사자소학을 활용한 예절교육』, 대구교육대학교 석사학위논문, 2009, 13쪽.

라보는 어처구니없는 패륜의 범죄와 반인륜적 사건들이 도처에서 발생하고 있는 지금의 현실에서 우리 조상들이 자녀의 인성교육을 위해 사용하였던 『사자소학』은 매우 중요한 의미를 가진다.

5. 끝맺으며

이상과 같이 살펴본 바에 의하면, 『사자소학』은 사자일구(四字一句)로 엮어 어린이들부터 청소년들까지 쉽게 가정이나 학교에서 인성교육을 위해 효 교육을 실시하는데 활용하기 좋은 교본서이다.

『사자소학』은 부모님의 은혜(恩惠)가 하늘처럼 높고 땅처럼 두터움을 말하여 자식으로서 부모에 대한 효도는 사람의 도리라는 것을 자연스럽게 이끌어 내고 있다. 효행의 실천방법으로 '부모를 공경하면서 부모에게 순종하고, 부모를 봉양(奉養), 시봉(侍奉)하며, 자신을 지키는 수신(守身)의 효와 제사를 받드는 도리 등의 효사상을 제시하고 있다.

교육은 인간을 인간답게 기르는 것이다. 그러므로 한국인의 전통적 학교교육은 전인적인 인간교육에 그 중점을 두고 효사상을 근본으로 삼고 있었다. 그러나 조국이 광복되면서 서구사상과 교육사조의 비판 없는 수용은 오랜 세월에 걸쳐 정립된 가장 세계적인 한국교육사상을 붕괴시키고 전통교육의 핵심적인 골격을 근본적으로 실종시키고 말았다. 이로 인하여 도덕이 해이해짐으로 인해서 국가의 기강이 문란하고 가족이 해체 위기에 직면하여 이혼율이 아주 높아지고 청소년들이 관련된 강력범죄는 날로 증가하고 있다.[56)]

최근의 교육은 사실상 대학입시를 위한 주요과목에만 중점을 두고 전인(全人)형성이나 인성교육은 뒷전에 돌리고 교육주체인 도덕교육은 효 교육의 실정(失政)으로 형식적이 구호에만 그침으로서 교육의 본질이 크게 무너지고 있다. 또 공교육이 기능을 하지 못함에 따라 사교육의 팽창은 국민생활을 위협하고 있어서 이미 국가의 정책으로도 막지 못하는 심각한 지경에 이르고 있다. 이러한 현상은 교육의 첫출발인 가정교육에서부터 본연의 자녀교육을 실시하지 못하고 지나친 경쟁의식으로 지적능력의 신장을 위한 교육만 중점적으로 실시하고 사실상 효제(孝悌)교육과 인성교육이나 인륜교육은 뒷전이었기 때문이다.[57]

오늘날의 사회혼란과 교육난제를 풀어갈 방법은 효교육을 통한 가정교육의 정립과 도덕교육의 실천이다. 특히 『사자소학』은 효 교본서로서 부모에게 행하는 효도윤리가 잘 나타나 있으며, 일상생활 속에서 실천윤리를 중시해 청소년들이 행동하고 지켜야 할 기본예절과 도리를 제시하고 있다. 따라서 『사자소학』을 활용한 효교육을 통해 부모는 자녀들을 극진히 사랑하고, 자식은 부모에게 효도하는 마음을 가진다면 오직 즐겁고 화목한 가정이 될 것이다. 또 학교현장에서도 『사자소학』을 재구성해서 서구화의 경향에 따라 무너진 한국적 교육전통을 되살려 효윤리를 통한 인성교육을 실시한다면, 바르게 자란 청소년이 주축이 되어 밝은 사회를 이룩하고 민족정신을 갖게 해 튼튼하고 희망찬 국가로 도약할 뿐만 아니라 인류가 평화통일의 세계로 나아갈 것이다.

---

56) 2009년 국정감사자료. (법무부제공)

57) 김익수, 「율곡의 효사상과 청소년 문화교육의 세계화 방향」 『한국의 청소년 문화』7집, 한국청소년문화학회, 2006, 45~48쪽.

제6장

신사임당의 효문화관과 현대적 이해

민 정 기

(한국효문화연구원 연구원)

1. 글의 시작
2. 사임당의 입지와 생평을 통한 성실한 인간상
   1) 사임당의 입지론
   2) 사임당의 생평을 통해 본 성실한 인간상
3. 사임당의 효문화관과 현대적 가치
   1) 외조모 강릉 최씨 할머니
   2) 부친 신명화 공
   3) 모친 용인 이씨 어머니
   4) 부군 이원수 공
   5) 4남3녀의 자녀양육
4. 현대인의 가치관 상실의 삶의 내용들
5. 효도의 진정한 의미와 현대적 재조명
6. 끝맺으며

1. 글의 시작

5만원 화폐인물로 신사임당이 낙점됐다는 소식에 일부 여성단체가 반대한 일이 있었다. 이들은 신사임당의 현모양처 이미지가 현대적 여성의 삶에 부합되지 않기 때문이라 주장한다. '현모양처'는 가부장제를 옹호하는 이데올로기로서 적폐청산의 하나라고 주장했다고 한다. 다시 말하자면, 마르크스 사상에 영향을 받은 좌파 여성단체들의 입장에서는 자본주의 하에서 가정과 가족을 위해 여성을 탄압하는, 여성을 억압하는 도구로 생각하고 있다. 그들에게 있어서 여성은 약자인 상태에서, 가부장적 이데올로기 속에 강자인 남성에 종속되어 살 수밖에 없는 성억압의 도구로 이해하고 있기 때문이다.

그리고 자본주의 체제 유지를 위한 임금 노동자를 생산하는 토대로서의 가정을 이해하고, 가정을 본질적으로 반혁명적이며 해체되어야 할 필요악적인 존재로 보고 있기 때문이다. 이런 가정의 개념 속에는 가족 구성원 간의 사랑과 희생의 가치, 그리고 자녀에 대한 교육의 가치가 전연 부각되지 않은 일면이 있다.

우리 모두가 알다시피 우리사회에 있어서 가정붕괴는 심각한 경지에 이르고 있다. 가정위기는 가족해체 현상의 심화로 최근에는 '가정붕괴'라는 말까지 나오고 있다. 97년 IMF이후에 우리사회의 가족 및 가정은 전례 없는 위기를 겪었다. 경제난이나 일자리 상실 등으로 별거 또는 이혼하는 가정이 크게 증가했으며, 더구나 이러한 변화는 일시적인 것이 아니라 사회가 발달할수록 더욱 빠른 속도로 전진하고 있으며 앞으로도 더욱 가속화될 전망이다.

또한 이혼이나 별거가 개개인의 갈등을 해결하기 위한 방법이 되기는 하지만 이로 인한 사회적 문제를 낳기도 한다. 이런 문제에서 비롯된, 이혼과 패륜[1]의 폭증 등으로 자녀 유기나 학대, 가족 간 살해 등을 들 수가 있다. 따라서 현대인의 가치관 상실의 삶의 내용들과 효도의 진정한 의미를 살펴보는 것이 그 방향성을 찾는 좋은 해법이라고 생각한다.

이러한 위험에 대해 우리가 어떻게 대처해야 할지 지혜롭고 친근하게 생각해 보자. 이는 가족 구성원 사이에 참사랑이 결여되어 나타난 현상이다. 남편은 아내에게 아내는 남편에게 참된 사랑의 가치를 실천한다면 부부간의 불화나 불륜, 그로 인한 이혼이나 가정해체 등은 거의 존재하지 않을 것이다. 개인의 자유나 쾌락에 앞서 가족 구성원의 행복을 먼저 생각하는 마음이 앞선다면 모든 남편과 아내가 '현부양부(賢父良夫)'와 '현모양처(賢母良妻)'가 되는 것이다. 이는 시대가 변한다고 해서 변하는 것이 아니라 절대적인 것이다.

1) 부자, 모녀, 형제, 부부간에 잘못 형성된 증오심, 적개심이나 심각한 불신 등으로 가정에서는 있어서는 안 될 폭력 등을 행사하는 것을 말한다.

이런 측면에서 신사임당의 현모양처의 의미는 가부장적 가족제도를 온존시키기 위한 이데올로기가 아니라, 가족구성원의 행복추구권을 보장하고 우리사회를 건강하게 만드는데 여성과 어머니의 역동적인 역할을 중시하는 절대적 가치의 표현인 것이다. 현모양처를 이런 측면에서 긍정적으로 이해하면 될 것을 괜히 복잡한 이데올로기로 끌어들여 여성억압이니 가부장적 이데올로기니 뭐니 하면서 반대하는 것은 결코 바람직하지 못하다.

우리시대의 '남녀유별'이라 남녀가 모두 서로 역할을 잘 수행하여 수많은 현부양부와 현모양처가 나온다면 그 이상 바랄 것이 무엇이겠는가? 이 시대의 바람직한 여성상은 과연 어떤 여성일까? 오늘날 누구에게 물어보아도 한국의 가장 훌륭한 교육자상(教育者像)을 손꼽으라고 한다면, "신사임당(申師任堂)"이 제일 많을 것이라고 확신한다.

아마도 한국역사상 '여성 3대'에 걸친 가문교육으로 천부적인 효자를 양육하는데 있어서 따뜻하고 부드러운 인성교육에 전념한 만세사표(萬世師表)로서의 율곡과 같은 대현(大賢)의 스승상을 길러낸 예는 이 세상 그 어디에도 없을 것이다.

본 연구는 오늘날 한국인의 가족관과 가족환경이 크게 달라져 무너져 가고 있고, 한국적 가치관이 점차 사라지는 등 우리나라의 전통적인 효행국가관이 붕괴됨에 따른 것이다. 이로 인한 인간의 위기시대에 처한 현실을 타파하기 위해 오늘날 가정에서 효행교육이 조기 도덕교육으로 실천되어야 할 필요성이 절대적이다. 그래서 모델학습, 태교 등 구체적이고도 실천적 교육방안을 제시하는 일이 아주 중요해졌다. 가정관과 국가관을 제대로 세우기 위한 교육혁신을 제창하는 등 말하자면 '교육 정상화'로서의 교육 제자리 찾기를 강조하고자 한다. 따라서 신사임당의 입지(立志)와 성실한 삶의 길을 살펴보고, 그러한 성품과 재주를 발휘할 수 있도록 해준 가정환경으로서 신사임당의 효교육사상의 진면목과 구체적인 내용 및 그 활용방안에 대해 간략하게 살펴보고자 한다.

또한, 현대사회의 국격(國格) 상실은 곧 가정교육의 위기에서 비롯된 것이기 때문에, 우리 사회문화의 수준을 한층 고양(高揚)시켜야 한다. 그러므로 가장 우선시해야 할 것은 가정에 효문화교육을 실천해야 하는 것이다. 그러므로 효를 실천할 당위성에 대한 현대적 설명이 필요하다.[2)] 즉 효를 축으로 하는 바른 국정의 대본(大本)으로서, 가정교육의 중요성을 강조하고, 효행교육의 근원원리를 이해시키려는데 본 연구의 목적이 있다.

또 하나의 원대한 의도는 저출산고령화 문제해결로서의 미혼여성의 생애 설계 및 20~40대의 경력단절 여성의 신사임당 효행인성 모범에 역점을 둔 가족제도의 비전을 제시함으로써 모든 교육자 및 국민들에게 일대 각성(覺醒)을 촉구하려는데 그 뜻이 담겨져 있다.

2. 사임당의 입지와 생평을 통한 성실한 인간상

1) 사임당의 입지론(立志論)

사임당(師任堂)은 어려서 효행에서부터 경학연구(經學研究)에 이르기까지 바른 부모교육에 의하여 성현공부에 전심전력하였다. 따

2) 송명자, 『세계화를 위한 '효(孝)' 가치관 정립과 자녀양육방향모색』, 한국아동학회 학술발표논문집:토론문, 1995, 95-99쪽.

라서 언제나 마음공부에 중점을 두어 성품과 재주를 발휘할 수 있도록 하는 정신수양공부에 전력하였으며, 특히 언행에 조심하였다. 거기에다 예절을 바르게 익혀 일상생활에 있어서의 기초가 가정생활에 근본을 두어 바르게 되었다. 뿐만 아니라 일곱 살 때에는 안견(安堅)의 그림을 보고 수시로 연습을 하여 미술에 상당한 수준에 이르렀으며, 서예 또한 당대에 높은 수준에 이르렀다. 그러한 기반 위에 신사임당은 평상시 마음공부에 매진하면서 마음을 작정하는데 필요한 잠심(潛心)해야 할 것이 많았지만, 특히 지재사방(志在四方)[3]이라고 하는 말을 아주 중시하였다.

따라서 자녀교육에 있어 신사임당은 입지를 가장 중요시 여기고 이를 강조하였다. 신사임당은 생각하기를 우선 먼저 입지를 세워야 학문도 이루어진다고 여겼다. 따라서 입지를 바르게 세워야 결국 그 뜻을 이루어 성현이 될 수 있다고 생각했다.

즉 입지가 세워져야, 덕이 서고(立德), 공덕이 들어오고(入功), 후세에 남길 말이(立言) 자연스레 이루어지는 것이다. 즉 인덕(人德)이 갖추어져야 일반인들에게 인덕(仁德)을 베풀 수 있는 것이고, 또 공직(公職)에 나아가 공익(共益)을 위해 공헌할 수도 있게 마련이다.

사임당은 이러한 논리를 가지고 입지를 인식하고 입지의 사표(師表)라는 중점을 가지고 자녀교육의 중요지표로 삼았다. 자녀의 가문교육을 인성교육의 첫째로 두고, 마음 수양공부를 돈독(敦篤)하게 명심하게 가르쳤다. 이러한 어머니교육 때문에 율곡(栗谷)이 한

3) '뜻이 사방에 있다.'는 뜻, 원대한 포부와 이상을 지녀야 함을 의미한다. 『春秋左氏傳』 '僖公 23年' 孔駙(孔叢子) 古事, "처음에 나는 그들이 대장부인 줄 알았는데, 이제 보니 용렬한 사람들이다. 사람은 사방에 뜻을 두어야 하거늘(人生則有四方之志), 어찌 산속의 사슴이나 멧돼지처럼 항상 모여 살 수 있겠는가!

국의 교육사상가로 올곧게 바르게 서는 교육적 기반이 형성되기에 충분하였던 것이다.

'입지(立志)'란 뜻을 세우는 것이다. 따라서 그 입지라는 것은 우리 인간이 이 세상에 태어나 진정 참다운 인생을 살아가기 위해 세워야 할 가장 우선시해야 할 유일한 뜻으로는 우선 자신을 낳아준 부모에게 효도를 하는데 있다. 이 점을 확실하게 인식하고 또 여기에 더하여 부모의 분신인 형제간 우애를 돈독히 하는 효제가 바로 인성교육의 첫 단계가 시작되는 것이다. 이 일이 더 확충되어 가면 이웃 어르신을 공경하고 어린이를 돌보게 되며, 이를 통해 남에게 믿음을 주게 되고, 또한 남을 위해 어떻게 기여하며 배려할 것인지를 알게 되니, 이로써 밝은 사회가 열리고 국가 초석이 세워져서 인류평화에 공헌하게 된다.

다시 말해서 이처럼 살아서 생동감 있게 내 일을 할 수 있도록 낳아준 부모님을, 또한 그 부모님을 낳아준 조부님을, 더 확충해 나아가서 조상을 생각하게 하고, 그렇게 이 세상에 조부님과 함께 조상을 있게 한 모든 천지만물에게도 성실한 마음으로 공경하는, 그러한 원대한 인간의 자세가 세워져서 장차 큰 뜻과 큰 과업을 성취할 수 있는 것이다. 그러니 '입지'란 '학문'의 첫걸음이며, 인간이 성장해 가는 입문이라 말할 수 있다.

일찍이 부모교육을 통해 신사임당은 유교경전 공부를 열심히 하였다. 특히 입지론(立志論)의 근거로서 공자의 『논어』 입지론에서 배웠을 것이다. 그러면 그 뜻을 어디에 두어야 하는 것인지 파악하기 위해 먼저 『논어』의 내용을 살펴보기로 하자.

"나는 열다섯 살에 처음으로 학문의 뜻을 두었고 서른 살에 입지를 두었고, 마흔 살에 현세에 현혹되지 않았고, 쉰 살에 하늘의 명령(天命)을 알았고, 예순 살에 귀(耳)가 순응하게 되었고, 일흔 살에 마음이 내키는 대로 쫓아가도 절대 법도를 넘지 않았다."

『논어』 입지편을 살펴보면 공자는 "도에 뜻을 두어야 한다(志於道)"고 말씀하셨다. 공자께서는 도(道)의 길을 제시하면서, 인간이 도덕수양을 통해 형성되는 평생의 학문과 수양과 경험의 길을 강조하셨다. 옛말로는 군자가 되기 위함이요 현대말로는 인간으로서의 바람직한 삶을 살기 위해 모든 사람에게 크게 도움이 되는 그런 도리에 합당한 뜻을 세우라고 하는 그러한 도덕적인 교육내용이라고 판단된다.

2) 사임당의 생평(生平)을 통해 본 성실한 인간상

신사임당은 외가인 강원도 강릉 북평촌에서 진사인 신명하의 슬하에 아들 없이 딸만 다섯 인데, 둘째 딸로 음력 10월 29일 새벽에 태어났다. 조선초기의 유교적인 가치관 아래 여성으로서 규방 이외의 활동이 거의 불가능했던 시대적 한계를 스스로 뛰어 넘는 우리나라의 대표적인 여류교육가이자 예술가가 탄생한 것이다. 신사임당이 태어난 강원도 강릉은 옛날 예국(濊國)의 수도였으며 오랜 역사를 지닌 빛나는 전통과 문화를 간직하고 있는 곳이다. 사임당의 아버지는 신명화(申命和)이며, 어머니는 용인 이씨로 이사온(李思溫)의 딸이다.

(1) 사임당의 온화한 인품

사임당은 어렸을 때부터 경문(經文)을 익혀 학문에 대한 열의가 높았고 당시의 여자로는 드물게 시·서·화(詩, 書, 畵)에 모두 탁월한 재주를 보였다. 글도 잘 짓고 글씨도 잘 썼다. 또 바느질도 잘하고 수를 놓기까지 정묘하였다. 특히 부모님의 남다른 사랑을 받고 자람에 따라 천성도 온화하고 얌전했으며 지조가 높고 거동이 정숙하고 조용했다. 일처리를 함에 있어서도 편안하고 여유로우며 자상했다. 특히, 말이 적고 행실을 삼가고 겸손해 하여 외할아버지께서는 늘 사랑하고 머리를 쓰다듬어 귀여워했다. 효성스런 성품을 가지고 있어 부모가 병환이 있으면 안색이 좋지 않다가 병이 나은 뒤에야 다시 쾌활한 기색으로 돌아왔다. 사임당이 혼인한 지 얼마 안 되어 외할아버지께서 돌아가시니, 삼년상을 마친 뒤에 서울로 올라와 신부의 예로써 시어머니 홍씨 할머님을 뵈었다. 홍씨 할머니와의 사이도 모든 일을 혼자 마음대로 처리하지 않고 반드시 할머님께 말씀드린 뒤에 하셨다. 할머님 앞에서는 계집종도 꾸짖지 않았다. 말씀은 온화하고 얼굴빛은 따뜻하게 대했으며 아버님께서 어쩌다 실수를 하더라도 옳은 도리로 말씀드려 고치게 하였고, 자식에게 잘못이 있으면 엄히 경계하여 타이르셨다. 또 아랫사람들이 잘못을 저지르면 엄히 꾸짖으시니 종들도 모두 사임당을 공경하고 받들어 모셨다.

율곡의 적전제자인 사계 김장생(1548~1631)이 지은 「율곡행장」에 보면, "신씨는 기묘명현 명화의 따님으로, 자질과 품성이 매우 뛰어나 예(禮)를 숭상하고 시(詩)에 밝아 옛 여범(女範)에 대하여 모르는 것이 없었다."라고 기록하고 있다.

(2) 당호 사임당(師任堂) 사용

그 당시에 남자들이 제 이름을 가졌던 것과는 달리 우리의 옛 여성들은 대부분 자기 고유의 이름을 갖지 못했다. 사임당 역시 본래의 고유 이름이 아니라 따로 지어 불렀던 호다. '사임당(師任堂)'은 당호다. '사(師)'는 스승이니 본받는다는 의미고 '임(任)'은 옛날 주나라 문왕이라는 뛰어난 임금의 어머니인 태임(太任)의 이름자에서 따온 것이다. 태임은 너무나 어질고 착하고 현숙한 부인이어서 당시 여성이라면 누구나 다 그를 본받고자 하였는데 사임당도 문왕의 어머니 태임을 본받는다는 뜻으로 자신의 호를 '사임'이라고 지어 부른 것이다. 이처럼 사임당은 아호를 스스로 '사임당' 이라고 정하였고, 그에 부족함이 없도록 확고한 인생관을 갖고 일생을 통한 부덕연마에 온 정성을 쏟았던 것이다.

훗날 윤종섭(尹鍾燮)의 글씨 판각에 쓴 발문을 통해서도 "선생의 받은 태교 어머님 마음 하나 당호조차 훌륭할 싸 지임(摯任)을 배우나니 산의 정기 명주에다 크신 도를 머물렀고 하늘이 예국에다 좋은 전통 있게 했네."라고 평하고 있다.

(3) 화가로서의 자아실현

율곡의 「선비행장」을 통해 본 사임당을 살펴본다. 세종 때 화가 현동자 안견(安堅)의 산수화인 <몽유도원도>, <적벽도>, <청산백운도> 등의 안견의 화풍을 보고 기준 화법을 익히며, 그 그림을 스승 삼아 그림 공부에 열중했다. 안견의 산수화는 훗날 그가 크게 성공할 수 있는 가장 좋은 지침과 계기가 되었다. 일곱 살 때 안견의 그림을 모방하여 산수화를 그렸으며, 이 때 그가 그린 병풍과 족자가 세상에 많이 전해진다. 사임당의 붓놀림이 남달랐으며 포도와 풀벌레를 그리는데 절묘한 솜씨를 보였다. 특히 포도는 세상에서 모방해 그릴 사람이 아무도 없다고 할 정도로 절묘한 솜씨였다.

(4) 어머니에 대한 애틋한 사랑

사임당이 결혼하던 해 겨울 11월 7일 47세로 아버지 신명화가 세상을 떠나자 친정에서 여자의 몸으로 3년 상을 마친 것만 보아도 그녀의 효성을 미루어 짐작할 수 있다. 사임당은 친정어머니 이씨에 대한 사랑이 남달리 두터웠다. 그리하여 결혼한 후에도 강릉 땅을 보며 눈물짓거나 혹은 강릉에 내려와 살기도 했다. 뒷날 강릉 친정에 갔다가 돌아올 때 어머니와 눈물을 흘리며 이별하였다. 일행이 대관령 중턱에 올라왔을 때, 친정 마을인 북평을 바라보며, 슬피 눈물을 흘리며 시 한 수(首)를 지었다. 즉흥 사친시(思親詩)다.

> "제목 : 대관령을 넘으며 친정을 바라본다." "늙으신 어머님을 고향에 두고/ 서울을 향해 홀로 가는 이 마음/ 돌아보니 북촌은 아득한데/ 흰 구름만 저문 산을 날아 내리고 있네."[4)]

누가 읽어보아도 애절한 효심이 넘쳐흐른다. 『어머님 그리워(思親)』란 시도 그 후 한양에 살면서 모정이 그리워 적어둔 효심이 간절한 시다.[5)] 이렇듯 사임당은 늘 강릉을 그리워하여 깊은 밤 고요할 때면 눈물을 흘리며 슬피 울고 때로는 새벽까지 잠을 이루지 못하였다. 어느 날 친척 어른이신 심공의 몸종이 와서 거문고를 탄

---

4) 踰大關嶺望親庭, "慈親鶴髮 在臨瀛, 身向長安 獨去情, 回首北村 時一望, 白雲飛下 暮山靑"

5) 김익수, 「동양사상과 인성교육」, 『한국의 청소년문화』제9집, 한국청소년문화학회, 2007.

일이 있었다. 사임당은 "거문고 소리가 그리움을 간직한 사람을 더욱 애타게 한다."고 하며 눈물을 흘렸다고 한다. 또한, 신사임당은 매일 매일 기도를 하듯, 다음과 같이 암송하였다.

"밤마다 달을 보고 비옵니다. 생전에 꼭 뵐 수 있게 하소서"6)

신사임당의 효심은 하늘에서 내리신 것이리라. 사임당의 시는 효사상으로 대표된다. 지금 남아 전하는 3편의 시 모두 친정어머니를 생각하며 작시(作詩)한 내용으로 가슴 절절한 효심을 보여준다. 생활 속에서 저절로 우러나온 효심을 그 근간으로 하고 있다.

(5) 자식에 대한 올바른 훈육

신사임당은 부군 이원수와의 사이에서 7남매(4남 3녀)를 두었는데, 율곡과 같은 절세의 대학자를 낳았고 또 옥산(1542~1609)과 같은 예술가와 매창(1573~1609)과 같은 따님까지 낳아 양육했다. 특히 맏딸인 매창과 넷째 아들이자 7남매의 막내인 옥산의 뛰어난 예술성은 어머니인 사임당의 재능을 그대로 본받아 그 작품들이 지금까지 전해져 오고 있다.

(6) 입신양명(立身揚名)

신사임당으로 말미암아 율곡과 같은 대인물이 만들어졌기에 이미 죽은 부모와 선조까지 떠받들어져 감찰 이원수 공에게는 숭정대부 의정부 좌찬성이 증직되고, 또한 사임당 신씨는 정경부인이 증

---

6) (落句), 夜夜祈向月, 願得見生前

직되고 조부 천(蕆)에게는 자헌대부 이조판서, 조모 남양 홍씨에게는 정부인, 또한 증조부 의석에게는 가선대부 사헌부 대사헌, 증조모 해주 최씨에게는 정부인이 각각 증직되어 가문에 커다란 영광을 남겼다. 신사임당의 몸은 비록 파주 두문리 자운산 기슭에 묻혔어도 그 정신과 이름은 여전히 빛나는 예술작품과 함께 자손만대에 길이 전하고 있다. 오늘날 신사임당이 한국의 전형적인 현모양처로, 효성스런 자식으로, 탁월한 예술가로 존경받을 수 있게 된 것은 개인의 타고난 성품과 재주도 있겠지만 그러한 성품과 재주를 잘 개발하고 성숙되게 할 수 있는 가정환경과 가정교육이 그 밑바탕이 되고 있다.

이러한 맥락에서 우리가 그의 사상과 가계 또는 가문 중심의 관계를 고찰하는 일은 신사임당의 삶과 예술철학의 기초를 정립하는 일이며 전통문화의 현대를 위한 작업이라고 여겨진다.

3. 사임당의 효문화관과 현대적 가치

율곡은 '강릉최씨(江陵崔氏) 외증조할머니', '용인이씨(龍仁李氏) 외할머니', '평산신씨(平山申氏) 어머니(사임당)'의 역사상 외가 3대의 가문교육을 통해 대현이 된 분이다. 따라서 율곡의 가정에서 매우 가까운 친가와 바깥이라는 의미의 외가의 가문교육을 논구해 보면 자연히 신사임당의 효사상이 드러날 것이 분명하다.

<율곡을 교육시킨 외가 3대의 가문교육>

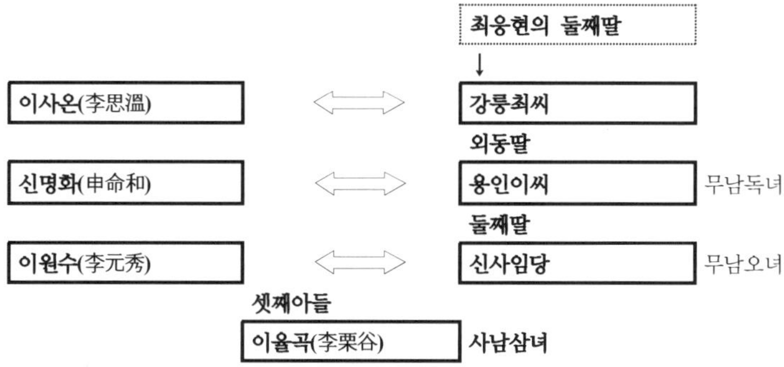

1) 외조모 강릉최씨 할머니

강릉최씨의 시조는 필달(必達)이며 시호는 충무공(忠武公)이다. 그는 고려 왕건(王建)의 건국을 도운 공으로 『삼중대신(三重大臣) 삼한벽상개국찬화공신(三韓壁上開國贊化功臣)』에 책록되어 영첨의 좌정승(領僉議左政丞)에 올라 경흥부원군에 봉해졌다. 경흥(慶興)은 당시 강릉의 옛 이름이며 그는 해동부자의 칭호를 받았다. 강릉 최씨 문중에서 강릉 향현사(鄕賢祠) 12현(賢)중에 최치운, 최응현, 최수성 세 분이 배향되어 있음에 주목할 만하다.[7)]

율곡이 출생한 오죽헌 주변이 당시는 모두 초가집이었다. 유독 오죽헌만이 유일하게 기와집이었는데 뜰에는 검은 대나무(烏竹)가 무성히 울창하게 서 있었다. 이 오죽헌 기와집은 조선조 세종 때에 '이조참판'을 지낸 바 있는 강릉에서 잘 알려진 유현(儒賢)인 최치운(崔致雲, 17世孫)의 소유이었다. 그 집이 둘째 아들인 최응현(崔

7) 『한국성씨보감』, 은광사, 2009 참조.

應賢, 18世孫)에게로 이어졌는데 그 후로 3대에 걸쳐 사위들에게 줄줄이 이어져 전해졌다.

즉 최응현의 사위인 이사온(李思溫)에게 양도되었으며, 다시 율곡의 이모부인 권화(權和)에게로 양도되었고, 다시 권화의 아들인 권처균(權處均)에게로 이전되었다. 권처균은 자신의 아호(雅號)를 따서 '오죽헌(烏竹軒)'이라고 불렀다.

아무튼 율곡은 이 집(오죽헌)의 별당에서 태어났다. 사임당의 태몽은 "흑룡(黑龍)이 침실 쪽으로 날아와서 마루에 서려있는 꿈을 꾸었다."고 한다. 그래서 오죽헌에서 율곡이 태어난 방을 '몽룡실(夢龍室)'이라고 부른다. 그래서 율곡의 어렸을 적의 성명을 '이현룡(李見龍) '이라고 하였다. 꿈에 용을 보고 난 자식이기 때문이다.

신사임당이 이 오죽헌에서 태어났고 또한 이 오죽헌에서 율곡을 잉태한 곳이라, 이 오죽헌을 중심으로 신사임당의 효교육이 조성되었고, 특히 신사임당의 외조모 강릉최씨 할머니의 집안 교육을 통해 남을 배려하는 마음이 확산되어 실천함으로써 밝은 사회 및 국가를 만드는데 기초가 되었던 것이다.

2) 부친 신명화(申命和) 공

사임당의 아버지 신명화(申命和, 進士) 공은 본관이 평산(平山) 신씨(申氏)였다. 신명화공은 문희공파(文僖公派) 신숭겸(申崇謙)의 18대손으로 고려 태조 때 건국 공신이신『고려태조 장절공(高麗太師 壯節公)』이다. 신공(申公)은 대사성을 지낸 자승의 손자이며 좌의정을 지낸 바 있는 개(槪)의 증손자이다.[8)]

8) 평산신씨족보간행회,『평산신씨 족보』, 2017 참조.

신공(申公)은 영월 군수를 역임한 숙권(叔權)의 아들로 한양에서 태어났다. 신명화 공은 성종 7년(1476)에 태어났고, 호는 송정(松亭), 자는 계흠(季欽)이다. 천성이 순박하고 강직하여 선비로서의 기개와 지조가 남달리 뛰어났다. 어려서부터 성현의 글을 읽되 선악으로써 자기의 언행을 징계하는 자료로 삼았고, 또 예가 아니면 행동하지 않았고, 신의를 중시했다.

연산조 때에는 조정에서는 단상법(短喪法)을 내려 엄히 다스렸는데도 신명화는 부친상을 당해 흔들리지 않고 『주자가례』에 입각한 삼년상 제도를 지켰다. 또한 조선조 중종 때에는 조정에서 처녀를 뽑아간다는 헛소문이 전국에 퍼져 민심이 흉흉해졌다. 이때에 신명화는 당당하게 딸들을 '육례'를 갖추어 출가시켰다. 딸 가진 집에서는 중매아비도 없이 사위 맞기에 광분하여 예식을 다 갖추지 못하고 마구 서두르는 현상이었지만 공은 홀로 조금도 흔들리지 아니하고 예절을 지킬 대로 다 지켜서 결혼식을 치렀다. 신명화는 벼슬은 진사에 불과했지만 선조들의 명예와 가통에 따라 강직한 품성이 길러져 일상생활로 옮겨진 것이다.

율곡 이이는 『율곡전서』에 외할아버지 신명화 공에 대해 다음과 같이 서술하고 있다.

> "연산조 때에 아버지의 상을 당했는데, 이때에 단상하라는 법령이 엄했지만 진사는 끝까지 예를 폐하지 않고 상복에 수질·요질로 여묘살이를 하며 죽을 마시고 몹시 야위어가면서 몸소 밥을 지어 상식을 드리고 3년 동안 슬픔을 극진히 다하였으므로 당시의 의론이 장하게 여겼다."

신명화의 이러한 효심은 신사임당 효 정신의 밑거름이 되었을 것으로 믿어진다. 특히 나를 낳아준 부모를 생각하고, 그것에 보답하는 예로서 이 세상에 "효제(孝悌)"를 확산 실천함으로써 모두에게 성실한 마음으로 공경하는 효문화교육을 전수한 것이라 할 수 있다.

3) 모친 용인이씨(龍仁李氏) 어머니

신사임당의 어머니 이씨의 본관은 경기도 용인으로, 시조는 길권이란 이로부터 헤아리며 증조부는 삼수군수를 지낸 유약(有若)이며, 조부는 전라도 병마우후(兵馬虞候)를 지낸 익달(益達)이며, 아버지는 생원으로 벼슬을 하지 않은 사온(思溫)이다. 이사온(李思溫)은 당시 강릉 사람으로 참판을 지낸 최응현(崔應賢)의 딸 최씨와 결혼하여 얻은 무남독녀가 바로 이씨 부인으로 1480년에 출생하여 1569년 90세의 고령으로 별세하였다. 이씨 부인의 효행은 남다른 데가 있었다. 한양에서 시부모를 모시고 살고 있었는데 친정어머니가 병으로 앓게 되자 시어머니 홍씨의 허락을 받고 친정으로 와서 병간호를 극진히 하였다. 「이씨감천기」에는 외조모 이씨가 약을 미리 맛보고 밤에도 취침하지 않으면서 지극정성으로 모친을 돌보았다. 그 후 한양으로 가자고 한 남편 신명화의 말에 눈물을 흘리며, 다음과 같이 말씀하셨다.

> "여자란 '삼종지도(三從之道)'가 있으니 분부를 어길 수는 없습니다. 그러하오나 저의 부모는 이미 늙으셨고 저는 외동딸이오니 하루아침에 갑자기 제가 없게 되면 부모님은 누구를 의탁하시겠습니까. 더구나 훤당(萱堂)께서 오랜 병환으로 탕약이 끊어지지 않고 있으니 어찌 차마 버리고 떠나겠습니까. 이제 말씀드려 허락받고자 하는 것은 당신은 한양으로 가시고 저는 시골에 머물면서 각각 노친을 모시도록 하자는 것인데 어떻게 생각하십니까?"

진사도 감동하여 눈물을 흘리며 드디어 "그 말을 따랐다."고 했다. 이씨 부인이 42세 되던 해에 친정어머니 최씨가 세상을 떠나자 서울에 있던 신명화가 장모의 상을 보러 강릉으로 오다가 병을 얻었다.[9] 이씨는 외증조부 최치운의 무덤 앞에 나아가서 하늘을 향해 울부짖으며 다음과 같이 외쳤다.

> "하늘이시여! 하늘이시여! 선을 복(福)주고 악을 화(禍)주시는 것은 하늘의 원리입니다. 선을 쌓고 악을 쌓는 것은 사람의 일입니다. 그런데 저의 남편은 심지가 사악(邪惡)하지 않고 행동이 악하지 않습니다. 부모의 상도 짧게 입고 마는 요즈음에, 아비의 상을 당하여서는 거친 밥으로 몸이 파리하면서도 산소의 곁을 떠나지 않았고, 친히 제물을 올리며 상복을 입은 채로 3년을 거상하였습니다. 하느님께서 만약 알고 계시다면 응당 선악을 잘 살피셔야 할 것입니다. 이제 어찌하여 화액을 내리심이 이렇듯이 가혹하신 것입니까? 저와 남편이 각각 그 어버이를 모시어 서울과 시골에 헤어져 있은 지 16년이 됩니다. 지난번 집안의 재앙으로 인자한 제 어머님께서 돌아가셨는데, 남편까지도 또 앓고 있으니, 만약 또 큰일을 당한다면 외로운 이 몸 사방에 의지할 곳이 없게 됩니다. 엎드려 생각하옵건대 하늘과 사람은 한 이치로 통하고 있고 나타나는 것과 은미한 것은 차이가 없습니다. 황천이시여! 이 가련한 백성의 실정을 보살피어 주소서!"

이렇게 기도한 후에 작은 칼을 꺼내 왼손 중지 두 마디를 자르면서 절규했다고 한다.

> "저의 정성이 지극하지 못해서 이렇게까지 되었사옵니다. 몸뚱이나 머리터럭까지라도 모두 다 부모에게서 받은 것이라 감히 훼상하지 못한다 하옵지마는 내 하늘은 남편인데 하늘로 삼는 이가 무

---

9) 신명화는 장모님 문병을 가던 중에 장모 최씨의 별세 소식을 듣고 졸도한다. 용인 이씨 부인은 남편의 구명을 위하여 외증조인 최지운의 무덤이 있는 뒷 산에 올라가서 하느님(天)에게 진심으로 빌었다.

너진다면 어찌 홀로 산다 하오리까. 원컨대 제 몸으로써 남편의 목숨을 대신하고 싶사오니 하늘이시어! 저의 이 정성을 굽어 살피옵소서."

이 사실은 『중종실록』에도 전한다. 중종 21년(1526년) 강원도 관찰사 황효헌(黃孝獻)이 이씨의 단지를 열녀의 한 사례로 보고했다. 예조는 이씨를 열녀로 표창해야 한다고 건의했고, 이씨 부인은 열녀가 되었다. 조정에서는 뒤에 이씨 부인의 열녀 정각을 세워 칭송하였다. 그 행적의 일부가 강릉지역 역사서인 『임영지』「열녀편」에 기록되어 있다.

율곡 또한 용인이씨의 가르침을 받으며 성장했는데, '제사 드리는 글'을 살펴보면 다음과 같이 "애통해 하였다."고 한다.

"제가 어렸을 때 외가에서 양육을 받았는데 어루만져 주시고 안아주시며 잠시도 잊지 않고 보살펴주시니, 그 은혜 산하보다 무겁습니다. 후사로써 부탁하시어 착한 아이로 보셨으니, 외조모와 외손자는 그 명칭뿐이오 정분은 어머니와 아들의 사이였습니다. 제가 서울에 올라가 벼슬에 매인 몸이 되니 대관령의 험한 산길이 막히어 소식이 아득하였습니다. 저는 할머님께서 마을 문에 기대어 기다리실 것을 생각하여 벼슬을 버리고 향리로 돌아왔습니다. 한 방에서 얼굴을 받들어 뵈옵고 즐거움으로 근심을 잊었습니다. 효도를 마치려고 생각하였는데 다른 모든 일을 어찌 구하였겠습니까. 임금의 명령이 재차 내리심으로 잠깐 임구를 하직하였는데 갑자기 마음이 아픔에 놀라 수레를 재촉하여 돌아오는 길에 올랐습니다. 도중에서 부음을 만나게 되니 오장이 열이 나서 끊어지는 듯하였습니다. 저의 태어남이 때를 만나지 못하여 부모께서 일찍 돌아가시는 슬픔을 안았습니다. 오직 조모님 한 분만이 자나 깨나 가슴 속에 계셨는데, 이제 또 저를 버리시니, 하늘은 어찌 그리 혹독하십니까. 돌아가실 때 반함(飯含)[10]도 못하여 드리니 저의 끝

10) '반함'이란 습(襲)을 마치고 상주가 직접 그 주검의 입 안에 구슬과 쌀을 물려주는 것을 말한

없는 슬픔을 더하여 줍니다. 황황한 마음이 겨우 지식(止息)되자 예복이 이미 마쳐지니, 선왕이 정하신 법제이므로 감히 어길 수도 없습니다. 이승은 끝이 났으니 영원히 침통할 것입니다. 공손히 약간의 제수를 차려서 궤연(几筵)에 올리옵니다. 아! 슬픕니다."

신사임당의 효교육사상은 용인이씨의 가르침에서 비롯된 것이다. 말하자면 가족구성원의 행복추구권을 보장하고 우리사회를 건강하게 만드는데 있어 여성과 어머니의 역동적인 역할이 얼마나 중요한지에 대한 실체적인 교육적 내용이며 실상이며 표현인 것이다.

4) 부군 이원수(李元秀) 공

부군 이원수의 본관은 고려 시대에 중랑장(中郞將)을 지낸 이돈수(李敦守)를 시조로 삼고 있는 덕수(德水)다. 그의 관향(貫鄕)이 덕수인 것은 풍덕군 덕수현이었던 것에서 근원된다. 고구려 때는 덕물현(德勿縣)이었던 것이 신라 경덕왕 때에는 덕수현으로 개칭되었다가 조선조 태조 7년에는 풍덕군(豊德郡)에 속하게 되었고, 지금은 경기도 개풍군(開豊郡)으로 편입되었다.

이원수(李元秀, 율곡의 부친)는 12세(世)이며 자(字)는 덕형(德亨)으로 6품 벼슬인 사헌부 '감찰'을 지냈다. 오늘날의 관직으로 치면 법무부 중견공무원에 해당된다. 후일에 '의정부좌찬성으로 추증되었다. 이원수 공은 아주 성실하여 전연 가식이 없고 성격이 온화하고 친화적이어서 옛 선비의 자품을 모두 갖추었다고 한다. 이원수의 아버지 천(蕆)은 성종 14년(1483년)에 출생하여 연산조 12년(1506년) 24세 때 세상을 떠났기에 이원수는 6세(歲) 때 아버지를

다. 부활을 바라는 뜻도 담겨 있으며, 고인의 입속을 차마 비어있게 할 수 없는 효심에서 비롯한 절차이다.

잃고 독자로 자랐다. 따라서 일찍 아버지를 여의고 홀어머니 밑에서 성장한 관계로 학문이 별로 깊지 못하였다. 오히려 사임당에게서 듣고 배워 깨달음이 많았다고 전한다.

그러다 50세 되던 해에 가문의 음덕으로 수운판관이 되어 다음해 51세 되던 해 여름에 큰아들 선과 셋째 아들 율곡을 대동하고 관서 지방으로 내려갔다가 배에서 세곡을 싣고 5월 17일에 서울 서강에 와 닿자, 바로 그 날 새벽에 삼청동 자택에서 부인 사임당 신씨가 별세하였다는 소식을 듣고 부자가 모두 같이 애통해 하였다.

신사임당의 효교육사상의 중심은 외가3대 교육이다. 이러한 실상이 조선사회에서 조차 이루어질 수 있었던 것은 부군 이원수에게 홀어머니 홍씨가 있었기 때문이다. 그래서 신명화는 이원수에게 "내가 딸이 많지만 다른 딸은 시집을 보내도 아무렇지도 않은데 그대의 아내만은 곁에서 떠나보내고 싶지 않네." 라고 처가살이를 부탁하고 이런 장인의 의사를 존중하여 결혼한 뒤 처가인 오죽헌에서 살림을 꾸렸다. 이러한 효교육사상은 그 당시의 사회현상을 뛰어넘는 가족구성원의 행복추구권을 보장하는 아주 중요한 내용이라고 할 수 있다.

5) 4남3녀의 자녀양육

사임당은 이원수와의 사이에서 모두 4남 3녀의 자녀를 낳아 양육하였다. 맏아들의 이름은 선(璿, 1524~1570), 자는 백헌(伯獻), 호는 죽곡(竹谷)이다. 어려서부터 가정에서 학문을 익혀 여러 차례 과거에 응했으나 뜻을 이루지 못하다가 41세 되던 해 가을에 처음으로 진사에 올랐으나 벼슬은 얻지 못하고 있다가 6년 뒤인 47세 되던 해 한양의 남부 참봉이 되었는데 그나마도 몇 달이 채 못 되어 그 해 8월에 세상을 떠났다. 그래서 율곡이 형의 관을 붙들고 친히 제문을 지어 눈물로 읽었으며, 또 손수 묘지에 세워진 글귀까지 지었다. 죽곡의 유고는 현손 신(紳)의 시대에 와서 편집되었고, 거기에 현석 박세채(1631~1695)가 발문을 쓴 것은 숙종 13년 정묘년(1687년)이었으니 실로 죽곡이 별세한 지 170년 뒤였다. 「지낭부(智囊賦)」같은 글에서 그의 인품과 성격을 살펴볼 수 있다.

맏딸 매창(梅窓, 1529~1592)은 어머니 사임당의 재능과 영특함을 가장 많이 이어 받았다. 바느질과 자수는 물론이고, 학식과 지혜와 인격과 시와 글씨, 그림에 이르기까지 모조리 사임당을 그대로 이어 받은 훌륭한 여인이었다. 깊은 학문과 예술적 재능이 어머니 사임당을 빼놓은 듯하여 후대사람들은 '작은 사임당'이라고 불렀다. 『율곡선생별집』권5, 「습유잡록」중 정홍명(鄭弘溟, 1592~1650)의 「기암잡록(畸菴雜錄)」에는, "율곡이 항상 그 누이에게 모든 일을 자문하는 것이었는데 계미년 북쪽 오랑캐의 난리가 일어나자 군량이 군색하여 걱정함을 보고 그 누이가 율곡에게 이르되 오늘 시급히 해야 할 일은 모든 사람들로 하여금 즐거운 마음으로 따라오게 하는 데 있고 그래야만 이 어지러운 판국을 건질 수 있을 것이다. 그런데 우리나라에서 서자 계통이면 등용해 주지 않고 그들의 길을 막아 버린 지 이제 백 년이 넘는 동안에 모두들 마음에 울분한 생각을 참지 못하고 있는 터인즉 이왕이면 그들에게 곡식을 가져다 바치게 하고 그 대신 벼슬길을 터 준다면 사리에도 옳고 군량도 변통될 것이 아니겠느냐 하였다. 그래서 율곡이 그 말 그대로 계청한 일이 있었다."

율곡이 지혜를 구할 정도로 현명한 여인이었음을 알려주는 대목이다.

둘째 아들은 번(璠)으로 자는 중헌(仲獻), 호는 정재(定齋)이다. 그러나 나고 죽은 연대도 전하고 있지 않고, 생전 기록이 별로 전해지지 않는다. 그러나 아우 율곡에게 벼슬에서 물러나기를 권하는 글을 쓸 만큼 학식이 높고 성격이 고상했던 것으로 전한다. 그가 남긴 「율곡에게 물러나기를 권한다(勸栗谷引退)」하는 글 한 편만 가지고라도 그의 학식의 높음과 성격의 고상함을 알 수 있다.

셋째 아들 율곡 이이는 우리 민족의 역사상 퇴계와 쌍벽을 이루는 조선 최고의 석학이다. 율곡은 중종31년(1536년) 강릉 오죽헌에서 태어났다. 그의 호는 율곡이며, 자는 숙헌이며, 시호는 문성공이다. 3살 때 문자를 깨우쳤고, 이 때 벌써 석류문답으로 모두를 놀라게 했고, 4살 때에 『사략』 초권을 배우면서 문맥의 흐름을 이해하였다. 5살 때에는 사임당의 간절한 효 정신을 이어 받아 율곡은 '강보(襁褓)의 효자'[11]라고 세상에 널리 알려져 있다. 7세에 「진복창전」을 지었으며, 8세 때에는 '화석정' 시를 지었고, 9세 때에는 형제들이 어버이 받드는 그림을 그려 사람들을 감탄케 했다. 10세 때에는 그 유명한 「경포대부」를 썼고, 11세 때에 부친이 위독했을 때에는 사당에 가서 신에게 맹세하며 기도한 결과 지성감신(至誠感神)하여 부친의 쾌유와 동시에 신의 계시로 성공한 일이 있다.[12] 이 일은 그의 인생에서 새로운 변화와 도약의 계기를 갖다 준 매우 큰 사건이

11) 율곡이 다섯 살 때에 사임당이 병이 위독했을 때에 외조부 사당에 남몰래 가서 (인간의 지혜와 힘으로는 안 되는 일) 신에게 구원을 요청했던 일화가 있다. "외조부님, 하느님! 우리 어머니 병을 고쳐주세요" 이 일은 누가 가르쳐 주지도 않았을 텐데 천부적이기도 하지만 어머니의 태교로 인해 세상에서 보기 드문 영특함과 가장 인간적인 바탕을 타고 난 것이다.

12) 김익수, 『율곡의 사상과 한국문화』, 수덕문화사, 2004.

었다. 13세에 진사 초시에 급제하여 학자의 위치를 굳혔고, 19세에 「자경문」을 지어 인생관을 확고히 다졌으며, 22세 때 별시에서 장원 급제한 「천도책」은 그 문장이 너무 유명하여 중국에까지 널리 알려졌다. 그 후 율곡은 아홉 번 과거 시험에 장원급제하여 「구도장원공」으로 이름을 떨치고, 29세 때 호조좌랑의 벼슬에 처음 나갔으며, 이로부터 49세에 세상을 떠날 때까지 대사간·대사헌·대제학·호조판서·병조판서 등 두루 역임하였다. 그는 여러 관직을 거치면서도 학문연구를 게을리 하지 않았으며 학술편찬과 지역 발전을 위해 적극적인 노력을 하였다. 40세 때는 『성학집요』를 지어 군왕의 도를 근본적으로 체계를 세워서 서술하였다. 42세가 되던 해에는 처가인 해주의 석담으로 물러나 그 곳에 「은병정사」를 세워 후진 양성에 주력하였고, 「동거계사」를 통해 집안 공동체를 실천[13]하였다. 또한 파주 율곡리에 내려가서 학생들을 가르치기 위한 저서 『격몽요결』도 이때 지었다. 또 47세에는 왕명에 의해 『학교모범』도 저술하였다. 49세를 일기로 생을 마감할 때까지 율곡은 나라를 걱정하는 마음 하나로 위중한 몸으로도 변방으로 향하는 이에게 방략을 알려주었다고 한다.

넷째 아들 우(瑀, 1542~1609)는 사임당의 7남매 중 막내아들이다. 처음에 이름을 위(瑋)라 썼으나 후에 우(瑀)로 고쳤다. 자는 계헌(季獻)이며, 호는 옥산·죽와·기와라 불리었다. 사임당의 네 아들 중에 셋째 율곡이 사임당의 덕행과 인격과 학문을 전통 받아 확대시켰다면, 넷째 옥산은 그 어머님의 예술적 재능을 계승했다고

13) 율곡이 청계당(淸溪堂)에서 '同居戒辭'를 지어 100여 명의 식솔들이 함께 살면서 일대 가족문화운동을 전개한 일

볼 수 있다. 옥산에 대해 그의 8대손 되는 이서(李曙, 1752~1809)의 「집안에 전해오는 서화첩 발문(家傳書畵帖跋)」에는

> "그리고 또 재주가 넘쳐 다른 기예(技藝)에 까지 능하여 거문고 가락이 세상에 뛰어났고, 그림의 품격이 조화를 뺏어 일찍 묵화로 풀벌레를 그려 내어 길에다 던지자 뭇 닭이 한꺼번에 쪼았으니, 이것이 바로 세상에서 이른바 세 가지 뛰어난 재주(글씨 · 거문고 · 그림)이거니와"

이 일화는 사임당의 일화에도 적혀 있는 채로 모두 아울러 사임당이나 옥산의 그림이 그만큼 정묘한 경지에까지 이르렀다는 것을 의미하는 것이다. 이처럼 옥산은 초충도를 많이 그렸고 어머니의 영향을 받아 간결하고 섬세하게 묘사하여 그림에서 느껴지는 정취가 맑고 단아했다고 전한다. 이와 같이 옥산은 7남매의 형제 중에서도 누이 매창과 더불어 어머니 사임당의 예술적인 전통을 가장 많이 이어받은 분이다.

4. 현대인의 가치관 상실의 삶의 내용들

신사임당의 효문화관은 상호간 친밀한 점에 있다. 『자손을 어루만져 주고 안아 주며 잠시도 잊지 않고 보살펴 주는』, 평화공존의 가치가 그 효 속에 내재한 때문이다.

『시경』에는 "천생증민유물유칙인유도(天生蒸民有物有則人有道)"라는 구절이 있고[14], 『중용』30장에는 "만물병육이불상해(萬物竝育

14) 하늘이 모든 사람을 낳으셨고, 사물을 창조할 때 사물에는 각자 저마다 생장소멸(生長消滅)하는 원리가 정해져 있으며, 인간이 이러한 도리를 깨우칠 수 있다는 뜻이다.

而不相害)”라는 말씀이 있다. 만물이 서로 어울리며 서로 해치지 않는다는 의미다. 현대는 서구 중심의 문질문명의 사회라고 한다. 그래서 전투가 계속되는 한, 지구상의 평화가 유지되기가 요원하다. 영원히 오지 않을 수도 있다. 물질이 풍부한 물질만능주의 사회에 살고 있는 우리 모두는, 행복을 추구하지만 찾다가 찾을 수 없어 포기할 수밖에 없다. 왜냐하면 행복에 대한 갈망이 매우 크기 때문이다. 사람들은 누구나 가슴속에 영롱한 해맑은 희망의 불빛을 가지고 살고 있다. 물질로는 진정한 행복을 가질 수 없지만 따뜻한 마음으로 행복해진다는 것을 알고 있다.

신사임당의 효문화관의 근본은 『생생지리(生生之理)』라고 한다. 생생의 뜻은, '사물을 낳는 마음'과 '타인을 사랑하고 사물을 이롭게 하는 마음'을 형상화 한 것이다.[15] 다시 말해서 우주만물은 생생의 원리에 근간한 천지의 마음을 자신의 마음으로 형상화시키면서 살고 있다. 천지가 만물을 키운다. 대자연은 끊임없이 생성 발전하는 것으로 만물과 더불어 즐거워한다. 사임당의 그림을 보면 함께 숨 쉬는 생명의 소중함을 느낄 수 있다. 미물에 지나지 않던 풀과 벌레의 움직임까지 예술작품으로 승화시켰다. 모든 존재가 저마다 제자리를 찾게 하고, 제 빛을 드러나게 하고, 제 생명을 다하게 한다. 이것이다. 그러나 우리의 선택에 따라 그 운용방식은 천차만별로 차이가 되어 나타난다.

예를 들어, 만일 어떤 나무가 병이 들어 시들시들할 경우에 우리의 처방을 어떻게 해야 하는가(!) 살펴보자! 벌레 A가 침범하면 벌레 A를 퇴치하는 농약 A '를 개발하여 벌레 A를 퇴치한다. 농약

15) 유정은, 「신사임당 예술철학 연구」, 강원대학교 대학원 박사학위논문, 2015,

A'는 벌레 A를 퇴치하는데 큰 역할을 할 것이다. 그러나 그 다음에 벌레 B가 침범하면 A '는 효력이 없어 농약 B'를 개발해야 한다. 이런 식으로 농약 C ', 농약 D' 등등을 계속 개발해야 한다. 그러나 현명한 농부라면 뿌리를 살펴보고 뿌리를 튼튼하게 할 것이다. 농부의 실수는 벌레를 볼뿐 뿌리를 가꾸지 않은 데 있다. 뿌리가 완전히 망가지면 어떤 농약도 효과가 없을 때가 온다. 사람의 삶의 방식도 그러하다. 잘못된 가설로 인한 실수를 되풀이하고 있다. 뿌리를 등한시 하는 잘못된 삶의 방식은 사람들을 불행하게 만든다. 오늘날 사람들의 삶은 불행해졌다. 그 불행한 내용에 대해 자세히 살펴보기로 하자.

사람을 대동사회(大同社會)로 이끄는 뿌리(효)사상을 잃어버리면, 사람들의 삶은 불행하게 된다.

첫째, 사람이 한뿌리사상을 잃어버렸다. 그래서 원초적으로 잘못된 삶을 살게 되었다. 사람들이 뿌리를 하나로 인식하게 되면 서로 친하게 되는 것으로 이를 뿌리(효)사상이라고 한다. 뿌리(효)사상을 잃어버리는 원인은 욕심이 침입하였기 때문이다. 욕심이 침입하면 뿌리(효)사상은 사라진다. 사람들은 남남이 되어 경쟁을 하며 욕심을 무한히 키워간다. 그로 인해 뿌리(효)사상을 거의 상실했다. 욕심에 갇혀 욕심을 채우는 것으로 일관하는 사람은 그의 삶 그 자체가 불쌍하다. 사람들은 자기의 본마음을 찾지 못하고 자기의 욕심 채우기에 급급하다. 특히, 우리나라는 뿌리 없는 외래사상을 비판 없이 수용하여, 교육마저도 서구의 뿌리 없는 교육을 중심으로 가르쳐왔다. 또한, 사회구조가 산업사회에서 제4차산업사회로 급격하게 옮겨오는 과정에서 사회구조의 양극화, 빈부의 격차, 저출산 및 노인층 확대, 핵가족 증대, 물질만능주의 등으로 가족윤리가 흔들리게 되었다.

공자님은, "사람들은 모두 자기가 지혜롭다고 하지만, 그들을 몰아서 그물이나 덫이나 함정으로 넣는데도 피할 줄을 모른다."[16] 라고 하셨다. 세월이 사람을 죽음의 함정으로 쉬지 않고 몰아가고 있는데도 사람은 피할 줄을 모른다. 경쟁에서 이긴다 한들 죽음의 함정 속에 들어가면 아무 의미도 없지만, 사람들은 그것도 모르고 있으니 참 불행한 일이다.

또한 사람의 삶이 물질적 노예로 전락한다. 사람과 사람 사이의 애정을 소홀히 했다. 사람들이 욕심에 갇히게 되면 욕심의 노예로 전락하여 많은 문제가 생겨난다. 오늘날 사람들은 대부분 돈과 권력에 중독이 되어 있다. 돈에 중독이 된 사람은 돈 가진 사람이 시키는 대로 할 수밖에 없다. 돈을 목표로 삼으면 돈이 행복인 것처럼 생각하지만 그것은 착각이다. 욕심은 채울수록 점점 더 커지기 때문이다. 일억 원을 모을 목적으로 열심히 일해서 일억 원을 모으면 행복해져야 하지만, 행복은 잠깐뿐이다. 불쑥 커진 욕심은 십억 원을 채우라고 보챈다. 이렇듯이 욕심의 노예는 계속하여 눈코 뜰 새 없이 일하라고 한다. 십억 원을 채우고 난 뒤에도 마찬가지다. 욕심은 다시 백억 원을 채우라고 보챈다. 그래서 다시 백억 원을 채우기 위해 동분서주한다. 그러다가 어느 순간 쓰러지는 것이 인생이다.

둘째, 정상적 삶을 유지할 수가 없다. 욕심을 채우는 삶의 방식은 남과 충돌하지 않으면서 채워져야 한다. 그것은 남의 욕구와 충

---

16) 『中庸』 第7章, "人皆曰 予知 驅而納諸罟擭陷阱之中 而莫之知辟也"

돌하지 않도록 이성으로 조절해야 한다. 그러나 욕심을 조절하는 것은 욕심을 억압하는 것이므로 기본적으로 스트레스로 나타난다. 마음껏 채우고 싶은 욕구와 절제해야 하는 이성간에는 상호 충돌이 일어난다. 그것은 술을 계속 마시면서 정신을 가다듬는 것과 비슷하다. 술을 마시고 싶은 욕구와 정신을 가다듬는 것은 서로 충돌하기 때문에 균형을 찾기 어렵다. 욕심과 절제의 관계도 그렇다.

균형을 지키지 못하므로 안정된 삶을 유지할 수 없다. 그런 사람들이 많아지면 그 사회는 혼란스러워진다. 오늘날 어떤 일이 일어날지 불안하다. 자녀를 죽이는 부모가 생겨나고 부모를 죽이는 자녀도 한 둘이 아니다. 오늘날 부모 모시기를 꺼려하고 이혼율이 세계적으로 높고 저출산으로 가족이 해체위기를 맞고 있다. 심각하다. 결국, 물질적인 삶은 외롭고, 고독하고, 초라하다. 그래서 삶은 야팍해지고 항상 긴장해야 한다. 그 때문에 늘 피곤하다. 그리고 차츰 친구가 없어진다. 친구를 사귀는 경우에도 이익이 되는 친구를 사귀기 때문에 진정한 친구를 얻기 어렵다. 꺼벙한 사람이라도 그의 삼촌이 정계나 재계에 큰 영향력을 갖고 있는 사람이라면 그와 열심히 사귄다. 그러다가 그 삼촌이 돌아가면 그와 결별한다.

오늘의 현실은 잘못 변하고 있다. '사랑'은 욕심을 채우는 수단일 뿐 목숨 바쳐 희생하는 진정한 사랑을 하기가 어렵다. 그래서 사람은 연애를 하고 있어도 외롭다. 이 외로움은 결혼을 해도 해소되지 않는다. 그런데 희한한 사람들이 있다. 아직도 사람과 사람의 마음을 중시하는 사람들이 있다. 그게 바로 한국인이다. 한국인들은 싸우다가 '네가 인간이냐?' '제발 인간 좀 되라.'고 하며, 인간의 마음이 아니라며 사람 취급도 않고 짐승으로 본다. 한국 사람은 아직도 따뜻한 마음이 좀 남아 있다. 한국인들은 연애를 할 때, 아직도 따뜻한 연애를 한다. 한 번 사랑한 사람을 바꾸지 않을 뿐만 아니라 그를 위해 헌신하고 희생한다. 외국인들이 이런 내용을 보면 부러워한다. 외로움은 견디기 어렵기 때문이다. 그것이 오늘날 전 세계적으로 일어나고 있는 한류열풍의 요인이 된다. 한국인이 세상을 이끌어가야 할 때가 왔다. 이는 청신호다.

5. 효도의 진정한 의미와 현대적 재조명

전절에서는 현대인들의 가치관 상실에 대한 내용을 자세히 살펴보았다. 그렇다면 우리에게는 '생생지리(生生之理)'라고 하는 뿌리 사상으로서 효도의 진정한 의미는 없었을까? 이를 중심으로 신사임당의 효교육문화관을 우리 생활양식에 적응시켜 실천하는 발전적인 시각과 방법을 창안해야 한다. 그래서 높은 인덕(仁德)을 갖춘 사회로 만들어가야 한다.

신사임당의 효교육정신에 대한 현대적 재조명을 통해 심오한 학문적 소양과 부단한 연마로 진정한 효도가 실현되는 사회로 만들어야 한다. 천지만물에 대한 올바른 인식과 그것을 천인합일의 경지에까지 오를 수 있게 하는 높은 인격 수양이 있어야 가능한 것이다.

우리나라는 서구사상의 비판 없는 수용으로 물질위주의 생존경쟁이라는 틀 속에 빠져들었다. 유구한 역사와 철학을 가진 우리의 『삼성조(三聖祖)』[17]의 뿌리 효사상이 물질주의에 도전을 받아 흔들

17) 한국(桓國)의 한인천제(桓仁天帝), 신시(神市) 배달국(倍達國)의 한웅천왕(桓雄天王), 고조선(古朝鮮)의 단군왕검황제(檀君王儉皇帝) 이 분들이 우리의 고유사상과 인효교육사상을 이어서 정

거리면서 무차별적인 가치관 전도 현상이 초래되어 산업사회의 후유증과 인성교육 부재현상이 심화되었다. 특히, 우리 주변이 상호 경쟁과 이익사회로 급변하면서, 현대인들은 정상적인 삶을 살지 못할 정도로 상호 투쟁과 경쟁이 격화되었고, 인간의 심성은 날로 포악해 지고 있으며 범죄가 점증하고 있다.

이는 우리의 국체를 허약하게 한 외래사상과 교육과 종교가 우리의 주체를 상실하게 만들었고 인간을 중시하지 않는 의식을 갖게 하였다.[18]물질위주로 욕심껏 살아감으로 인해, 사람의 본심을 사라지게 했으며, 사람을 물질적 노예로 전락시켰다. 그 결과, 물질적인 풍요에도 불구하고, 정신적인 결핍에 따른 고독하고 쓸쓸한 삶을 이어가게 됐다. 이를 개선해야 한다. 이 시대가 기억하고 있는 한국의 고유한 효문화 정신이 아직도 사회 곳곳에 살아있다. 우리의 홍익인간의 평화사상을 다시 부활시켜야 한다. "너와 나"는 다르다고 하는 개인주의를 극복하고 "너와 나는 우리"라고 하는 우리의 효문화를 다시 부흥시켜야 한다.

즉 자연과 사회의 기본이법인 만물은 공생공존한다는 입장에서 모든 사회시스템을 재구축해야 할 때이다. 우리는 우리의 전통사상인 효사상을 바로 세우는 것이 세계 인류의 평화사상을 창도하고 우리 국혼(國魂)을 살리는 일임을 깨우쳐야 한다. 세계 철학의 종주국인 우리나라가 인류세계평화를 주도하는 도덕국가가 될 수 있음은 자명하다.

한국정신의 뿌리는 무엇인가? 퇴계 이황 선생님의 『성학십도』

착시킨 삼성조(三聖祖)이시다.

18) 사단법인 서울특별시교육의정회, 『서울교육의정회보』23권, 2012.4.30. 27쪽 참조.

제1도인 태극도에서 그 골간을 이해할 수 있다. 태극도에는 무극(無極)[19] 음정양동(陰靜陽動)[20] 오행(五行)[21] 건곤도(乾坤道)[22] 만물화생(萬物化生)[23]이라고 하는 5개 태극에서 비롯한다. 즉, 무극으로 통하는 우주 평화사상으로 음양오행과 삼위일체 사상으로 이기이원론적 일원론을 알려주고 있다. 모든 만물은 음양의 본원적인 이(理)와 기(氣)로서의 작용을 하며 사시사철 변화를 지속한다.

음양조화로 만물이 개화 개벽하고, 음과 양은 서로 근원적・대립적・통합적인 양상을 보이며 무궁하게 발전한다. 다시 말하자면, 태극의 음과 양은 서로 변하는데, 그 한쪽 꼭대기에 다다르면 그 때 서서히 다른 기운이 작동하기 시작한다. 즉 초승달을 보면서 지금이 언제인가 앞으로 이것이 어떻게 변할까를 아는 것이다. 이것이 우리나라의 전통사상의 뿌리가 되는 태극사상이다.

특히 아버지와 자식관계에 있어, 아버지가 있었기에 자식이 있는 것이므로 아버지는 소이연(所以然)인 "이(理)"라고 하는 반면에, 자식은 소당연(所当然)인 "기(氣)"라고 한다. 이렇듯이 아버지의 아버지, 그 할아버지의 아버지 이렇게 이어 올라가다 보면 반드시 무극에 도달하게 되는 것이며, 그러한 인과로 우리의 혈맥에는 부모님의 조상님의 피가 당연히 흐르고 있다. 이렇게 해서 인간의 평등사상을 깨우치게 되는 것이다. 이것이 바로 인(仁)사상의 실천요령인

19) 원초적인 태극으로 경계가 없고 항상성을 가지고 있다. 음양이 없고, 방소(方所)가 없고, 형상(形狀)과 소리와 냄새가 없다.

20) 태극 안에 일월(日月)을 표시하고, 하나의 태극 속에 두 가지 모습을 지닌 것이며, 양은 동적인 것, 음은 정적인 것을 나타낸다.

21) 우주의 다섯 가지 기본적 물질로, 수화목금토의 오상으로 구분되며, 토를 중심에 수화(水火) 목금(木金)의 음양이 작용한다.

22) 천지의 모습과 이치를 인간 남녀에게 적용한 것을 보여준다.

23) 우주만물은 음양오행의 원리에 따라 무궁하게 발전한다.

효제(孝悌)를 실천하는 것이다. 이하, 우리의 고유한 효사상에 대해 자세히 살펴보기로 하자.

첫째, 자식은 근본을 알아, 부모에게 효도해야 한다. 효도하라! 그 이면에는 아버지는 마땅히 아들의 본보기가 되어야 한다는 의미가 숨어 있다. 효도란, 인간이 근본을 알아서 자신(我)을 낳은 부모님께 살아계실 때는 물론이고 돌아가신 뒤에도 여러 가지 효의 내용과 방법으로 잘 섬기라는 것이다.[24] 부자유친이란 부모와 자식 사이에는 친함이 있어야 한다는 뜻이다. 사람이 세상에 태어나면서 가장 먼저 맺게 되는 인간관계는 자신과 부모와의 관계이다. 부모가 없다면 태어날 수도 없고, 자랄 수도 없다. 부모와 자식은 같은 혈육으로 기맥(氣脈)이 서로 통하고 있기 때문에 이 세상에서 누구보다도 가장 친한 사이다. 그러므로 부자관계는 천륜이라 하며, 오륜에서 첫째로 꼽는다. 그러나 마땅히 친하여야 하는 부모자식 사이의 천륜을 벗어나는 행동이 발생되기도 한다. 뿐만 아니라 심한 경우에는 서로 질시하며 원수같이 대하는 예도 있다. 때문에 부모자식 사이에는 어떠한 경우에도 친함이 유지되도록 해야 한다. 억지로 조작하여 만들라는 뜻이 아니라 본래 태어날 때부터 타고난 천륜으로서의 친함을 유지하여야 한다는 뜻이다. 이것이 본래성(本來性)에서의 친함이다. 부모자식 사이의 친자는 지상명제다.[25] 이런 까닭에 효도를 하는 데는

"새벽에 첫닭이 울면 얼른 일어나 세수를 한 다음 부모님께 밤사

24) 김익수, 『동방소학』, 사단법인 동양효문화연구원, 2013, 70쪽.

25) 조준하, 「청소년의 윤리교육과 오륜」, 『한국의 청소년문화』 제2집, 한국청소년효문화학회, 2002.

이 편안하게 지내셨는지 안부를 묻고, 추위나 더위는 느끼시지 않으셨는지 자세히 여쭤보고, 잡수시고 싶은 음식은 무엇인지 살펴야 한다. 밤이 되면 다시 찾아가서 잠자리를 살펴 드리면서 편안하게 주무실 수 있도록 살펴주어야 한다. 그리고 집 밖으로 나갈 때는 반드시 나가는 이유를 밝히고, 돌아와서는 찾아뵙고 인사를 드려야 한다. 부모가 살아 계신 동안에는 몸도 마음도 나보다는 부모를 위한 일에 힘쓰며, 모든 일에 조심하고 돈도 내 마음대로 써서는 안 된다. 부모가 사랑으로 대해 주면 그저 기뻐하고 그 은혜를 잊지 않으며, 부모에게 꾸중을 들으면 두려워하고 조심할 뿐 결코 원망해서는 안 된다. 특히 부모의 허물이 있을 때는 정성을 다해 잘못을 말씀드려야 한다. 거듭 세 번을 말씀드려도 들어주지 않으면 더 이상 부모의 뜻을 굽힐 수 없다고 생각하여 머리 숙여 부모의 뜻에 따라야 한다. 마지막으로 부모를 모시는 것을 즐거움으로 알고, 병들어 고생하실 때는 근심으로 병간호를 해야 하며, 그러다가 돌아가시면 슬퍼하고 엄숙하게 정성껏 제사를 지내야 한다."

이렇듯 인간관계를 도모하면 친하지 못할 것이 이 세상엔 아무것도 없다. 효는 백행의 근본이라고 한 취지가 여기에 있다. 우리나라 특유의 자녀교육 이론을 정립하고 교육방향을 모색하기 위한 귀중한 자료가 될 것이다.

둘째, 율곡의 효사상을 살펴보자.

자식의 몸은 부모가 낳아주신 것인, 피와 살은 물론 정신(性命)까지 모두 부모가 물려준 것이다. 낳고 길러주신 은혜는 높은 하늘처럼 끝이 없다. 포대기에 싸여 웃을 줄 아는 두세 살 난 어린아이(孩提之童)라도 누구나 모를 부모님의 사랑을 아는 것은 타고난 성품(天性)이 그러하기 때문이다. 오직 사물에 대한 욕망(物欲)이 이리저리 가려 그 본심을 잃어버리기 때문에 부모가 물려주신 몸을 자기 소유물로 알고서 부모와 자식 사이도 곧 남(物)과 나(我)로 구분하여, 낳고 기르신 노고를 생각하지 못하고 다만 한때 은혜가 모자란 것만 원망한다.

몸은 제 것이 아니라 부모의 것이다. 물건을 물려주어도 고마워할 줄 아는데 하물며 몸을 물려준 것은 어떻게 해야 하겠는가! 힘을 다하여 목숨을 다하여도 그 은혜를 다 갚을 수 없다. 사람의 자식으로서 이 이치를 알 수 있다면 사람과 공경의 도리에 대해 반은 생각을 한 것이다. 세상 사람이 말하는 효도란, 사랑을 하면서도 공경을 할 줄 모르거나, 사랑하고 공경할 줄은 알면서도 끝까지 다할 줄 모르는 것이다. 반드시 사랑은 인(仁)을 완전하게 실현하고 공경은 의(義)를 완전하게 실현하는 데 이른 뒤에야 낳아주신 분을 욕되게 하지 않는다(無忝). 또한, '어버이 섬기는 도리'로, 선비의 백행에 효제가 근본이요, 죄목의 삼천에 불효가 최대인 것이다. 어버이를 섬기는 이는 모름지기 공경을 극진히 해 승순(承順)의 예를 다해야 하고, 즐거움을 가지며 구체(口體)의 봉양을 드리고 질병에 극진한 근심으로 의약을 처방하기를 다하고, 상을 당해서는 극진한 슬픔으로 최선의 도리를 다할 것이요, 제사에는 엄숙히 추모의 정성을 다할 것이다. 부모가 만일에 잘못이 있을 때에는 성의를 다하고, 정성을 다하여 멈추게 하고 점차 도리를 깨닫게 한다. 내 몸을 돌보아야 백행이 구비되고 모든 덕으로 시종 부모를 욕되게 하지 않은 후에야 어버이를 섬긴다고 말할 수 있다.[26)]

율곡은 또 『대학』을 인용하여 자신이 수신을 해서 가정에서는 효도, 공경, 자애 등을 먼저 가족에게 가르쳐야 한다고 하였다. 그 집안사람을 먼저 가르치지 못하면서 다른 사람을 절대로 가르칠 수 없는 법이다. 그러므로 군자는 집을 나가지 않고서도, 내 집을 통해 나라의 가르침을 주는 것이다. 효도는 군주를 섬기는 것이요, 공경이란 어른을 섬기는 길이며, 자애란 백성을 부리는 것이다.[27)] 즉

---

26) 『율곡전서』, 「학교모범」 사친조, "謂士有百行 孝悌爲本 罪列三千 不孝爲大 事親者 必須居則致敬 以盡承順之禮 養則致樂 以盡口體之奉 病則致憂 以盡醫藥之方 喪則致哀 以盡愼終之道 祭則致嚴 以盡追遠之誠 至於溫凊定省 出告反面 莫不一遵聖賢之訓 如値有過 盡誠微諫 漸喩以道 而內顧吾身 無行不備 始終全德 無忝所生 然後可謂能事親矣."

27) 『대학』, "其家不可教 而能教人者 無之 故君子不出家 而成教於國 孝者 所以事君也 弟者 所以事長也 慈者 所以事衆也"

효도와 공경과 자애를 먼저 수양하여야 한다. 가정에서 자기 가족부터 가르쳐야, 국가에서 군주를 섬기고 어른을 섬기며 많은 백성들을 부리는 도가 바로 여기에서 벗어나지 않는다. 이와 같이 집안은 위에서 다스려지고 가르침은 아래에서 이루어지는 것이다.

율곡은 『주역(周易)』「가인괘(家人卦)」를 인용하여 가정이 바르면 천하가 다스려진다고 했다. 역(易)에 이르기를, 부모가 부모의 할 일을 하고, 자식이 자식 할 일을 하며, 형이 형 할 일을 하고, 아우가 아우의 할 일을 하며, 남편이 남편의 할 일을 하고, 아내가 아내의 할 일을 각기 제대로 할 것 같으면 집안의 규범이 바로 서게 되고 집안이 바로 서게 되면 천하가 안정 된다.[28] 효는 백행의 근본임을 더 확인해 주는 글귀라 하겠다.

6. 끝맺으며

자연이나 사회나 우리의 관심이 미래사회에 집중되어 있는 현실을 감안할 때, 우리의 현재모습을 성찰하고, '잠재(潛在)'에서 '현재'로 나아가기 위한 시도를 해보아야 한다. 우리 사회 저변에는 지금 『저출산 문제』가 심각하게 진행되고 있다. 무슨 이유이건 간에 출산을 꺼리는 사람들이 많아졌다. 한국사회가 지금의 저출산 추세대로 진행해 나간다면, '2100년'에는 대한민국 인구가 지금의 절반으로 줄어들게 되며, 장기적으로는 『인구소멸국가 제1호』가 될

28) 『주역』「가인괘(家人卦)」, "易曰 父父子子 兄兄弟弟 夫夫婦婦 而家道正 正家而天下定矣"

것이다. 필연적으로 인구감소 현상이 지속되어 경제활동인구 감소, 경제성장율 하락 및 재정수지 악화 등 우리나라 경제의 미래 모습은 매우 암울하게 될 것이다.

이러한 점을 감안하여 신사임당의 효사상을 모델로 한 생명존중사상인 『인효(仁孝)의 실천철학』을 사회저변에 배양하는 게 필요하다. 훌륭한 가정환경 속에서 부덕과 재능을 겸비한 500년을 앞서간 미래지향적인 여성으로 자아성취의 길을 모색했던 그의 철저한 시간관리, 시문, 그림, 서예, 자수 등에서 자아실현을 했다. 당시 조선초기의 사회적 불평등을 이겨내고 당당한 여류예술가로 등장한 우리나라 여성의 전형이 되는 사임당은 존경을 받기에 충분한 인덕(仁德)을 구비하고 있다.

미혼여성의 생애설계를 조정하거나 경력단절 여성의 일, 가정 양립문제를 해소하는데 있어서 위기해법을 만드는데 일조했으면 한다. 특히, 가족친화적인 신사임당의 효사상의 현대적 재조명을 통해 국민적 공감대를 마련하는 것이 매우 중요하고도 시의성 있는 대책이 될 것이다.

이제는 '효사상의 쇠퇴' 원인을 외부에서 찾으려 하지 말고, 오히려 자기 내부에서 보다 적극적으로 찾아야 한다. 지금의 저출산 대책과 인성확립시대에 한국의 고유한 뿌리효사상은 직효 처방이 될 수 있다. 다시 한 번 더 우리 모두가 진지하게 생각해 보아야 한다. 특히 사람이 태어나서 아프거나 이별하여 슬프거나 친친한 자가 사망하여 애통할 시에 즉 생로병사 시에 우리는 인간으로서 어떠한 예를 지켜야 하는지에 대해 깊이 고민해 보고 신사임당의 길을 따라가 보는 것도 좋을 것이다.

특히 '사임당'이란 당호를 써 가며 태교에서부터 온 정성을 다한 것이거나, 혹은 안견의 산수화를 모방하여 자기의 잠재력을 키운 좋은 지침과 계기를 마련한 것이거나, 혹은 시대적 한계를 뛰어 넘는 새로운 입지를 바로 세워 우리나라에 새로운 지평을 여는 대표적 여성상을 만들어 낸 것을 따라 갔으면 한다. 모든 문제의 해결 열쇠는 나의 책임인 것이다. 효사상의 미래는 사회와 역사의 변화가 중요한 요인이기도 하겠지만, 여전히 뿌리효사상이 현재와 미래 사회에 어떠한 역할과 기능을 담당하느냐에 달려있는 것이다.

영국의 사학자 '아놀드 토인비(Arnold Toynbee)' 박사는 서구문명 사회에서 유일하게 동양에서 수입해야 할 것은 효문화라고 주장했다. 또한 미국 미래학의 대부, '짐 데이토(Jim Dator)' 하와이대 교수는 우리나라의 효사상을 "미래시대의 나침반"이라고 부르며 세계화해야 할 사회보장제도의 중핵이라고 주장한다. 또한 미국의 세계인류학자인 '마가릿 미드(Magaret Mead)' 박사는 한국 대가족제도를 후손에게 넘겨줘야 할 가장 아름답고 정감 있는 인류문화 중 하나라고 주장했다.

아무튼 우리 한국사상의 뿌리인 효사상과 문화를 세계적인 문화유산으로 바라본 것이다. 정신이 물질을 통제할 수 있는 사회를 만드는 것 이것이 중요하다. 그러한 관점에서, 실제 도덕적으로 실행하여온 한국의 정신문화의 우수성을 간파한 석학의 말씀이 아닌가 생각한다. 한국인이 해야 될 선택은 이제 확실해졌다. 효도하는 마음을 일깨워서 온 국민이 모두 행복해져야 하겠다. 개개인이 행복해져서 우선 가정이 행복의 보금자리로 바뀌어야 한다. 고통을 해결하는 방법 중에서 가장 빠르고 쉬운 것은 가정에서 가족과 함께 있는 것이다. 가정이라는 울타리 안에서 가족과 함께 있으면 경쟁의 압박에서 벗어날 수 있다. 그래서 한국인들에게 가족은 특별한 의미가 있다. 한국경제가 고도성장을 이룬 것도 건전한 가정에서 나오는 가족의 끈끈한 정에서 기인한다.

한국의 발전과 성공은 이 가정의 역할을 점차 확대한 것에서 찾을 수 있다. 회사가 가정이 되고, 회사동료가 가족이 된다면 그 회사는 무섭게 발전하고 엄청나게 성공한다. 우리나라 전체가 가정이 되고, 온 국민이 가족이 된다면, 우리나라는 위대한 나라로 거듭날 수 있고, 행복한 나라로 거듭날 수 있다. 한국인이 효도하는 마음을 회복할 때 한국 본래의 모습을 되찾을 수 있다. 한국이 본래 모습을 되찾게 되면 세상은 한국을 벤치마킹할 것이고, 그로 이해 세상이 행복한 세계가 될 것이므로 세계의 등불이 될 것이다.

이제 한국인은 정신문화를 똑 바르게 세워야 한다. 이제 한국이 나설 때가 되었다. 한국인이 본래 가지고 있었던 하늘마음인 '효사상'을 회복하는 일부터 시작해야 한다. 조상들이 구축한 문화민족의 기반을 토대로 시의에 맞게 재구성하여 국정의 초석을 바로 세워야 한다. 인성교육의 진흥과 그 인성이 인류평화에 기여하게 함이 본 연구의 목적이다.

어떤 사회든 국가발전을 위해서는 도덕성의 확립이 무엇보다 중요하다. 이에 한국이 세계의 선도국가로 발전하기 위해서는 도덕종주국으로 다시 도약해야 한다. 그 길을 우리의 역사와 전통문화 속에서 찾아 세계화 시대에 맞게 재수용해야 한다. 이 일이 시대의 소명을 다하는 길이요. 우리 민족이 가야 할 길이다. 우리의 전통적인 효사상과 효문화를 현대에 알맞도록 새로운 해석을 통하여 '경력단절 여성'들이 제대로 인식하고 공감할 수 있는 내용으로 개발하여 기본인성과 가치관을 심어주어야 한다.

연구자는 다음 내용을 제안하고자 한다. 첫째, 대가족제도의 문화를 계승하는 방안을 도출해야 한다. 그것을 위하여 ①"구세동거(九世同居)"[29] ②"동거계사(同居戒辭)"[30] ③"소아수지(小兒須知)"[31] 등 대동사회건설을 위한 각각의 교육방식에 대해 현실성 있는 방안 마련을 위한 토론 여건 등을 조성해야 한다.

둘째, 신사임당의 효행방식 모델을 현대에 맞게 재조명해야 한다. 이를 위하여『①사임당 호, ②북평 한시, ③매일 기도하는 마음』을 자신의 입장에서 작성하여 발표하도록 함으로써 '뿌리효문화'의 상호작용을 체험하고 가치를 공유하도록 해야 한다.

셋째, 직장인의 생애관리 측면에서 현대화된 효문화 행동방식을 자신에 맞게 자율적으로 결정하여 실천하도록 해야 한다.

그렇게 함으로써 이러한 현대화된 신사임당을 한국의 효의 시원국가로서의 위상을 세계인들에게 점차 이해시켜야 한다. 다시 말하면 한류로 흐르게 해야 한다. 이러한 세 가지 '효'에 대한 새로운 미래지향적 가치를 우리 모두가 공감하도록 한다면, 분명 달라지는 새로운 시대의 행복한 인성이 재창조 될 것이 확실시 된다고 확언해도 좋을 것이다.

---

29) 당나라의 장공예(張公藝)는 구대(九代)의 친족이 한 집에 모여 화목하게 살았다고 한다.

30) 조선 중기에 이이(李珥)가 집안의 화목과 우애 있는 생활을 하기 위하여 쓴 7개조의 가훈

31) '소아수지(小兒須知)'라는 말은 '어린 아동들이 반드시 알아야 할 일'을 가리킨다. 어린 아동들이 반드시 '알아야 할 일'이란 적극적으로 '해야 할 일'이 아니라 소극적으로 '하지 말아야 할 일'로 진술되어 있으며, 여기서 하지 말아야 할 일에 대한 처벌의 정당한 근거를 마련해 놓고 있다.

제7장

장례문화에 투영된 한국인의 효사상

박 대 수

(동국대학교 불교대학원 FBA 총동문회 수석 부회장)

1. 글의 시작

보건복지부가 발표한 2014 노인 실태조사를 보면 자녀와 동거하는 노인은 28.4%밖에 안 되며, 노인 부부끼리 사는 가구는 44.5%, 할머니 또는 할아버지가 혼자 사는 독거노인은 23.5%였다. 앞으로 노인들이 자녀와 따로 사는 비율이 늘어날 것이며, 100세까지 사는 시대에 자녀들이 아무리 효자, 효녀라 해도 부모의 은퇴 후 30년에서 40년 이상을 봉양하기를 기대하기는 어렵다고 본다.

OECD 국가 가운데 한국이 노인자살 1위, 노인 빈곤률 1위라는 좋지 않은 기록을 가지고 있다. 가족들의 돌봄도 받지 못하고 사회적 부양도 빈약한데 수명이 늘어난다는 것은 노인 난민의 폭증을 예고하고 있다.

노인들은 82.4%가 여가시간에 주로 하는 일이 TV시청이며 노인들이 갈 곳 없고 할 일 없어 공원이나 경로당에서 방치되고 있다.

노인들이 파트 타임으로 소일거리와 적당한 일거리를 할 수 있는 기회도 최대한 늘려줘야 하며, 또한 노인들이 시니어 대학을 다니고 음악을 연주하며 즐기면서 새 지식을 습득하고 다른 이들과 어울릴 수 있는 학습, 취미활동 프로그램을 많이 만들어 보급하여야 한다.

고독사(孤獨死), 이 말을 한 번쯤은 들어봤을 것이다. 이는 주변 가족이나 사람들과 단절된 채 홀로 살다 고독한 죽음에 이르는 것을 일컫는다. 가족이 있어도 친구가 있어도 이웃이 있어도 외면당한 사람들이 우리 사회에는 여전히 많다.

아름다운 죽음이 있다고들 하지만 여전히 우리사회에는 안타까운 죽음을 맞이하는 사람들이 많다. 공동체가 깨지고 1인 가구가 늘고 개인주의가 팽배한 사회에서 옆집 사람은커녕 고인의 가족들도 죽음을 외면하고 방치한다. 하물며 가족들이 있는데도 불구하고 홀로 죽음을 맞이하는 노인들이 가장 안타깝다. 자식이 있는데도 홀로 살아가다가 갑작스럽게 죽어 아무도 모른 채 방치된 사람들이 너무 많다.

고독사는 효사상이 없어지는 가장 근본적인 죽음의 문제다.

장례문화는 효의 근본이며 예(禮)이다. 죽음도 효의 실천이다. 공자는 효는 덕의 근본이라고 하였고 맹자는 섬기는 일 중에 어버이 섬기는 일이 가장 중대하다고 했고, 논어에서는 '죽은 자 섬기기를 산사람을 섬기듯이 하라'고 했다. 또한 유교에서 말하듯 다섯 가지 덕목인 인(仁), 의(義), 예(禮), 지(智), 신(信)도 효심에서 출발 된다는 것이다. 공자는 덕치주의의 바탕인 가족제도를 더욱 튼튼하게 하기 위하여 끊임없이 효도를 강조했으며 부모 섬기기를 하늘 섬기듯이 하라고 하였다.

여기서 부모와 하늘이란 개념을 같은 개념으로 사용하여 인간사이의 관계를 인륜(人倫)이라고 하지만 부모와 자식의 관계를 천륜

(天倫)이라고 하는 것이 바로 효를 유교적 차원에서 나타낸 것이라고 하겠다. 이러한 효의 유교사상에서 죽음에 대한 유교의 독특한 이해와 연결되어 부모생시의 효가 죽은 후에도 계속되어 조상숭배인 제사로 나타나게 되었다. 사후에 대한 유교의 사상은 인간이 죽으면 혼과 백으로 갈라져 백은 땅으로 들어가고 혼만이 위로 올라가는데 정당한 제사는 이 혼과 백을 합하는 극치를 이루어 죽은 사람의 여생을 당분간 이나마 연장시키는 효력을 가지고 있다고 믿었다. 그러므로 제사가 끊어지면 조상들은 주로 죽는다는 것으로 생각했다.

뒤를 이을 아들이 없어 조상의 제사를 끊는 것이 가장 큰 불효라는 맹자의 말은 사후의 효도를 중요시하고 있음을 보여주고 있다.

여기서 유교적 조상제사는 효가 그 근본정신을 이루고 있으며 살아계신 부모께 대한 효성을 말하고 있을 뿐만 아니라 부모가 돌아가신 이후에도 끊임없이 효를 표현하는데 그 근본정신이 있다고 보아야 할 것이다.

본 연구는 전통 유교적 장례의 절차를 중심으로 상장례에서 발현되는 효의 특성과 장례문화에서 발현되는 효문화적 특성을 고찰하는데 목적을 두고 있다. 먼저 본문은 한국의 유교적 상례의 절차를 살펴보고, 과정 속에서 드러난 효의 실현과 특성을 규명한다. 장례의 절차로 돌아와서 절차상으로 변화된 점을 살펴보고 중심 논점으로 '간소화'를 확인하여 효의 간소화와 그로인해 변모된 효의 특성을 재 규명한다. 종합적으로 장례는 '간소화'를 통하여 전통사회에 비해 개인의 효의 실현 영역이 줄어들었고 상업화가 강조되었음을 확인한다. 연구의 결과적인 측면에서 장례에서의 효문화는 '시간적 공간적으로 간소화된 효', '조문(弔問)을 중심으로 하는 효의 실천', '물질적인 효를 강조 하는 사태' 등으로 압축된다. 또한 물질주의와 장례의 간소화라는 사회변화 속에서 효문화의 온전한 실천을 위해서는 개인보다는 장례를 진행하는 전문가(장례지도사)와 장례문화를 선도하는 사회문화(지도층)의 역할이 더 핵심이 된다는 점을 강조한다.

2. 전통 장례문화

1) 상례(喪禮)의 의미

상례(喪禮)는 죽음을 처리하는 과정에서 행해지는 의례로서 사람이 태어나서 마지막으로 통과하는 관문이 죽음이고, 이에 따르는 의례가 상례이다.[32] 그런데 죽음을 다루는 의례를 사례(死禮)라 하지 않고 상례(喪禮)라 한 것은 예기의 논설에 따른 것으로 서민들은 육신이 썩는다를 사(死)를 쓰고, 군자는 사람노릇이 끝난다고 하여 종(終)이라 하였는데,[33] 사와 종의 중간의 의미를 택하여 없어지다는 뜻의 상(喪)을 사용한 것이라고 한다. 즉 상은 기망(棄亡)에서 나온 말로서, 없어져서(亡) 운다(哭)는 의미(哭+亡)로 풀이하고 있다.[34]

상례란 시신을 다루어 처리하는 일뿐만 아니라 죽은 사람의 영혼은 물론 죽은 사람과 관계가 있었던 살아 있는 사람이 시신의 처리

32) 김시덕, 「한국상례문화의 이해」, 『한국의 전통상례』, 2009, 동국대, 1쪽.

33) 『禮記』, 「檀弓」上, "君子曰終, 小人曰死. 吾今日基庶幾乎"

34) 諸橋轍次, 『大漢和辭典』, 大修館書店, 1908.

과정 전후에 가져야 할 태도에 대한 규정 등을 하나의 연속된 절차로 시행하는 것을 의미한다.[35)] 따라서 유교적 상례 속에서 각각의 절차를 통해 죽음의 의미를 파악할 수도 있다.

모든 상기(喪期)가 다 끝날 때까지의 과정 즉 근친들이 그 죽음을 애도하고 근신하면서 복(服)을 입는 것과, 약 3년이라는 일정기간이 지난 후 평상 생활로 돌아갈 때까지의 각종 의식절차가 상례이다.

유교에서의 상·장례는 '마지막을 신중히 하려는 것'으로 상례의 절차는 사자가 소생하리라는 믿음을 바탕으로 이루어진다. 상례 중의 생자의 사자에 대한 행위규정은 기본적인 생활조건에 대한 것으로, 유교 상례의 기본의의인 '돌아가신 부모 섬기기를 생존 시와 같이 하여야 한다.'는 뜻을 반영한 것이다. 상례의 과정은 자식의 죽은 부모에 대한 죄의식을 기조로 하고 있다. 이러한 죄의식으로 인하여 자식은 부모에 대한 공경을 상·장례를 통하여 사후에도 계속하며, 부모의 죽음을 거부함으로써 부모에 대한 봉양의무를 인식하여, 부모의 사망에 따른 경제적 이득을 부정한다.

즉 못다 한 효를 돌아가신 후에 보상하고 부모에 대한 자식의 계속적인 의무를 강조함으로써 죄의식을 경감시키는 것이다.

2) 상례 절차

전통의 상례문화는 유교적 방식에 따라 임종(臨終)에서 탈상(脫喪)까지 전 과정으로 치러지며 매우 엄숙한 예식이었다. 과거에는 죽음을 현세의 영혼이 타계로 옮겨간다고 믿었으며, 이러한 믿음이

---

35) 한국정신문화연구원, 『한국민족대백과사전 19』, 1992, 165쪽.

의례의 일정 행위로 표현되었다. 따라서 전통 상례의 절차는 매우 복잡하고 정교하게 진행되었다. 상여(喪輿)행렬의 긴 줄을 이어 망자의 가는 길을 함께 해줌으로써 생전에 함께 지냈던 모든 이들이 함께한다. 이는 과거 농경사회의 지역 주민들 간의 정을 나누고 상부상조하였음을 드러내는 것이다.

(1) 상복(喪服)과 기간(期間)

상례는 친소에 따라 그 절차와 기간이 다르다. 그렇게 때문에 상주들은 오복(五服)제도[36]에 따라서 상복을 입게 되고, 그에 합당한 기간 동안 복을 입는데 친한 사이일수록 상복이 거칠고 기간도 길다. 이와 같은 제도를 만든 것은 분명 인간의 정을 중시하는 의식과 은혜에 보답한다는 보본의식(報本意識)이 내재된 것으로 보인다.

생자와 망자의 사이가 가깝고 친한 사이일수록 거친 상복을 입는 것은 망자를 잃은 슬픔을 강하게 표현하는 것이다. 또한 복을 입는 기간이 긴 것은 가까운 사이에 쌓인 정을 쉽게 져버릴 수 없기 때문에 시간이 지나면서 서서히 아픔을 줄여가는 방식을 채택한 것이다. 따라서 시간의 흐름 속에서 자연스럽게 인정하고 받아들일 수 있는 기간이 필요하며, 이를 통해 자식의 정신적 충격을 완화시켜주는 역할도 한다.[37]

(2) 복(復) : 초혼(招魂)

임종 직전에 주변을 깨끗하게 정돈하고, 속광(屬纊)[38]을 통해 임

36) 오복의 제도는 참최(斬縗), 재최(齋縗), 대공(大功), 소공(小功), 시마(緦麻)로 구분된다.

37) 최영갑, 「유교의 상장례에 담긴 죽음의 의미」, 양명학 제19호,2007. 400쪽.

38) 임종 때 솜을 코 밑에 대어 숨이 지지 않았나를 알아보는 일을 말한다.

종이 확인되면 생자는 곡을 하며 슬픔을 나타낸다. 그리고 고복(皐復)을 통해 초혼의 절차를 밟는다. 이러한 절차는 인간이 죽으면 혼백이 분리되어 천지로 돌아가기 때문에 혼백이 다시 하나로 합해져 살아나기를 희망하는 생자의 간곡한 마음을 표현한 것이다.

유교에서의 인간생명에 대한 인식은 인간의 육신은 죽음과 더불어 땅에 묻히어 점차 흙으로 돌아간다. 육신은 사후에 백이라 하여 땅으로 돌아간다면, 마음은 죽은 다음에 공중에 혼으로 떠돌게 되고 백과 마찬가지로 서서히 허공중에서 녹아 사라진다고 본다.[39)]

(3) 수시(收屍)와 습염(襲殮)

'수시'란 깨끗한 솜으로 입과 귀와 코를 막고 시신을 반듯하게 펴주는 절차를 말한다. 시신을 깨끗하게 유지하는 것은 생자의 도리요, 조문객을 위해서도 반드시 필요한 절차이다. '습의'는 시신에 옷을 입히는 것이고, 염의(殮依)는 시신을 싸는 것이다. 염은 소렴과 대렴으로 구분되는데 소렴은 운명한지 이틀째에 대렴은 삼일 째 되는 날에 행하는데 입관을 하는 의식이다. 삼일 만에 염을 하는 것은 다시 살아나기를 기다리는 절차로서 생자의 간절한 마음이 담긴 의식이다. 또한 시신을 깨끗하게 목욕시키고 염습 등의 절차를 행하는 것은 시신을 보호하려는 자손의 마음이 담긴 행위이다.

(4) 상중제례(喪中祭禮)

시신을 땅에 묻는 절차를 끝내고 반곡(反哭)을 행하며 집으로 돌아와 제사를 지내는데 이것을 우제(虞祭)라고 한다. 우제는 초우(初

39) 장하열, 강성경, 「한국의 전통상례와 죽음관 연구(1) - 임종을 전후한 죽음의 인식-」, 『종교교육연구』, 한국종교교육학회, 2000, 271쪽.

虞), 재우(再虞), 삼우(三虞)를 행하기 때문에 삼우제라는 명칭으로 알려져 있다. 우제를 행하는 이유는 백이 땅에 묻혀 자연으로 돌아갔지만 혼은 갈 곳이 없어 방황한다고 생각하여 혼을 불러 세 번 제사를 지내고 편안하게 모시는 것이다.

우제 이후 졸곡(卒哭)을 행하고 조상이 계신이 사당으로 신주(神主)를 모시는 부제(祔祭)를 행하게 된다. 신주는 망자의 혼이 의지하는 물건으로 만자를 대신하는 상징물이다. 이렇게 부제를 통해서 새로운 신주가 만자 계신 조상들의 사당에 들어가게 되면 가장 윗대의 신주는 밖으로 옮겨지게 되거나 태워지게 된다.

주자가례, 사례편람(四禮便覽) 의 상례편(喪禮篇)은 크게 나누어 초종(初終), 습(襲), 소렴(小斂), 대렴(大斂), 성복(成服), 조문(弔問), 문상(聞喪), 치장(治葬), 천구(遷柩), 발인(發引), 급묘(及墓), 반곡(反哭), 우제(虞祭), 졸곡(卒哭), 부제(祔祭), 소상(小祥), 대상(大祥), 담제(禫祭), 길제(吉祭)의순 서로 되어 있다. 이것을 상례 절차를 따라서 보기로 하자.

① 초종(初終): 갓 돌아갔을 때 죽음을 맞는 절차

초종에는 임종 준비, 초혼, 수시, 상례 시의 역할 분담, 관의 준비, 부고 등이 포함된다. 먼저 운명이 가까우면 정침(正寢)에 모시고 솜을 코 위에 놓아 호흡 여부를 확인한다. 이어 숨이 멎으면 홑이불로 시신을 머리까지 덮고 남녀 모두 곡하며 가슴을 친다. 옆에 모시고 있던 이가 죽은 사람이 평시에 입던 홑두루마기나 적삼의 웃깃을 왼쪽에 메고 지붕에 올라가 사자의 생시 칭호로 북쪽으로 향하며 고인의 이름을 3번 부른다. 다 부르고나면 옷을 걸어 내려

와서 그 옷을 시신에 덮는다. 남녀들 모두 곡하며, 가슴 치기를 무수히 한다. 집사가 장막을 쳐서 시신을 가리고 시신은 시상(屍床)에 올려놓는다. 이를 고이고, 발을 나란히 묶어 맨다. 상주는 맏아들이 되며 없을 때에는 장손이 된다. 주부(主婦)는 죽은 사람의 아내가 되며, 없을 때는 상주의 아내가 된다. 이어 호상(護喪)과 축관(祝官), 사서(司書), 사화(司貨) 등을 선정한다. 가족들은 옷을 바꾸어 입고 식사를 하지 않는다. 삼일 동안은 집에서 불로 한 음식을 먹지 않는다. 집사가 상위에 보통 찬을 차리고 축관이 술을 따른다. 이것이 시사전(始死奠)이다. 상주나 주인들은 슬픔에 쌓여 겨를이 없기 때문에 친히 전(奠)을 올리지 못한다.

이어 관 준비를 하고 사당에 고한 다음 부고를 한다.

② 습(襲): 옷으로 시신을 싸는 일

죽은 이를 깨끗이 한 뒤 일체의 의복[壽衣襚衣]을 갈아입히는 절차를 습이라 한다.

순서는, 우선 '습의 준비단계'로, (먼저 집사가 휘장과 상을 설치하고 시신을 옮기고) 구덩이를 파놓는다. 그 다음에 수의를 진열해 놓고, 목욕, 반함 기구를 준비한다. 그 다음에 '습의 시행단계'로 먼저 목욕을 시킨다. 그 다음에 습을 한다. 먼저 시신의 자리를 마루 중간으로 옮기고, 전을 차린 다음, 주인 이하가 제 자리에서 곡을 한다. 다음 시신의 입에다 쌀이나 진주, 돈을 물리는 반함을 한다. 시자는 습을 마치고 이불로 시신을 덮는다. 이렇게 습이 끝나면 화톳불을 놓고, 영좌(靈座)를 설치하고 혼백(魂帛)을 마련한다. 다음 명정(銘旌)을 세운다, 불공은 드리지 않고, 이때부터 친한 친구나 가까운 사람이 들어와 비로소 곡을 해도 된다.

③ 소렴(小斂, 小殮): 작은 이불로 시신을 싸고 끈으로 묶는 절차

염(殮, 斂)이란 말은 '염한다', '거둔다', '감춘다' 라는 뜻이다. 운명한 그 다음 날 시신의 몸을 베로 싸서 묶어 관에 넣을 수 있도록 준비하는 의례이다. 우선 일을 주관하는 집사자가 소렴의 옷과 이불을 진설하고, 전을 마련한다. 이때 머리카락을 여밀 삼줄, 부인 머리를 틀어 얹을 수질 삼줄 등을 준비하고, 소렴의 상과 매듭이 있는 염포와 이불 옷을 진설한 다음, 습전을 옮긴다. 마침내 소렴을 한다. 주상과 주부는 시신에 기대어 곡하며 가슴을 친다. 이때 왼쪽 소매를 벗고 머리를 묶어 상투를 하고 관을 벗고 통건을 쓰고 별실에서 쪽지를 다시 튼다. 상주는 별실에서 돌아와 시신의 상을 당 중앙으로 옮긴 다음 전제를 올린다. 곡하되 슬픔을 다하도록 하고, 대곡을 계속하여 곡성이 끊이지 않게 한다.

④ 대렴(大斂): 큰 이불로 시신을 싸고 묶는 절차

소렴한 다음날, 즉 돌아가신지 사흘 째 되는 날에 대렴을 한다. 대렴은 문자 그대로 작게 염한 소렴을 크게 하는 것이다. 우선 집사자가 대렴에 쓰일 옷과 이불을 진설한다. 다음 전

제의 기구를 준비하는 데 소렴 때와 같다. 관을 들어 대청 중앙의 조금 서쪽에다 놓은 다음, 대렴을 한다. 대렴이 끝나면, 관의 동쪽에 영상을 설치하고, 모든 일을 평소처럼 해 드린다. 이에 전을 설치하는데 소렴 때의 의식과 같다. 끝난 다음 주인 이하가 각기 중문 밖의 허름한 방을 택해서 거상하는 자리로 간다. 그리고 이때부터 대

리로 곡하는 것을 중단하게 하며, 아침저녁의 곡을 시작한다.

⑤ 성복(成服): 상복 입는 절차

대렴한 그 다음날, 즉 돌아가신지 나흘 째 되는 날에, 주인・주부 이하 유복자는 복자의 구분에 따라 상복을 입는다. 상복을 입는 기간은 혈연관계의 친소에 따라 ❶참최(斬衰)는 3년 ❷자최(齊衰)는 3년, 자최장기(齊衰杖朞), 자최부장기(齊衰不杖朞)는 1년 ❸대공(大功)은 9개월 ❹소공(小功)은 5개월 ❺시마(緦麻)는 3개월, 심상(心喪)은 3년 등으로 되어 있다. 이것을 오복이라 하며 상복도 재료가 다르다.39) 성복이 끝나면 조석으로 상식하며 상제들은 비로소 죽을 먹고 슬퍼지면 수시로 곡을 한다. 성복전에는 손님이 와도 빈소 밖에서 입곡하고 상제와의 정식 조문은 하고 있지 않다가 성복 후에 비로소 조례가 이루어진다.

⑥ 조문(弔問): 조문 함

☞조문의 순서

① 조문객이 이미 명함을 냈으면 상가에서는 촛불을 밝히고 자리를 깔고 모두 곡하면서 기다린다.

② 호상이 나아가서 조문객을 맞이한다.

③ 조문객이 들어와 대청에 이르러서 읍하면서 말한다. 듣자옵건대 ○○분께서 돌아가셨다고 하니, 놀라고 슬프기 이를 데 없어서, 감히 들어가 뇌(酹)하고 아울러 위로하는 정을 펴고자 합니다.

④ 호상이 조문객을 안내하면 영좌 앞에 들어가 곡을 하고 슬픔

을 다한다.

⑤ 조문객은 두 번 절하고 향을 사르고, 무릎을 꿇고 술을 따르고 엎드렸다가 일어나면 호상이 우는 사람을 그치게 한다.

⑥ 축관이 서향해서 무릎을 꿇고 제문과 전장(奠狀), 부장(賻狀)을 조문객의 오른쪽에서 읽는다.

⑦ 축관이 읽기를 마치고 일어나면 조문객과 상주가 모두 곡하며 슬픔을 다한다.

⑧ 조문객이 재배한다.

⑨ 주인이 곡하면서 나와 서향하여 이마를 땅에 대고 두 번 절한다.

⑩ 조문객이 또한 곡하면서 답배하고 나아가 말한다. 뜻밖의 몹쓸 변고로 ○○친속 ○○벼슬께서 갑자기 돌아가시니 생각건대 슬프고 사모함을 어찌 견디시겠습니까.

⑪ 상주가 대답한다. 제가 죄가 깊어 화가 ○○친속에게 미쳤음에, 가져다주신 전과 뇌를 엎드려 받자옵고, 도 아울러 오셔서 위로함을 내려주시니 서글픈 느낌을 견뎌낼 수 없습니다.

⑫ 상주가 또 두 번 절하면 조문객이 답배한다.

⑬ 또 서로 마주 보고 곡하며 슬픔을 다한다.

⑭ 조문객이 먼저 곡을 그치고 상주에게 달래기를, 명의 길고 짧음은 다 운수가 있으니, 몹시 슬퍼한들 어쩌겠습니까? 부디 상주의 생각을 억누르시고 굽혀 예법을 따르십시오. 라고 한다.

⑮ 조문객이 읍하고 나아가면 상주는 곡하면서 돌아가고 호상은 대청까지 전송한다.

⑯상주 이하 곡을 그친다.

⑦ 문상(聞喪): 초상났음을 들음

상주가 멀리서 초상났음들 듣고 해야 하는 일, 성복하는 일시 등에 대한 절차이다.

⑧ 치장(治葬): 장사지낼 터를 조성함

치장은 기일에 앞서 장지를 택하고 묘광을 만드는 일을 말한다.

⑨ 천구(遷柩): 영구를 옮김

발인 전날 아침에 조전을 올리면서 영구를 옮기고 조상에게 인사하는 절차를 말한다.

⑩ 발인(發引, 發靷): 사자가 묘지로 향함

영구를 상여에 싣고 묘소로 향하는 절차이다. 발인하는 순서는 방상씨->명정->영여>만장->공포->운아삽->상여->상주->복인->무복지친->조객

⑪ 급묘(及墓): 무덤에 도착 함

급묘는 (상여가) 묘소에 도착하여 장사지내기 위한 일을 말한다.

⑫ 반곡(反哭): (묘소에서) 신주를 모시고 집에 돌아와서 곡을 함

반곡은 신주를 모시고 집으로 돌아와 곡을 하는 것이다.

⑬ 우제(虞祭): 우제를 지냄

우는 '편안하다', '쉬게 한다.'라는 뜻이다. 이미 부모의 장사를

지내고 정령을 맞이하여 집에 돌아와서 죽은 이의 넋을 빈소에서 제사하여 편안하게 하는 것이다. 곧 우제는 돌아가신 이의 혼령을 편안하게 해드리기 위해 지내는 제사이다. 우제는 초우, 재우, 삼우가 있다.

⑭ 졸곡(卒哭): 아침저녁 이외의 곡을 그침

졸곡은 무시곡(無時哭)을 마친다는 뜻이다. 초상이 나면 장례식을 마치고 우제가 끝날 때까지는 때와 장소를 가리지 않고 슬픈 감정이 일면 소리 내어 슬피 우는 것을 허용한다. 그러나 삼우제를 지낸 후 강일을 만나며 졸곡한다. 즉 때와 장소를 가리지 않고 우는 것을 그만 그쳐야 한다.

⑮ 부제(祔祭): (망자의 신주를) 합사함

부제사(祔祭祀)는 졸곡 다음날 지내는데, 사자를 이미 가묘에 모신 그의 조(祖)에게 부(祔)하는 절차이다. 즉 부라는 말은 합장한다는 뜻이다. 마침내 죽은 이의 넋이 조상의 사당에서 조령(祖靈)으로 합쳐져서 제사지내는 의례이다. 졸곡례를 한 다음부터는 드디어 넋은 신으로 제사지내기 때문에, 사당(祠堂)에 새 신주(神主)를 모시는 제사를 지내는 것이다. 그렇기 때문에 졸곡의 제사를 물린 뒤에 곧바로 그릇을 늘어놓고 제물을 마련한다. 기물은 졸곡 때와 같으나 다만 사당에 진설한다는 점이 다르다. 일단 부례까지가 흉례(凶禮)가 된다. 이 행사를 마치면 다음에 이어지는 의례는 모두 길례(吉禮)이다. 그렇기 때문에 이 행사에 따라 모든 장례와 관련되어 이어진 행사가 끝남을 인정받게 되는 셈이 된다.

⑯ 소상(小祥): 기년(忌年)을 맞아 고인을 추모하는 제사

삼우제, 졸곡제 다음의 부제에 의하여 죽은 이의 넋은 드디어 영험 있는 조상의 영혼 위치에 들어선다. 소상은 돌아가신 지 만 1년 뒤인 초기일에 거행한다. 초상으로부터 윤달은 계산하지 않고 13개월이 되는 날이다. 소상의 '소'라는 말은 삼회기에 해당하는 대상의 '대'와 상대되는 개념이다. 그리고 '상'이라는 말은 '다행', '행복'이라는 뜻이다. 그러므로 '상'은 길(吉)이라고 풀이한다. 장사를 끝내고 조상의 영혼이 사당에 안치되어 제사를 받으므로 흉례가 아닌 길례가 되는 것이다.

⑰ 대상(大祥): 돌아가신 지 2년째에 고인을 추모하는 제사

돌아가신 지 2년 만에 대상을 지낸다. 초상부터 여기까지 윤달은 세지 않고 모두 25개월만이다. 또한 두 번째 기일로서 제사를 지낸다. 3년의 상은 25개월로 끝나니, 애통하는 것이 다하지 못하고 사모하는 마음을 잊을 수가 없지만, 죽은 이를 보내는 일에 끝이 있고 생시로 돌아오는 일에 절도가 있기 때문에, 대상을 통해서 마감하는 것이다. 의식 절차는 소상 때와 거의 같다.

⑱ 담제(禫祭): 평상의 상태로 돌아가기를 기원하는 제사

담은 담담하니 평안하다는 뜻이다. 담제는 삼년상을 무사히 마쳤다는 뜻으로 지내는 제사이다. 상복을 벗고 평상생활로 돌아오는 의례인 셈이다. 담제는 대상을 지낸 다음 다음달, 즉 27개월 째 되는 달의 정(丁)일이나 해(亥)일에 사당에서 거행한다.

⑲ 길제(吉祭, 士虞禮): 신주의 대(代)를 바꾸는 절차

길제는 상기가 끝나 예법에 따라 신주를 사당에 옮기는 의례이다. 담제 다음 달에 지내는데, 평상제복인 길복을 입으며, 이후부터는 부인과 같이 지낼 수 있다.

3. 한국인의 효사상 형성

1) 효의 개념과 본질

효란 무엇이며 어디로부터 유래되었는가? 인류가 삶을 살아오면서 오늘에 이르기 까지 효는 인간이 삶을 살아가는데 있어서 기본이 되는 윤리 도덕의 뿌리를 이루고 있으며 사상과 철학의 근간을 이루고 있다. 이는 공자의 사상의 인을 이루는 태동이 하늘의 명을 따라 순응해야 하고 부모에게 효를 다해야 함을 첫걸음으로 가르치고 있다. 효경에 보면 "어버이를 사랑하지 않으면서 타인을 사랑하는 것은 어긋난 도리요 어버이를 공경하지 않으면서 타인을 공경하는 것은 어긋난 예"라고 가르치고 있다.

『명심보감』에 보면 “자식을 길러본 다음에야 부모의 은혜를 알 수 있고 출세한 다음에야 비로소 다른 사람의 고생을 알 수 있다”고, 가르치고 있으며 효가 무엇인가를 우리들에게 가르쳐준 좋은 교훈들이다, 그러나 이러한 윤리와 도덕의 실체가 되는 효가 시대적 상황과 문화의 변천에 따라 변하고 있고 오늘날에는 뒷걸음을 치면서 사회의 모든 방면에 역기능으로 나타나면서 삶을 어둡게 하는 현실은 보면서 안타까움을 금치 못하고 있다

2) 효의 변천과정

(1) 삼국시대의 효사상

삼국시대의 효 사상의 시작은 중국에서부터 유교가 전래되면서부터 시작 되었다. 이것이 우리나라의 유교의 시작이었으므로 동시에 효와 충의 시작이었다고 볼 수 있다.

유교사상의 도입은 고구려 건국 초부터 시작되었다. 고구려는 한자어를 사용하였고 한자의 도입은 문자를 사용하는 것만을 의미하는 것이 아니다. 한자에 담겨 있는 유교적 의미를 가진 문자를 사용하는 것이었고 자연스럽게 그 정신이 고구려에 스며들게 되는 것이다.

국가가 통치이념을 유교에 두는 것은 개인에서 사회로 사회에서 국가로 긴밀하게 연결시킬 수 있는 것이 충과 효의 이념인 유교가 좋기 때문이다. 효에 대한 관념으로 인해서 조상을 숭배하게 되었고 충에 대한 관념으로 인해 나라에 헌신하게 되는 것이다.

고구려에서는 소수림왕 2년 때 경당이 설립되었다. 이 경당은 지방 구석구석까지 세워졌다. 따라서 지방 깊은 곳까지 유학을 가르칠 수 있었고 이렇게 교육 받은 사람들이 정계에 나가서 일을 하는 것이다. 이는 인간의 기본적인 덕목인 효사상을 바탕으로 사회의 이념을 이어나가고 유지하려는 노력이라고 할 수 있다. 고구려 조정에서도 천거 받아 인재를 뽑을 때 무엇보다 효를 행하는 사람을 우선시 하여 그의 사람됨을 중요하게 여겼다. 대조와 유리왕도 홀아비와 과부 자녀 없는 노인들에게 자립할 수 있는 물자를 지원하였다.[40)]

---

40) 최한경, 「한국의 효사상 연구」, 공주대학교 대학원, 2001.

백제는 유교 교육기관으로 교육한 것은 문서로서 남아 있지 않지만 효에 대한 중요성은 강조하였다. 백제에는 박사라는 직책이 있었다. 박사는 경전에 정통한 사람을 통해서 유교에 대한 교육을 짐작할 수 있다. 중국에서 한무제 때 오경박사제도가 성립되었다. 이것이 백제에 전해졌는데 백제는 이러한 제도를 통하여 유학을 백제의 특색에 맞도록 체계화 시켰다.

이렇게 체계화 된 유학을 일본에게 전파하여 일본의 고대문화를 발전 시켰는데 큰 의의가 있다. 백제의 비류왕은 힘없고 불우한 노인들을 위해서 구민정책을 실시하여 효에 대한 노력을 보였다.[41)]

신라에서는 다른 나라에 비하여 뒤 늦게 유학이 들어왔다. 신문왕 2년 한문 교육기관으로 국학(國學)이 세워졌다. 이 국학에서 인과 충을 중시하는 논어나 효사상을 강조하는 효경을 필수과목으로 중요하게 여겨서 교육에 힘을 썼다. 이는 유교적인 효에 대한 중요성을 인식하였다고 볼 수 있다. 신라에서는 무엇보다 효라고 하면 화랑도를 대표적으로 들 수 있다. 화랑도의 근본정신은 충사상과 효사상이기 때문이다. 신라 진평왕 때 승려 원광이 화랑에게 일러준 다섯 가지 계율인 세속오계가 있다. 세속오계의 두 번째가 사천이효(事親以孝)이다. 화랑도 역시도 효라는 항목을 중시하였고 이에 따라 교육을 받음으로서 나라의 효사상을 확립시키는데 이바지 하였다.[42)]

---

41) 최한경, 전게논문, 2001.

42) 최한경, 전게논문, 2001.

(2) 고려시대 효사상

고려시대에는 기본적으로 불교가 국교(國教)였던 시대였다. 따라서 사회적 분위기나 통치의 원리가 불교와 밀접하게 관련되어 있었다. 숭불정책에 따라서 유교의 정신이 크게 반영되었고 신라의 효를 받들어서 고려만의 새로운 효사상을 만들어 내지는 못했다. 하지만 비록 국교가 불교라고 할지라도 고려는 유교를 완전히 저버리지 않았다.

고려는 나라를 다스리는 원리를 유교에서도 찾으려 하였다. 불교는 하나의 종교적으로 의지하였고 유교는 사회적으로 나라를 다스리기 위하여 사용되었다.

즉 불교와 유교가 공존하는 시대였다. 고려시대 최승로가 성종에게 바친 상소문을 보면 고려의 정신 사상을 볼 수 있다. 상소문 내용은 불교는 수신의 근본이고, 유교는 치국의 원천입니다. 수신은 내세를 위한 바탕이요, 치국은 금일의 실무입니다. 라고 올려졌다.[43)]

이와 같이 불교는 수신을 정신으로, 유교는 나라를 다스리기 위한 정신으로 받아 들여졌다고 볼 수 있다. 고려는 유교적 효를 교육하기 위하여 노력을 하였다. 고려시대의 유교의 정착은 성종 때 활발하게 이루어졌다. 성종 때 십이목에 경학박사를 두면서 교서를 내려 재능과 인격을 겸비하여 임금을 섬김은 충의 시작이요, 입신양명하여 부모를 드러냄은 효의 종이다 라고 하며 충과 효의 교육에 힘을 썼음을 알 수 있다. 또한 고려는 최고의 교육기관으로서 국자감을 만들었다. 국자감에서는 논어와 효경을 필수 과목으로 지

43) 이의섭, 「전통효사상의 현대적 고찰」, 영남대학교 교육대학원, 2002.

정함으로 유교 교육을 제외하지 않았다. 국자감 이외의 교육기관인 향교, 학당, 도, 서당에서도 유교 교육을 행하여 졌다. 부모님께 효도하는 사람은 이웃 노인을 공경하는 법이라고 강조하면서 전국에 있는 80세 이상의 노인들에게 생활물자를 하사함으로서 경로사상을 강조하였다.[44)]

뿐만 아니라 고려에서는 정종 때 효행을 위하여 휴가제도를 시행하였다. 이는 효를 행하는 자를 위한 국가적 배려라고 볼 수 있다. 관리의 부모가 멀리 떨어져 있는데 그 부모가 그 관리를 보기를 원한다면 20일 동안의 휴가가 주어졌다.

현종11년에 부모가 80세 이상이면 군역(軍役)을 면하여 부모를 봉양하게 하였고 문관 또는 무관의 부모가 70세 이상이면 외관으로 보직하지 않았으며, 그 부모가 병이 나면 200일이라는 긴 시간의 휴가를 주었다. 이는 효를 장려하면서 정부의 관리들로부터 효를 행하는 모범이 되어 사회적으로 효사상을 전파하는데 있다고 볼 수 있다.[45)]

고려에서는 또한 효행자를 표창하는 제도가 있었다. 효행자에게 주과, 표백 등의 포상을 내렸으며, 조세감면이나 부역의 면제 또는 신분상의 해방이나 승진 등의 큰 상을 베풀면서 사회적으로 효의 실천을 장려하였다. 또한 중국에서 호렴제를 도입하여 관리를 임용할 때 효를 행한 자를 높여 평가하였다. 하지만 고려는 숭불억제 정책과 불교를 중시하는 사회였다. 뿐만 아니라 무신의 난과 농민봉기, 외침으로 인해 사회가 흔들리고 효사상이 많이 사라진 시기

44) 이의섭, 전게논문, 2002.

45) 이의섭, 전게논문, 2002.

가 있었다. 고려 후기에 이르러서 주자학이라고도 불리는 성리학이 들어와 고려에 유교가 더욱 공고히 자리 잡기 시작하였다. 성리학은 충과 효사상을 심화적으로 이론화시켜 놓은 것으로 고려 후기와 조선의 유교사상의 발전에 크게 기여하였다.

(3) 조선시대의 효사상

조선은 고려 말에 등장한 주자학적 유교를 건국이념으로 채택하였다. 고려 말의 사회적 혼란을 정리하고 새 왕조의 건국의 정당화를 위해서 조선은 충과 효를 중시하는 유교를 자연스럽게 받아 들였다. 유교를 받아들여 중앙집권제를 완성하려고 한 것이다. 이런 배경으로 인해 조선 사회는 유교적 뿌리를 둔 사회로 발전하게 되었다.

조선시대에는 정부의 승유억불정책에 의해서 자연스럽게 사회 전반적인 분위기가 효와 충을 중시하는 사회가 되었다. 따라서 계급을 막론하고 양반에서 일반 백성까지 효와 충을 행하기 위해 노력하였다. 최고의 교육기관인 성균관과 서울의 4부학당, 지방 향교와 서원 등 유교교육에 크게 힘을 썼으며 가례를 비롯한 여러 가지 예제가 정비되었다. 법 역시 그 자체가 만들어졌다. 비윤리적 행동을 처벌하고 유교를 보급하기 위해서 경국대전과 다른 많은 법전들이 만들어졌다. 또한 고려 때와 비슷하게 효자, 효부, 효녀 등의 부모를 잘 모시며 효의 모범을 보인자들에게 표창을 하는 등의 사회적 유교확산을 도모하였다.[46)]

조선시대는 향약제도가 갖춰졌는데 이를 통해서 조선 지방 깊은

46) 우기정, 「조선시대의 효사상 연구」, 영남대학교 대학원, 2008.

곳까지 유교가 전파될 수 있었다. 이렇게 다각적인 노력으로 인해서 조선시대는 효의 꽃을 피운 시기라고 할 수 있다. 조선에서는 세종조에 계순 등이 편찬한 삼강행실도, 중종조의 조신이 편찬한 이륜행실도, 광해조에 유근이 편찬한 동국신속삼강행실, 정조조에 이병모가 전기 삼강행실도와 이륜행실도를 합하여 개편한 오륜행실도 등이 발간, 반포되었다. 이것들의 내용은 효자, 충신, 열녀의 순서로 기록되어 있다는 특징을 가지고 있어 조선시대에 있어서 효가 정치적 사회적 질서의 근본적인 규범관념으로 인식되고 있었음을 보여주고 있다. 유교의 사상적 특성이 윤리의 강조에 있었으며 유교윤리의 내용은 삼강오륜으로 나타난다. 결국 삼강오륜의 내면화 교육이라 할 수 있는 것이다.[47)]

이런 조선의 유교사상에 맞게 율곡 이이가 격몽요결을 저술하였다. 이후 조선시대의 기초적, 입문적 유교교육원리를 제시한 책이 되었으며 격몽요결의 사친장(事親章)을 살펴보면,

"사람이 어버이에게 효도해야 한다는 것을 모르는 이는 없으되, 실제로 효도를 하는 이가 매우 드문 것은 어버이의 은혜를 깊이 알지 못해서이다. 시경에 이런 말이 있지 않은가. "아버지는 나를 낳으시고 어머니는 나를 기르셨으니, 이 은덕을 갚고자 해도 하늘과 같이 넓고 끝이 없도다.[父兮生我 母兮鞠我 欲報之德 昊天罔極]" 자식이 태어날 적에 성명(性命)과 혈육이 모두 어버이가 남겨 주신 것이다. 숨을 쉬어 호흡할 때에 기와 맥이 서로 통하니 이 몸은 내 사사로운 것이 아니요, 바로 부모가 남긴 기이다. 그러므로 시경에, "슬프도다. 부모께서 나를 낳아 기르시느라 수고하셨네.[哀哀父母

47) 우기정, 전게논문, 2008.

生我劬勞]"라고 하였으니, 부모의 은혜가 어떠한가. 어찌 감히 제 마음대로 하며 부모에게 효를 다하지 않을 수 있겠는가. 사람마다 항상 이 마음을 보존할 수만 있으면 스스로 어버이에 대한 섬김이 성실해질 것이다.[48)]

무릇 부모를 섬기는 자는 한 가지 일, 한 가지 행동이라도 감히 제 뜻대로 하지 말고 반드시 명령을 받은 후에 행해야 한다. 만일 해야 할 일이라 하더라도 부모가 허락하지 않는다면 반드시 상세히 설명을 드려서 승낙을 얻은 후에 행해야 한다. 만약 끝내 허락하지 않는다면 제 의사대로 곧장 밀고 나가서는 안 된다.[49)]

날마다 밝기 전에 일어나 세수하고 머리를 빗고 의관을 갖춘 후에 부모의 침소에 나아가 기색을 낮추고 음성을 부드럽게 하여 더우신지 추우신지 안부를 여쭙고, 날이 저물어 어두워지면 부모의 침소에 가서 이부자리를 보아 드리고 따뜻한지 서늘한지를 살피며, 평소 모실 때에는 항상 화평하고 기쁜 안색으로 공경스럽게 응대하고 곁에서 봉양할 때는 정성을 다하며 출입할 때에는 반드시 절하고 인사를 드려야 한다.[50)]

지금 사람들은 대부분 부모에게 의지하고 자기의 능력으로 부모를 봉양하지 못하니, 만약 이렇게 세월만 보내다 보면 끝내 부모를 모실 날이 없을 것이다. 반드시 집안일을 맡아 스스로 맛있는 음식

---

48) 凡人莫不知親之當孝 而孝者甚鮮 由不深知父母之恩故也 詩不云乎 父兮生我母兮鞠我 欲報之德 昊天罔極 人子之受生 性命血肉 皆親所遺 喘息呼吸 氣脈相通 此身非我私物 乃父母之遺氣也 故曰 哀哀父母 生我劬勞 父母之恩 爲如何哉 豈敢自有其身 以不盡孝於父母乎 人能恒存此心 則自有向親之誠矣.

49) 凡事父母者 一事一行 毋敢自專 必稟命而後行 若事之可爲者 父母不許 則必委曲陳達 頷可而後行 若終不許 則亦不可直遂其情也.

50) 每日未明而起 盥櫛衣帶 就父母寢所 下氣怡聲 問燠寒安否 昏則詣寢所 定其褥席 察其溫涼 日間侍奉 常愉色婉容 應對恭敬 左右就養 極盡其誠 出入 必拜辭拜謁.

을 장만한 연후에야 자식의 직분을 닦는 것이다. 만일 부모가 굳이 듣지 않으시면 비록 집안일을 맡지는 못한다 하더라도 마땅히 뒤를 보살펴 도와 드려서, 부모님께 잡수실 것을 장만해 드리는 데 최선을 다해 입맛에 맞도록 해 드리는 것이 좋다. 만약 모든 생각을 부모 봉양에 쏟는다면 맛있는 음식을 구할 수 있을 것이다. 왕연(王延)이 엄동설한에 성한 옷 한 벌도 없으면서 부모에게는 맛있는 음식을 다 해 드렸음을 생각할 때마다 사람으로 하여금 감탄하여 눈물이 흐르게 한다.[51]

아버지와 자식 사이에는 사랑이 공경보다 지나친 경우가 많다. 철저히 구습을 씻어 버리고 존경함을 극진히 하여 부모가 앉거나 누워 계시던 곳에 자식이 감히 앉거나 눕지 않아야 하며, 부모가 손님을 맞이하던 곳에서 자식이 감히 제 손님을 맞이해선 안 되며, 부모가 말을 타고 내리는 곳에서 자식이 감히 말을 타고 내려서는 안 된다.[52]

부모의 뜻이 의리를 해치는 것이 아니라면 말씀하시기 전에 먼저 받들어 털끝만큼이라도 어기지 말아야 할 것이요, 의리를 해치는 것이라면 화평한 기색과 부드러운 말소리로 간하고 반복해서 아뢰어 반드시 따라 주시도록 해야 할 것이다.[53]

부모님이 병환이 있으시면 근심스러운 마음과 염려하는 기색으

---

51) 今人多是被養於父母 不能以己力養其父母 若此奄過日月 則終無忠養之時也 必須躬幹家事 自備甘旨 然後子職乃修 若父母堅不聽從 則雖不能幹家 亦當周旋補助 而盡力得甘旨之具 以適親口可也 若心心念念 在於養親 則珍味亦必可得矣 每念王延隆冬盛寒 體無全衣 而親極滋味 令人感歎流涕也.

52) 人家父子間 多是愛逾於敬 必須痛洗舊習 極其尊敬 父母所坐臥處 子不敢坐臥 所接客處 子不敢接私客 上下馬處 子不敢上下馬可也.

53) 父母之志 若非害於義理 則當先意承順 毫忽不可違 若其害理者 則和氣怡色柔聲以諫 反覆開陳必期於聽從.

로 다른 일을 제쳐 놓고 오로지 의사에게 묻고 약을 지어 오는 것에만 힘써야 하며 병이 나으시면 다시 평소대로 한다.

일상생활에 있어 한순간이라도 부모를 잊지 않은 연후에야 효도라고 이름 할 수 있으니, 제 몸가짐이 근실하지 못하고 말하는 것에 법도가 없으며 놀면서 세월을 보내는 자는 모두 부모를 잊은 자이다.[54]

세월은 흐르는 물과 같아 부모를 오래 섬길 수 없다. 그러므로 자식 된 자는 모름지기 정성과 힘을 다하면서도 마치 그것이 미치지 못하지나 않는가 하는 것처럼 해야 한다. 옛사람의 시에, "하루의 부모 봉양은 삼공(三公)의 부귀와도 바꾸지 않겠다.[一日養 不以三公換]"고 하였으니, 이른바, "날을 아낀다."는 것이 이와 같은 것이다."[55]

조선시대에서는 유교 본래의 정신인 인간윤리를 중시하며 인륜을 밝히려는 명륜을 중시하게 되었으며 이에 따라 조선은 효경보다 소학을 더 중시하게 되었다. 그 이유는 효경은 효사상의 원리적인 대강이 수록되어 있지만 사실 추상적인 면이 많았기 때문이다. 하지만 소학은 그 내용이 유가의 실천윤리에 있어 효를 포함한 오륜질서 전반에 걸쳐 포괄적으로 그 원리를 알 수 있기 때문이다. 뿐만 아니라 실천적인 면을 구체적인 사례를 들어 설명하였다. 게다가 소학은 주자가 저술하였다는 점도 있다. 이는 조선의 효는 추상적인 이론 보다는 실제적인 행을 중시했음을 알 수 있다. 그리고

54) 父母有疾 心憂色沮 捨置他事 只以問醫劑藥爲務 疾止 復初 日用之間 一毫之頃 不忘父母 然後乃名爲孝 彼持身不謹 出言無章 嬉戲度日者 皆是忘父母者也.

55) 日月如流 事親不可久也 故爲子者須盡誠竭力 如恐不及可也 古人詩曰 古人一日養 不以三公換 所謂愛日者如此.

실제적인 면을 강조하다보니 효행의 예화를 많이 교육자료로 활용하게 되었다.[56]

이처럼 조성의 효사상은 유교의 본격적 도입과 수용으로 크게 발전하게 되었다. 제도적으로 유교의 입지가 공고하게 되었고 많은 유교교육과 유교 법적인 체계로서 조선이라는 나라가 이루어지고 유지되었던 것이다.

4. 전통장례와 효와의 관련성 비교

전통상례의 습과 소렴, 대렴의 단계에서는 순서와 우선도의 효를 생각해 볼 수 있다. 유교적 전통 상례에서는 상을 당했다하여 바로 상복을 입지 않는다. 대렴의 이후에 곧 날짜로는 나흘 이후에 상복을 입었다. 먼저 진행되는 것은 수의를 비롯한 죽은 자, 곧 효의 입장에서는 부모를 먼저 대하는 것이 순서적이라는 점이 특징이다.

조문에서 발인 전까지의 단계에서는 효를 슬픔의 해소라는 측면에서 접근할 수 있다.

부모를 잃은 자녀의 경우 그 슬픔이란 이루 말할 수 없는 고통으로 다가온다. 대부분의 경우 식음을 전폐하기 때문에 육체적으로나 정신적으로나 위로와 해소가 필요하다. 이때에 진행되는 것이 바로 조문이다. 상례에서의 조문은 죽은 자에 대한 애통과 관련 사람들의 애도로 다루어지지만 효의 입장에서는 남겨진 자녀들에 대한 위로와 해소, 도움으로 나타난다. 곧 부모의 죽음으로 자녀들이 기운

56) 우기정, 전게논문, 2008.

을 잃고 쓰러지는 것을 방지하며, 발인 이후의 장례를 이어갈 수 있는 힘과 도움을 얻는 단계가 조문인 것이다.

만약 상례에서 조문의 단계가 없었다면 자녀들은 부모의 상을 끝까지 마무리 할 수 있는 힘을 마련하지 못할 가능성이 높으며 이는 부모의 상례를 지키지 못한 불효이자 곧 자녀의 몸과 마음의 상실에서 스스로를 지키지 못한 불효가 이중으로 발현되는 것이다.

발인 이후의 장사는 효의 구체적인 표현으로 볼 수 있겠다. 일반적으로 장사는 매장을 기본으로 하는데 이미 적용된 수의부터 관, 묏자리를 어떻게 쓸 것인가 등에 대한 물질적 요소가 극명하게 나타나는 단계이다. 잘못된 묏자리와 시신의 처리는 악취와 훼손을 만들어내게 됨으로 이는 자녀의 입장에서 부모의 시신을 함부로 한 최악의 불효이다.

물질적인 부분에 대해서는 개개인의 사정에 따라 다르게 나타나는 현상이 되겠지만 풍수를 비롯하여 여러 가지 사회문화적 현상이 효의 실천과 함께 어우러져 나타났다고 볼 수 있다.

1) 전통상례(상변통고편)

공자가 말했다. "효자가 어버이 상(喪)을 당해서는 곡(哭)을 길게 늘이지 않으며, 의는 어와 기의 반절이다.[57] 기운이 고갈되어 숨쉬는 안정되지 않음이다.[58] 공씨(孔氏 공영달)가 말하기를, '대공의 곡은 세 번 꺾고 여운이 있다'고 했고, 정현이 말하기를, '삼곡(三曲)은 한 번 소리를 냄에 세 번 꺾음이며, 의는 소리의 여운이 조용

57) 子曰, "孝子之喪親也, 哭不偯, 於豈反.

58) 註: 氣竭而息, 聲不委曲.

함이다'고 했다.[59]

여기에서는 참최(斬衰)를 들어 말했기 때문에 소리가 위곡하지 않다고 했다"고 했다. 예를 행함에 용모를 갖추지 않으며, 절을 할 때 땅에 머리를 부딪쳐 용모를 꾸미지 않음이다. 말을 할 때는 꾸미지 않으며, 문식(文飾)하지 않음이다.[60]

좋은 옷을 입어도 편안하지 않으며, 음악을 들어도 즐겁지 않으며, 맛난 음식을 먹어도 달지 않으니, 이는 부모의 죽음을 슬퍼하는 충정(衷情)이다.[61]

사흘 만에 먹으며, 석 달 만에 목욕하며, 기년(期年)에 연복(練服)을 입으며, 애훼(哀毁)하되 성명(性命)을 없애지 않음은 죽은 사람 때문에 산 사람을 상하게 하지 않기 위함이다.[62]

사흘 만에 먹음은 백성에게 죽은 사람 때문에 산 사람을 상하지 않게 함이며, 애훼(哀毁)해도 성명(性命)을 없애지 않도록 가르침이니, 이는 성인의 정사(政事)이다.[63]

사흘 동안 먹지 않으면 성명(性命)이 사라져 죽기 때문에, 예를 만들고 가르침을 시행하여 죽음에 이르지 않도록 했다. 상기(喪期)가 3년을 넘지 않음은 백성에게 끝이 있음을 보임이다.[64]

효자는 종신토록 근심함이 있으나, 성인이 3년으로 제한하여 사람에게 애경(愛敬)의 한도가 있음을 알게 했다. 관곽(棺槨)과 의금(衣衾)을 만들어 시신을 들어 넣으며,[65] 거(擧)는 시신을 들어 관에

---

59) 孔氏曰: <間傳>, '大功之哭, 三曲而偯° ' 鄭云, '三曲, 一擧聲而三折也, 偯, 聲餘從容也.

60) 此擧斬衰而言, 故云聲不委曲也." 禮無容, 註: 觸地無容 言不文, 註: 不爲文飾.

61) 服美不安, 聞樂不樂, 食旨不甘, 此哀戚之情也.

62) 三日而食, 三月而沐, 期而練, 毁不滅性, 不以死傷生也.

63) 三日而食, 教民無以死傷生, 毁不滅性 此聖人之政也.

64) 不食三日, 滅性而死, 故制禮施教, 不令殞滅 喪不過三年, 示民有終也.

넣음이다. 보궤(簠簋)를 진설하여 슬퍼하며, 가슴을 치고 발을 구르면서 곡읍(哭泣)을 하고, 슬퍼하며 시신을 보낸다. 남자는 발을 구르고 여자는 가슴을 치면서 조재(祖載)를 하여 보낸다.[66]

묏자리 [宅兆]를 잡아서 안장하며 [安厝], 조(厝)는 칠(七)과 고(故)의 반절이다. 주택(宅)은 묘혈(墓穴)이요, 조(兆)는 영역(塋域)이다. 종묘를 만들어 귀신으로 제향한다.[67]

사당을 세워 조부에게 신위를 붙인 뒤에 귀신을 섬기는 예로 제향한다. 살아계실 때는 애경(愛敬)으로써 섬기고, 돌아가신 뒤에는 슬픔으로써 섬기면, 생민의 근본이 극진하고 사생(死生)의 의리가 갖추어지며, 효자가 어버이 섬기는 일이 끝난다.[68]

상(喪)에는 사제(四制)가 있으니, 변통하여 적절함을 따르는 것은 사시(四時)에서 취했다. 은(恩 은혜)이 있고, 이(理 의리)가 있고, 절(節 절도)이 있고, 권(權 권도)이 있으니, 인정(人情)에서 취했다.[69]

은(恩)은 인(仁)이요, 이(理)는 의(義)요, 절(節)은 예(禮)요, 권(權)은 지(智)니, 인의예지에 인도(人道)가 갖추어져 있다. 은혜가 두터운 사람에게는 복(服)이 무거우므로 아버지를 위해 참최 3년복을 입으니, 은(恩)으로써 만든 것이다. 문 안의 다스림은 은(恩)이 의(義)를 가리며, 문밖의 다스림은 의(義)가 은(恩)을 끊는다.[70]

아버지를 섬기는 도를 바탕으로 군주를 섬기므로 또한 참최 3년

---

65) 註: 孝子, 有終身之憂, 聖人, 以三年爲制, 使人知有愛敬之限也. 爲之棺槨衣衾而擧之.

66) 註: 擧, 擧屍內於棺也 陳其簠簋而哀戚之, 擗踊哭泣, 哀以送之 註: 男踊女擗, 祖載送之.

67) 卜其宅兆而安厝 七故反. 之, 註: 宅, 墓穴也, 兆, 塋域也 爲之宗廟, 以鬼享之.

68) 註: 立廟祔祖之後, 以鬼禮享之 生事愛敬, 死事哀戚, 生民之本盡矣, 死生之義備矣, 孝子之事親終矣.

69) <喪服四制>: 喪有四制, 變而從宜, 取之四時也° 有恩有理有節有權, 取之人情也.

70) 恩者, 仁也 理者 義也 節者 禮也 權者 智也 仁義禮智, 人道具矣. 其恩厚者, 其服重故爲父斬衰三年, 以恩制者也. 門內之治, 恩掩義, 門外之治, 義斷恩.

복을 입으니, 의(義)로써 만든 것이다.[71]

상기(喪期)가 3년을 넘지 않으며, 저최(苴衰)를 깁지 않으며, 무덤에 흙을 더하지 않으며, 대상(大祥)을 지내는 날에 소금(素琴)을 연주함은 백성에게 끝이 있음을 고함이니, 절(節)로써 만든 것이다.[72]

상례와 제례는 신자(臣子)의 은혜를 밝힌 것이다. 상례와 제례가 없어지면, 신자의 은혜가 각박해져 죽은 자는 배반당하고 배(倍)의 음은 패(佩)이다. 산 자도 망각하는 사람이 많을 것이다.[73]

자로(子路)가 말했다. "내가 선생님에게 들으니, '상례는 슬픔이 부족하고 예가 남음이 있기보다 예는 부족할지언정 슬픔이 남는 것이 낫고, 제례는 공경함이 부족하고 예가 남음이 있기보다 예는 부족할지언정 공경함이 남는 것이 낫다'고 하셨다."[74]

2) 효사상(효행편)

아버지는 내 몸을 낳으시고, 어머니는 내 몸을 기르셨다. 배로써 나를 품어 주시고, 젖으로써 나를 먹여 주셨다. 옷으로써 나를 따뜻하게 하시고, 밥으로써 나를 배부르게 하셨다.

은혜는 높기가 하늘과 같으시고, 덕은 두텁기가 땅과 같으시니, 사람의 자식 된 자가, 어찌 효도를 하지 않겠는가?, 그 은덕을 갚고자 하면, 하늘처럼 다함이 없다.[75]

---

71) 資於事父, 以事君, 亦斬衰三年, 以義制者也.

72) 喪不過三年 苴衰不補, 墳墓不培, 祥之日, 鼓素琴, 告民有終也, 以節制者也.

73) <經解>: 喪祭之禮, 所以明臣子之恩也 喪祭之禮, 廢則臣子之恩薄, 而倍 音佩° 死忘生者, 衆矣.

74) <檀弓>: 子路曰, "吾聞諸夫子, '喪禮, 與其哀不足而禮有餘也, 不若禮不足而哀有餘也, 祭禮, 與其敬不足而禮有餘也, 不若禮不足而敬有餘也.

75) 父生我身, 母鞠我身, 腹以懷我 乳以哺我, 以衣溫我, 以食飽我, 恩高如天, 德厚似地, 爲人子者, 曷不爲孝, 欲報其德,昊天罔極.

새벽에는 반드시 먼저 일어나, 반드시 세수하고 반드시 양치질하며, 저녁엔 잠자리를 정하고 새벽엔 문안을 살피고, 겨울엔 따뜻하고 여름엔 시원하게 해 드려라.

부모님께서 나를 부르시거든, 빨리 대답하고 달려 나가고, 부모님께서 나를 부리시거든, 거스르지 말고 게을리 하지 말라. 부모님께서 명하는 것이 있으시거든, 머리를 숙이고 공경히 들어라.[76]

앉아서 명하시면 앉아서 듣고, 서서 명하시면 서서 들어라. 부모님께서 출입하시거든, 매번 반드시 일어나서라. 부모님의 의복을, 넘어 다니지 말고 밟지 말라. 부모님께서 병을 앓으시거든, 근심하고 낫게 하기를 꾀하라. 밥상을 대하시고서 잡수시지 않으시거든, 좋은 음식을 장만할 것을 생각하라.[77]

밖에 나갈 때에는 반드시 아뢰고, 돌아오면 반드시 뵈어라. 부디 먼 곳에 가서 놀지 말며, 놀더라도 반드시 일정한 곳이 있게 하라. 문호를 출입할 때에는, 문을 여닫기를 반드시 공손하게 하라. 문 한가운데 서지 말고, 방 한가운데 앉지 말라. 걸어갈 때에 걸음을 거만하게 걷지 말고, 앉을 때에 몸을 기대지 말라.[78]

입으로는 잡담을 하지 말고, 손으로는 장난을 하지 말라. 부모님 무릎 앞에 앉지 말고, 부모님의 얼굴을 똑바로 쳐다보지 말라. 모름지기 큰소리로 웃지 말고, 또한 큰소리로 말하지 말라. 부모님을 모시고 앉아 있거든, 성내어 다른 사람을 꾸짖지 말라. 부모님 앞에

---

76) 晨必先起, 必洗必漱, 昏定晨省, 冬溫夏凊, 父母呼我, 唯而趨進, 父母使我, 勿逆勿怠, 父母有命, 俯首敬聽.

77) 坐命坐聽, 立命立聽, 父母出入, 每必起立, 父母衣服, 勿踰勿踐, 父母有疾,憂而謀,對案不食, 思得良饌.

78) 出必告之, 反必面之, 愼勿遠遊, 遊必有方, 出入門戶, 開閉必恭, 勿立門中, 勿坐房中, 行勿慢步, 坐勿倚身.

모시고 앉아 있거든, 걸터앉지 말며 눕지 말라.[79]

부모님께 물건을 바치거든, 꿇어앉아서 올려라. 나에게 음식을 주시거든, 꿇어앉아서 받아라. 그릇에 음식이 있어도, 주시지 않으면 먹지 말라. 만약 맛있는 음식을 얻으면, 돌아가 부모님께 드려라. 의복이 비록 나쁘더라도, 주시면 반드시 입어라. 음식이 비록 먹기 싫더라도, 주시면 반드시 먹어라.[80]

부모님이 입으실 옷이 없으시면, 내가 입을 옷을 생각지 말며, 부모님이 드실 음식이 없으시거든, 내가 먹을 음식을 생각지 말라. 신체와 머리털과 피부를, 훼손하지 말며 상하지 말라. 의복과 허리띠와 신발을, 잃어버리지 말며 찢지 말라. 부모님께서 사랑해 주시거든, 기뻐하며 잊지 말라. 부모님께서 꾸짖으시거든, 반성하고 원망하지 말라.[81]

높은 나무에 올라가지 말라, 부모님께서 근심하시느니라. 깊은 연못에서 헤엄치지 말라, 부모님께서 염려하시느니라. 남과 더불어 다투지 말라, 부모님께서 불안해하시느니라.

방과 거실에 먼지가 있거든, 항상 반드시 물 뿌리고 청소하라. 일은 반드시 여쭈어 행하고, 감히 자기 멋대로 하지 말라. 한번이라도 부모님을 속이면, 그 죄가 산과 같다.[82]

눈 속에서 죽순을 구한 것은, 맹종의 효도이고, 얼음을 깨고서

79) 口勿雜談, 手勿雜戲, 膝前勿坐, 親面勿仰, 須勿放笑, 亦勿高聲, 侍坐父母, 勿怒責人, 侍坐親前, 勿踞勿臥.

80) 獻物父母, 而進之, 與我飮食, 而受之, 器有飮食, 不與勿食, 若得美味, 歸獻父母,衣服雖惡, 與之必著, 飮食雖厭, 與之必食.

81) 父母無衣, 勿思我衣, 父母無食, 勿思我食, 身體髮膚, 勿毁勿傷, 衣服帶靴, 勿失勿裂, 父母愛之, 喜而勿忘, 父母責之, 反省勿怨.

82) 勿登高樹, 父母憂, 勿泳深淵, 父母念之, 勿與人鬪, 父母不安, 室堂有塵, 常必灑掃, 事必稟行, 無敢自專, 一欺父母, 其罪如山.

잉어를 잡은 것은, 왕상의 효도이다. 내 몸이 능히 어질면, 명예가 부모님께 미치느니라. 내 몸이 어질지 못하면, 욕이 부모님께 미치느니라. 조상을 추모하고 근본에 보답하여, 제사를 반드시 정성스럽게 지내라. 선조가 계시지 않았으면, 내 몸이 어디서 생겨났겠는가? 부모를 섬기는 것이 이와 같으면, 효도한다고 이를 수 있다. 능히 이와 같이 하지 못하면, 금수와 다름이 없느니라.[83)]

5. 끝맺으며

효라는 개념은 혈연관계를 기반으로 만들어진 것이다. 한국에서는 3~4세대가 함께하는 대가족제도였다. 사회의 구조가 개인이 아니고 가족이나 가문을 기본 단위로 하는 공동체였기 때문에, 효라는 사상이 쉽게 자리 잡을 수 있었다. 이렇게 많은 세대가 함께 살 수 있었던 것은, 효라는 덕목이 크게 자리 잡고 있었기 때문이다. 이처럼 효는 과거 우리나라의 가족을 유지시켜 줄 수 있는 규범이 되었다.

부모와 자녀와의 관계는 보통의 관계 이상으로 중요하게 여겼다. 하늘이 내린 관계로 여겼기 때문에 부모와 자녀와의 관계에 있어서 낳고 길러주시는 은혜에 대한 보답으로 효라는 덕목이 중요하게 된 것이다. 과거에는 부모를 잘 모시는 사람들을 효자라고 불리며 사회적으로 인정을 받았던 것은 그 만큼 효가 사회적으로 인정이 되었던 것이다.

---

83) 雪裏求筍, 孟宗之孝, 剖得鯉, 王祥之孝, 我身能賢, 譽及父母, 我身不賢, 辱及父母, 追遠報本, 祭祀必誠, 非有先祖, 我身曷生, 事親如此, 可謂孝矣, 不能如此, 禽獸無異.

옛 예서(禮書)에 소인(小人)의 죽음은 육신이 죽는 것이기 때문에 사(死)라 했고, 군자(君子)의 죽음은 사람 노릇을 행함이 끝나는 것이기 때문에 종(終)이라 했는데 사와 종의 중간을 택하여 없어진다는 뜻인 상(喪)을 써서 상례(喪禮)라고 한다고 나와 있다. 즉, 상례란 사람의 죽음을 맞고 주검을 갈무리해 땅에 묻거나 태워서 근친들이 슬픔으로 근신하는 기간의 의식절차를 정한 예절이다. 임종 후 시신을 매장하거나 화장하는 과정까지를 '장례'라고 한다면, 초종에서부터 장례를 치른 후, 소상, 대상, 담제, 길제를 치르고 난 후까지의 과정을 '상례'라고 말할 수 있다. 모든 상기(喪期)가 따 끝날 때까지의 과정 즉 근친들이 그 죽음을 애도하고 근신하면서 복(服)을 입는 것과, 약 3년이라는 일정기간이 지난 후 평상 생활로 돌아갈 때까지의 각종 의식절차가 상례이다.

유교에서의 상·장례는 '마지막을 신중히 하려는 것'으로 상례의 절차는 사자가 소생하리라는 믿음을 바탕으로 이루어진다. 상례 중의 생자의 사자에 대한 행위규정은 기본적인 생활조건에 대한 것으로, 유교 상례의 기본의의인 '돌아가신 부모 섬기기를 생시와 같이 하여야 한다.'는 뜻을 반영한 것이다. 상례의 과정은 자식의 죽은 부모에 대한 죄의식을 기조로 하고 있다. 이러한 죄의식으로 인하여 자식은 부모에 대한 공경을 상·장례를 통하여 사후에도 계속하며, 부모의 죽음을 거부함으로써 부모에 대한 봉양의무를 인식하여, 부모의 사망에 따른 경제적 이득을 부정한다. 즉 못다 한 효를 돌아가신 후에 보상하고 부모에 대한 자식의 계속적인 의무를 강조함으로써 죄의식을 경감시키는 것이다.

조상숭배에 대한 논의에서 실천윤리의 개념으로 중요시 되는 것이 효이다. 효에 대한 우리는 세대를 넘어 전승하여야 할 고유의 미풍양속인 중요한 가치로 인식하고 있다. 이는 과거로부터 우리의 사회질서를 지탱한 기본적 윤리규범의 가장 중요한 가치로 효의 개념을 인식하고 중요시 하였다는 것을 의미한다. 그렇기 때문에 현대사회에서도 효도의 근본원리는 의심할 여지가 없는 하나의 공리처럼 여겨 당연한 가치로 여겨지고 있다.

따라서 효도는 해도 되고 안 해도 되는 것이 아니라 안하면 죄인이 된다. 이미 받은 은혜가 너무나 큰 데 그 큰 은혜에 대하여 배은망덕한 사람이라면 어떠한 일도 제대로 할 수 있는 일은 없을 것이다. 그러므로 효도는 모든 행실의 근본이 된다.[84]고 한 것이다. 큰 은혜에 대하여 배신 한 사람 이작은 은혜에 대하여 보답한다는 것은 한갓 거짓이기 때문에 자기 자신의 부모를 사랑하지 않으면서 남의 부모를 사랑하는 것을 패덕이라 하고, 자기 부모를 공경하지 않으면서 남의 부모를 공경하는 것을 패례라고 한다.[85]

부모가 자신의 임무를 소홀히 하여 자식을 사랑하지 않더라도 자식은 부모에게 책임을 다하여 효도를 다하라고 하면 불평등한 것 같으나 그러나 자식이 백번 노력하여 효를 다한다 하더라도 부모가 자식을 사랑하는데 비하면 자식은 부모의 은혜의 만분의 일도 보답하기 어려운 것이다. 배신자 중에서도 가장 용서를 받을 수 없는 배신자는 바로 불효자식인 것이다.

그러므로 공자는 오행 에 속하는 죄가 삼천 가지가 되지만 불효하는 죄가 가장 크다고 하였다.[86] 과거부터 한국은 동방예의지국이

84) 『孝經』子曰 夫孝德之本也.

85) 『孝經』故不愛其親而愛他人者謂之悖德不敬其親而敬他人者謂之悖禮.

86) 『孝經』子曰 五刑之屬三千面罪莫大於不孝.

라 불리며 예를 중요시하는 나라로 여겨져 왔다. 특히 조선시대에서는 유교사상으로 인한 효와 충은 나라의 근본이념으로 여겨졌다. 고려 말에 조선 건국 세력은 국가의 기강을 바로잡고 왕권을 강화하기 위해서 임금과 신하, 부모와 자녀의 관계에서 충과 효를 중요시 하는 유교를 근본이념으로 채택한 것이다.

또한 한국은 존댓말과 상대방과의 관계에 따라서 존칭을 쓰며 그 예를 다하고 존경할 수 있는 것이 언어로서 체계화 되어 있는 것이다. 이러한 유교적 이념은 시대가 흐르고 많은 과학적 발전을 이루었는데 우리 마음과 정신 속에 자리 잡고 있는 뿌리라고 할 수 있다.

요즘 세상은 자기를 낳아주시고 보살펴 주시는 부모님께 대한 감사하는 마음이 없어지고 있다. 현대 사회가 급박하게 변하고 있기에 점점 부모에 대한 감사와 효가 좁아지고 있다.

효에 대한 인식을 바로잡기 위해서 교육적 측면에서 노력할 필요가 있다. 뿌리가 없는 식물은 금방 죽듯이 한국 사람의 정신적 뿌리를 잊고서는 한국인으로서 바로 설 수 없다고 강조한다.

제8장

한문교육을 통한 인성교육 방향

김 미 선

(청주대학교 교수)

1. 글의 시작
2. 애일지성의 배경
3. 애일시의 내용
   1) 애일지성
   2) 회귤지성
4. 끝맺으며

1. 글의 시작

이 글에서는 한문교육을 통한 인성교육의 방향을 애일시를 중심으로 살펴보고자 한다. 사람에게는 사고와 감정을 표기할 수 있는 수단인 언어문자를 가지고 있다. 이러한 표기수단의 유산물이라 할 수 있는 한시문학은 우리 옛 선현들의 사고와 정서를 들여다 볼 수 있는 중요한 장르라 하겠다. 『시경(詩經)』「서(序)」에서 "시자(詩者) 심지소지야(心之所之也)"라 하였듯이 시란 성정의 자연발로라고 할 수 있다.

그리고 여기서는 옛 선현들의 한시문학 속에서 효를 주제로 한 애일시 고찰을 범위로 삼기로 한다. 유가(儒家)에서 "효백행지본(孝百行之本)"이라 하였다. 사람이 사람으로 태어나 가장 시급하게 해야 할 백행(百行) 중의 가장 근본이 효인 것이다.

오늘날 다양한 교육의 유형에서 학교교육과 사회교육, 가정교육 등 청소년 인성교육의 문제는 오늘날 우리 사회의 커다란 난제가 되었다. 이 모든 문제의 근본 치유책은 바로 백행지본(百行之本)을 바르게 알고 행하는 일이라 사료된다. 이러한 근본적인 인식이 바르게 잡히지 않는 한 오늘날 우리 사회의 청소년 인성교육의 문제는 달리 치유책을 찾기 어려운 일이다.

이렇게 인성교육에 접근해갈 수 있는 성현이 남기신 말씀과 사상과 철학의 결정체인 한문교육의 범위에서 한시가 차지하고 있는 범위는 다양한 위상을 가지고 있다. 그 중에 한시 속에 들어 있는 효를 중심으로 남긴 작품을 고찰하여 오늘날 청소년들의 인성교육에서 도달하고자 하는 귀의점의 방향을 조명해 보고자 한다.

먼저 애일시가 남겨진 배경을 찾고 그러한 배경을 바탕으로 우리나라 조선중기 재도문인들이 남긴 한시문학 속에서 효를 주제로 한 작품들을 고찰하고자 한다. 이러한 옛 선현의 백행지본이 되는 효행정신을 선양하여 오늘날 한문교육에서 한시를 통한 인성교육의 방향을 모색해 한문교육의 중요성에 접근해 가기로 한다.

2. 애일지성(愛日之誠)의 배경

동서고금을 막론하고 인간관계에서 소통될 수 있는 사상이 바로 유가의 근본 도덕규범인 오륜[1])이라 할 수 있다. 본문에서는 이 오륜에서 애일지성의 배경이 되는 '부자유친(父子有親)'을 중심으로 한 배경을 검토하도록 한다. 『맹자(孟子)』「등문공상(謄文公上)」에 보면,

"후직(后稷)이 백성들에게 농사짓는 법을 가르쳐서 오곡을 심고

1) 5가지 기본적인 인간관계로 설정한 父子・君臣・夫婦・長幼・朋友 관계와, 그 관계에서 실천해야 할 親・義・別・序・信의 도덕규범

> 가꾸게 하셨는데, 오곡이 여물어 백성들이 잘 살게 되었다. 인간에게는 도리가 있는데, 배불리 먹고 따뜻이 옷을 입고서 편안히 거처하기만 하고 가르침이 없으면 금수와 가까워진다. 이 때문에 성인께서 이를 근심하시어, 설(契)로 하여금 사도를 삼아 인륜을 가르치게 하셨으니, 부자간에는 친함이 있으며, 군신 간에는 의리가 있으며, 부부 간에는 분별이 있으며, 장유 간에는 차례가 있으며, 붕우 간에는 믿음이 있는 것이다."[2)]

라고 하여 오륜의 내용을 구체적으로 밝혀놓았다. 오륜이 강조되기 시작한 것은 송대(宋代)에 이르러 성리학이 발흥하면서부터이다. 오륜의 첫 번째가 '부자유친(父子有親)'이다. 즉 부자간의 윤리는 친(親)인 것이다. 친은 바로 부모 자식 간 만이 나눌 수 있는 무조건적인 쌍무(雙務)의 사랑에서 나오는 것이다.

이는 부자자효(父慈子孝[3)])로 부모가 자식에 대한 자애와 자식이 부모에 대한 효도를 말한다. 백행지본의 효가 바로 오륜의 첫 번째 덕목을 행함으로써 얻어지는 것이요. 이것을 미루어 인간이 태어나가질 수 있는 모든 인간관계의 범위에 필요한 도덕규범의 근원이 되는 것이다.

인간이 살아가는 데에 가족관계, 상하관계, 부부관계, 장유관계, 붕우관계 이 다섯의 관계는 동서고금에 다 적용되는 원리이며 동시에 동서고금에 다 적용될 수 있는 사상이 되는 것이다. 『논어』「학이」편에 만도 효에 관한 내용이 다음과 같이 있다.

---

2) 『孟子』「騰文公上」"后稷이 教民稼穡하야 樹藝五穀한대 五穀이 熟而民人이 育하니 人之有道也에 飽食煖衣하야 逸居而無教면 則近於禽獸일새 聖人이 有憂之하사 使契爲司徒하야 教以人倫하시니 父子有親이며 君臣有義며 夫婦有別이며 長幼有序며 朋友有信이니라"

3) 『明心寶鑑』「省心篇王」"王良이 曰, 欲知其君커든 先視其臣하고 欲知其人커든 先視其友하고 欲知其父커든 先視其子하라. 君聖臣忠하고 父慈子孝니라."

> 유자(有子)가 말했다. “사람 됨됨이가 효성스럽고 공손하면서 윗사람에게 덤벼들기를 좋아하는 사람은 드물다. 또 윗사람에게 덤벼들기를 좋아하지 않으면서 난을 일으키기 좋아하는 사람은 없다.”[4]군자는 근본에 힘 써야 한다. 근본이 서야 도가 생기게 되므로, 효도와 공손이 인을 실천하는 근본일 것이다.”[5] 공자가 말했다. “제자들은 집에 들어와서는 효도해야 하고 밖에 나가서는 공손해야 하며, 신중히 행동하고 신의를 지키며, 널리 사람들을 사랑하되 어진이를 가까이 해야 한다. 이를 실행하고도 남는 힘이 있으면 글을 배워야 한다.”[6] 공자가 말했다. “아버지가 살아 계실땐 그 뜻을 살피고, 아버지가 돌아가신 다음에는 그 행실을 볼 것이다. 그러나 3년 동안 아버지가 지키던 것을 고치지 않고 계속해서 행동한다면 효자라고 할 수 있다.”[7]

라고 하였다.

사람 됨됨이가 효성스러우면서 난을 일으키기를 좋아하는 사람은 없고, 군자가 힘써야 할 근본은 효이며, 사람이 학문하기 전에 가장 먼저 해야 되는 것은 부모님께 효도하는 일이며, 효자의 행동이 무엇인가를 가쳐주신 주신 공자의 말씀을 들어 볼 수가 있다.

이러한 효행의 일례를 거를러 올라가 보자면, 맹자의 원모(怨慕)이다. 『맹자』「만장장구상」에

> 만장이 물었다. “순(舜) 임금이 밭에 가서 하늘을 보고 울부짖으셨으니, 어찌하여 부르짖으며 우신 것입니까?” 맹자께서 말씀하셨다. “원망하고 사모하신 것이다.”[8]

---

4) 『論語』「學而」“有子ㅣ 曰其爲人也ㅣ 孝弟요 而好犯上者ㅣ 鮮矣니 不好犯上이요 而好作亂者ㅣ未之有也니라”

5) 『論語』「學而」“君子는 務本이니 本立而道生하나니 孝弟也者는 其爲仁之本與인저”

6) 『論語』「學而」“子ㅣ 曰弟子入則孝하고 出則弟하며 謹而信하며 汎愛衆하되 而親仁이니 行有餘力이어든 則以學文이니라”

7) 『論語』「學而」“子曰 父在에 觀其志요 父沒에 觀其行이니 三年을 無改於父之道라야 可謂孝矣니라”

라고 하였고, 주석에 원모는 자기가 어버이에게 사랑을 얻지 못함을 원망하고 사모한 것이다.[9]라고 하였다. 순임금이 아버지, 계모, 이복동생으로부터 괴로움을 겪을 적마다 밭에 나가 하늘을 보며 울부짖으며 원모한다 하였는데 우리가 생각할 때에는 원망함은 나를 괴롭히는 계모를 원망하고 사모함은 돌아가신 어머니를 그리워하며 사모함이라 이해 할 법한 말씀이다.

계모에게 사랑받지 못하는 자신을 원망하고 나를 미워하지만 그 계모를 사모하는 마음으로 남기신 원모는 오늘날 우리가 두고두고 새겨야 할 달효인 것이다. 또한 증자의 양지를 애일의 배경으로 살펴 볼 수 있으니, 『맹자』「이루장구상(離婁章句上)」에 보면,

> 맹자께서 말씀하셨다. "섬기는 일 중에 무엇이 가장 큼이 되는가? 어버이를 섬김이 큼이 된다. 지키는 일 중에 무엇이 가장 큼이 되는가? 몸의 지조를 지킴이 큼이 된다. 몸의 지조를 잃지 않고서 자기 어버이를 잘 섬겼다는 말은 내가 들었고, 자기 몸을 잃고서 자기 어버이를 잘 섬겼다는 말은 내가 들어보지 못하였다. 섬기는 일 중에 무엇인들 섬김이 되지 않겠느냐마는 어버이를 섬김이 섬김의 근본이요, 지키는 일 중에 무엇인들 지킴이 되지 않겠느냐마는 자기 몸을 지킴이 지킴의 근본이다."

> "증자께서 아버지인 증석(曾晳)을 봉양할 적에 밥상에 반드시 술과 고기를 마련해드렸는데, 장차 밥상을 치울 적에 증자는 반드시 '남은 음식을 누구에게 주시겠습니까?' 하고 여쭈어보았으며, 증석이 '남은 것이 있느냐?'하고 물으면 남은 음식이 없어도 반드시 '있습니다.' 라고 대답하셨다. 증석이 죽자, 증원(曾元)이 아버지인 증자를 봉양하였는데, 밥상에 반드시 술과 고기를 마련해 드렸다.

---

8) 『孟子』「萬章章句上」"萬章問曰 舜往于田하사 號泣于旻天하시니 何爲其號泣也잇고 孟子曰 怨慕也시니라"

9) 『孟子』「萬章章句上」註 "怨慕는 怨己之不得其親而思慕也라"

> 그러나 밥상을 치울 적에 증원은 '남은 음식을 누구에게 주시겠습니까?'
> 하고 여쭈어 보지 않았으며, 증자가 '남은 것이 있느냐?'하고 물으시면, 남은 음식이 있더라도 반드시 '없습니다.'하고 대답하였으니, 이는 그 음식을 다시 올리려고 해서였다. 이것은 이른바 '입이나 몸만을 위해 봉양한다.'는 것이니, 증자와 같이 한다면 '어버이의 뜻을 봉양한다.'고 말할 수 있다. "어버이 섬김을 증자와 같이 하는 것이 가하다."[10)]

라고 하였다. 이렇듯 맹자가 말씀하시길 증자의 양지(良志)가 올바른 부모님의 섬김이라고 하였다. 부모님의 마음을 편안하게 해드리고 부모님의 뜻을 받드는 것이 효도인데, 이것을 양지의 효도라고 하니 증자의 효행 양지란, 부모님의 뜻을 잘 받들어 드리는 것으로 부모님을 정신적으로 편안하고 기쁘게 해드리는 효도를 말한다.

증자의 아들 증원의 효행은 부모님의 몸을 편안하게 봉양하고 부족한 것이 없도록 해드리는 효도인데, 이것을 양구체(養口體)의 효도라 한다. 양구체란 부모님의 몸을 물질적으로 봉양하는 것으로 부모님을 육체적으로 편안하게 해드리는 효도를 말한다. 부모님의 마음을 편안하게 해드리는 것 못지않게 부모님의 몸을 편안하게 해드리는 효도 역시 중요한 것일 것이다. 하지만 어느 것이 더 중요하냐고 질문한다면 그것은 바로 부모님의 뜻을 받드는 양지의 효도라고 한 것이다.

이와 같이 이러한 효도를 하는 데에는 무엇보다도 시간이 흘러가

---

10) 『孟子』「離婁章句上」"孟子曰 事孰爲大오 事親이 爲大하니라 守孰爲大오 守身이 爲大하니라 不失其身而能事其親者를 吾聞之오 失其身而能事其親者를 吾未之聞也로라 孰不爲事리오마는 事親이 事之本也오 孰不爲守리오마는 守身이 守之本也니라 曾子l 養曾晳호대 必有酒肉이러시니 將徹할새 必請所與하시며 問有餘어든 必曰有라하더시니 曾晳이 死커늘 曾元이 養曾子호대 必有酒肉하더니 將徹할새 不請所與하며 問有餘어시든 曰亡矣라하니 將以復進也라 此所謂養口體者也니 若曾子則可謂養志也니라 事親을 若曾子者l 可也니라"

는 것이 두려운 일이라는 애일지성의 배경을 살펴보았다. 다음에서는 이러한 부모님에 대한 효심을 가지고 애일시를 남겨 지성으로 잊지 않고자 한 재도문인들의 애일시의 내용을 살펴보기로 한다. 작품의 내용은 '애일지성'과 '회귤지성'으로 나누어 살펴본다.

3. 애일시(愛日詩)의 내용

1) 애일지성(愛日之誠)

먼저 애일지성을 주제로 한 작품을 살펴보겠다. 먼저 애일지성의 배경을 살펴보면, 『논어』「이인편(里仁篇)」에

> 공자가 말했다. "부모의 나이는 알지 않을 수 없다. 그 이유는 한편으론 부모가 오래 살아서 기쁘기 때문이요, 한편으론 살아계실 날이 얼마 남지 않아 두렵기 때문이다." 지(知)는 기억하는 것과 같다. 항상 부모의 나이를 알고 있으면 어버이가 오래 살아 계심을 기뻐하게 되고, 또 그 어버이가 쇠약해지는 것이 두려워 살아 계실 날짜를 아까워하는 효성을[11] 그만 둘 수 없게 될 것이다.[12]

라고 하였다. 애일지성은 부모님의 연세를 알지 않을 수 없다는 공자님의 말씀에서 잘 새길 수 있다. 부모님의 연세를 알지 않을 수 없는 일이다. 부모님의 연세가 높으시면 오래 장수하셔서 기쁘지만 또 한편으로는 백년지객(百年之客)으로 남아 있는 시간을 생각하면 두렵고 황급한 일이다.

---

11) 부모를 섬길 수 있는 날짜가 적어짐을 안타까워하며 효성을 다하려는 마음을 말한다.

12) 『論語』「里仁篇」"子ㅣ曰父母之年은 不可不知也ㅣ니 一則以喜오 一則以懼ㅣ니라 知는 猶記憶也니 常知父母之年 則旣喜其壽하고 又懼其衰하야 而於愛日之誠에 自有不能已者라"

그래서 효도해야 하는 자식은 부모님이 생전에 계시면 진심(盡心)의 정성을 마칠 수 있는 시간은 점점 줄어드는 것이기에 효자가 두려워하는 일은 오로지 시간이라고 했다. 이러한 심정으로 남긴 애일시를 살펴본다. 먼저 최립(崔笠)[13](1539~1612)의 「申同樞慶壽圖詩序」이다.

孝子由來惟愛日	효도해야 할 자식은 오직 날 아끼는 것이니
老親寧可不知年	늙으신 부모님 연세 어찌 가히 알지 않으리?
春樽未待椒柏後	봄 술잔을 어찌 초백 뒤로 기다리시게 하고
夏宴還宜櫻笋前	여름 잔치도 도리어 의당 앵순 전 해야 하네
彭祖春秋率八百	팽조는 춘추를 대략 팔백년을 가지고 삼았고
蟠桃華實仍三千	반도의 열매는 삼천년에 한 번 맺는다네
故應仙算自長久	신선 계산에 응당 저절로 장구할 것이니
至慶常如新奉然	지극한 경사 항상 새로 받드는 듯 하리.

「申同樞慶壽圖詩序」[14]

라고 하였다. 또 최립이 신동추의 경수도에 쓴 시서(詩序)에 보면,

> 이 세상에 태어나서 80년을 살았다면 장수했다고 할 것이요, 벼슬길에 올라서 관작(官爵)이 동지중추부사(同知中樞府事)에 이르렀다면 상의 남다른 은혜를 받았다고 해야 할 것이다. 그러니 어버이를 위하는 효자의 정성으로 볼 때, 그 자신이 가난해서 쌀을 멀리서부터 등에 지고 오건 아니면 솥을 늘어놓고 진수성찬을 맛보는 신분이건 간에, 어버이를 봉양함에 있어서는 자신의 어버이가 장수를 누리고 높은 관작을 향유하게 되는 것을 소망하지 않을 자가 어디에 있겠는가.[15]

---

13) 崔笠 : 조선 중기의 문신·학자.

14) 崔笠,『簡易文集卷之三』

라고 하였다. 공자의 제자 자로(子路)가 "내가 옛날에 어버이를 모시고 있을 때 집이 가난했기 때문에, 나는 되는 대로 거친 음식을 먹는다 하더라도 어버이를 위해서는 백리 밖에서 쌀을 등에 지고 오곤 하였다. 그러나 어버이가 돌아가시고 나서 내가 높은 벼슬을 하여 솥을 늘어놓고 진수성찬을 맛보는 신분이 되었는데, 다시 거친 음식을 먹으면서 어버이를 위해 쌀을 지고 왔던 그때의 행복을 이제는 느낄 수 없게 되었다."고 술회한 고사가 있다.[16]

신동추의 자제인 호조참판 신식(申湜)과 승정원 우승지 신설(申渫)이 부친을 위해 사제(私第)에서 경수연을 베풀며 이미 화공에게 명하여 당시의 사적을 그림으로 그리게 하였으며, 여러 학사와 선생들이 지은 부시(賦詩)로 권첩(卷帖)을 이루며 최립에게 서문을 써 달라고 요청하였다. 이에 최립은 서문을 쓰고 위의 시를 남긴 것이다.

수련에서 작자는 애일지성을 말하면서 전구에서 한나라 양웅의『법언』「효지」의 "이 세상에서 오래 가질 수 없는 것은 어버이를 모실 수 있는 시간이다. 따라서 효자는 어버이를 봉양할 수 있는 동안의 하루하루를 아낀다."라는 말을 하였다.[17]

후구에서는『논어』「리인편」에 "부모의 연세에 관심을 두지 않을 수 없나니, 한편으로는 오래 사셔서 기쁘기도 하지만 또 한편으로는 살아 계실 날이 얼마 남아 있지 않을까 두렵기 때문이다."[18]

---

15) 崔笠,『簡易文集卷之三』"生而至于八十° 高年也° 爵之至于宰樞° 異數也° 雖以孝子之爲親° 自負米至列鼎° 凡以爲奉° 何所不欲致者"

16)『孔子家語・致思』"仲由字子路 見孔子曰 負重涉遠 不擇地而休 家貧親老 不擇祿而仕 昔由事二親之時 常食藜藿之實 爲親負米百里之外 親沒之後 南遊於楚 從車百乘 積粟萬鍾累茵而坐 列鼎而食 願欲食藜藿 爲親負米 不可得也 子曰由也事親 可謂生事盡力 死事盡思者也 家語 仲由字子路 見孔子曰 負重涉遠 不擇地而休 家貧親老 不擇祿而仕 昔由事二親之時 常食藜藿之實 爲親負米百里之外 親沒之後 南遊於楚 從車百乘 積粟萬鍾累茵而坐 列鼎而食 願欲食藜藿 爲親負米 不可得也 子曰由也事親 可謂生事盡力 死事盡思者也"

17) 揚雄,『法言』「孝至」"不可得而久者 事親之謂也 孝子愛日"

라는 고사를 들어 효행의 진심을 기리고 있다.

함련에서는 팔백년을 살았다는 팽조[19]의 수명과 삼천년에 한 번 맺는 반도(蟠桃)[20]처럼 오랜 수복을 누리시기를 축수하고 있다. 미련에서는 자제의 효성을 받아 신동추의 연세 또한 장수하시고 오늘의 경사스러운 잔치가 끝없기를 바라는 마음을 술회하여 애일지성을 곡진(曲盡)히 표현하였다.

다음은 최립의 「次韻使相和記夢之作」에서 애일지성을 못다 한 "불효부모 사후회"[21]의 심정을 찾아본다.

人臣止於忠[22]	신하된 자는 충에 그쳐야 하고
人子孝於止[23]	자식 된 자는 그칠 곳이 효이네
忠孝諒一致	충과 효는 진실로 한가지 이니
孰彼而孰此	이것저것 무엇이라 하겠는가?
做官或爲親	벼슬 함 혹 어버이 위해라지만
許國敢有己	나라에 허여해 감히 자신 두겠나
所以二先生	이런 까닭에 우리 두 선생께서
此行辭怙恃[24]	이번 행차 부모님 하직 하셨네
何曾不屬毛	일찍이 터럭을 잇지 않았으며
豈始不離裏	살결도 받지 않은 이 있으랴
誠難百歲前	진실로 어려움 부모님 생전에
常全養與仕	봉양과 벼슬 온전히 함 이네
時序正春青	계절은 바야흐로 봄날인데도
道塗臨塞紫	길 떠나 변방 요새지를 밟네

---

18) 『論語』「里仁篇」"父母之年 不可不知也 一則以喜 一則以懼"

19) 『莊子』「逍遙遊」

20) 『博物志』「卷八」"此桃三千年一生實"

21) 「朱子 十後悔訓」

22) 『近思錄集解』"不獲其身 如君止於仁 臣止於忠 但見得事之當止 不見得此身之爲利爲害"

23) 韓瓔, 『韓詩外傳』"나무가 고요하고 싶으나 바람이 자지 않고 자식이 효도하고자 하나 어버이는 기다리지 않는다. 樹慾靜而風不止 . 子慾養而親不待"

24) 『詩經』「小雅・蓼莪」"無父何怙 無母何恃"

夢寐緣思慮　　자나 깨나 그리움 이어져서
文章見憂喜　　문장에 희비의 맘 보이셨네
由來孝子心　　효자 마음의 유래를 보자면
汲汲愛日晷　　어버이 모실 시간 아끼는 법
應須未遲暮　　모름지기 시간 지체되기 전에
竣事還故里　　일 마치고 고향으로 가야 하리
如吾一罪人　　나 같은 사람 똑같은 죄인이니
平生忍屈指　　평생 불효 차마 꼽을 수 없네
幼壯丁兩艱　　일찍이 양친을 여윔 만났으니
此禍天實使　　이런 화 실로 하늘이 내리셨네
不復庭前趨　　다시 추정 가르침 받을 수 없고
而誰門內倚　　뉘 문에 기대어 기다려나 줄까
嚴程雨露濡　　임금님 은혜 속 바쁜 벼슬길에
倍覺哀思起　　곱절로 슬픈 마음이 일어나네
況玆近寒食　　하물며 이제 한식이 가까운데
丘墳闕省視　　산소 찾아 성묘도 할 수 없네
垂涕歌此詩　　눈물 드리우며 이 시를 짓나니
未是宣驕士　　교만함을 드러낸 것이 아니네.
「次韻使相和記夢之作」[25]

라고 하였다. 이는 꿈을 기록한 것에 사상(使相)이 화답한 시에 차운한 작품이다. 작품의 전반부에서 신하된 자는 임금께 충성을 해야 하고 자식 된 자의 그칠 곳은 효도라고 말하며 "벼슬은 원래 집안이 가난해서 하는 것은 아니지만, 때로는 가난해서 어버이를 봉양할 수 없기 때문에 하는 경우도 있는데, 그럴 경우에는 높은 자리를 사양하고 낮은 자리에 처해야 한다."는 내용이 보인다.

학문을 하고 여력이 있다면 벼슬을 해야 하는 일인데[26] 부모님을 봉양하기 위해서 녹사(祿仕)를 하는 마음은 "눈에 뜨이나니 아

25) 崔笠, 『簡易文集・卷之六』
26) 『四字小學』 "學優則仕 爲國盡忠"

버님이요, 마음에 그리나니 어머님일세. 아버님의 터럭도 이어받지 않았는가, 어머님의 살결도 물려받지 않았는가."[27]하는 어버이 은혜에 효도해야 함을 말하였다.

작품의 중반부에서는 『시경』「소아(小雅)·료아(蓼莪)」의 아버지 안계시니 누구를 의지하며 어머니 안계시니 누구에게 기댈 것인가 하며 백어가 아버지로부터 받은 과정지학(過庭之學)[28]과 왕손가(王孫賈)가 어머니로부터 받은 의문지망(倚門之望)[29]에 비유하여 부모님으로부터 받은 은혜와 백골난망의 사랑을 표현하였다.

작품의 후반부에서 임금님의 은혜 속에 벼슬을 하느라 제대로 효도를 못하고 한식이 되어도 제대로 성묘 할 수 없는 불효의 마음을 눈물을 드리우며 시로 쓰고 있다.

다음은 고봉(高峯) 기대승(奇大升, 1527~1572)의 애일시 「봉송노직학선생사직귀양(奉送盧直學先生辭職歸養)」이다.

去國義非揜　　서울을 떠나는 도리 가릴 수 없으니
寧親[30]恩欲全　　고향 감 은혜 온전히 하고자 함이네.
投荒[31]垂二紀　　변방에 머문 지 이십 년이 넘었으니
愛日懍餘年　　애일의 정성에 남은 세월 두려워라
瀝血陳章切　　피를 쏟듯 간절히 사직서를 올린 뒤
收身奉養偏　　몸 거두어 오로지 봉양 하려는구나

---

27) 『詩經』「小雅·小旻之什」"靡瞻匪父 靡依匪母 不屬于毛 不離于裏"

28) 『論語』「季氏篇」"嘗獨立이어시늘 鯉趨而過庭이러니 曰學詩乎아 對曰未也ㅣ로이다 不學詩면 無以言이라하야시늘 鯉ㅣ 退而學詩호라 他日에 又獨立이어시늘 鯉趨而過庭이러니 曰學禮乎아 對曰未也ㅣ로이다 不學禮면 無以立이라하야시늘 鯉退而學禮호라"

29) 『小學』「稽古」"王孫賈事齊閔王하다가 王出走어늘 賈失王之處러니 其母曰 女朝去而晩來면 則吾倚門而望하고 女暮出而不還이면 則吾倚閭而望이러니 女今事王하다가 王出走어시늘 女不知其處하니 女尙何歸오 王孫賈乃入市中하여 曰 淖齒亂齊國하여 殺閔王하니 欲與我誅齒者는 袒右하라한데 市人從之者四百人이어늘 與誅淖齒하여 刺而殺之하니라"

30) 寧親 : 객지에서 부모님을 뵈려고 고향으로 돌아감. 『詩經』"歸寧父母"

31) 投荒 : 변방으로 귀양 보내는 것.

遙知戱綵處[32)] 멀리 색동옷 입고 효도하는 처지에서
時憶講書筵 때로 경연에 강한 일 생각남 알겠네.
「奉送盧直學先生辭職歸養」[33)]

라고 하여 사직하고 귀양하는 노직학 선생을 삼가 전송하며 쓴 작품이다.

수련에서 노직학이 걸해를 하여 고향으로 돌아가는 것은 효도를 온전히 하고자 해서임을 말하였다. 함련에서는 벼슬살이를 오래하여 애일지성을 생각하니 남은 시간이 두려워 벼슬을 할 수 없이 귀향하는 심정을 이해하고 있다. 경련에서는 노직학이 사직서를 내는 것은 피를 쏟는 심정에서인데 그 이유는 오로지 못다 한 효도를 하기 위해서라고 하였다. 미련에서 고봉은 노직학이 벼슬을 사직하고 고향으로 돌아가 춘추시대 초나라의 노래자(老萊子)가 나이 70이 되어서도 색동옷 입고 어버이를 기쁘게 해드린 것처럼 효성으로 어버이를 받들어 드릴 적에 때때로 경연에서 강한 일이 생각이 날 것이라고 하였다.

이상과 같이 부모님에 대한 효심을 가지고 애일시를 남겨 지성으로 부모님 생전에 계신 시간에 효성을 지극히 하고자 하는 효심을 배경으로 하여 남긴 애일시를 조선중기 문인 최립과 기대승의 작품에서 그 애일지성을 살펴보았다. 오늘날 청소년들에게 가장 중요한 백행지본을 생각할 수 있는 일방향이 되기를 바란다.

다음은 애일시에서 회귤지성을 주제로 한 작품을 살펴보기로 한다.

---

32) 『小學』「稽古」“老萊子孝奉二親. 行年七十, 作嬰兒戱, 身著五色斑斕之衣. 嘗取水上堂, 詐跌仆臥地, 爲小兒啼. 弄雛於親側, 欲親之喜”

33) 奇大升, 『高峯集』

2) 회귤지성(懷橘之誠)

회귤지성은 육적회귤(陸績懷橘)이라는 사자성어로 잘 알려져 있다. 육적이 귤을 품에 넣었다는 효자의 아름다운 행실을 비유하는 말이다. 중국 삼국시대 오나라의 육적이란 사람이 여섯 살 때 원술이라는 사람을 찾아 갔을 때, 귤 대접을 받고는 그 중에 몇 개를 품에 품었는데, 하직 인사를 할 때 그것이 흘러 나와 발각되었다고 한다. 이에 원술이 그 까닭을 물으니, 집에 가지고 가서 어머니께 드리려 하였다고 하여 모두 그 효심에 감동했다는 일화[34]로써, 부모님에 대한 지극한 효성을 가리키는 고사이다.

회귤지성을 주제로 한 작품을 먼저 계곡(谿谷) 장유(張維, 1587~1638)의 「李承旨尙輔 頃日蒙特賜黃柑使遺二親 感激有詩 遂屬諸公和之 不揆陋拙 率爾步韻」에서 살펴본다.

銀臺淸切接彤墀　　청절한 은대[35] 왕궁과 접해 있고
咫尺偏承雨露垂　　지척서 듬뿍 임금님 은총 받네
學士傳柑元故事　　학사에 감귤 전한 고사 있지만
老親霑渥自殊私　　노친께 내린 은혜 특별도 하네
斑衣愛日榮光動　　반의 애일하는 영광에 감동되어
朱實經春色味奇　　봄 지난 과실 맛과 빛 기막히네
認是陸郎懷裡物　　육랑이 품었던 그 감귤 생각하며
百年銘感寸心知　　백년토록 감회 가슴에 새겨리라.

「李承旨尙輔 頃日蒙特賜黃柑使遺二親 感激有詩 遂屬諸公和之 不揆陋拙 率 爾步韻」[36]

---

34) 『蒙求』 "吳志 陸績字公紀 吳人. 年六歲 於九江見袁術. 術出橘. 績懷三枚 拜辭墮地. 術謂曰 "陸郎作賓客而懷橘乎?" 績跪曰 "欲歸遺母." 術大奇之. 績博學多識 星歷算數 無不該覽. 孫權辟爲掾以直道見憚. 出爲鬱林太守 加偏將軍. 績意在儒雅 非其志也. 雖有軍事 著述不廢. 作渾天圖 注易釋玄. 皆傳於世.

35) 銀臺 : 승정원의 별칭

36) 張維, 『谿谷集』 「三十一卷」

이승지 상보가 며칠 전 감귤을 양친에게 보내드리도록 한 특별한 은사(恩賜)를 받고 감격에 겨워 시를 짓고는 마침내 제공에게 화답해 주도록 부탁해 왔는데, 이에 나 역시 비루하고 졸렬한 처지를 헤아리지 못한 채 덩달아 운자(韻字)를 밟아 지은 시이다.

수련에서 작자는 이상보가 승정원 임금님의 지척에서 우로지택(雨露之澤)을 입으며 벼슬을 하고 있음을 말하였다. 함련에서는 송나라 소식이 한림학사로 있을 때 지은 시 「上元侍飮樓上」에 "猶有傳柑遺細君"의 구절이 있는데 「자주(自注)」에 "누상에서 황제를 모시고 술을 마실 때면 귀척들이 다투어 근신에게 황감(黃柑)을 주곤 하였는데, 이를 일컬어 전감(傳柑)이라 하였다."는 전감의 고사[37]를 말하며 이상보가 부모님께 진귀한 음식인 감귤을 올릴 수 있는 기쁨을 함께 술회하고 있다.

경련에서는 이상보가 노래자가 나이 70에 색동옷을 입고 어린아이처럼 어버이를 기쁘게 해 드린 효자의 마음과 얼마 안 남은 어버이의 여생을 생각하며 하루하루 지나가는 것을 안타깝게 여기며 반의애일지성(班衣愛日之誠)하는 효심에 감동된다고 하였다.

미련은 삼국시대 오(吳)나라의 육랑(陸郞)이 회귤지성을 올린 것처럼 임금님께 하사받은 감귤을 가슴에 품고 부모님께 올리는 효자의 효행에 감동되어짐은 백년토록 가슴에 새실 것이라고 술회하였다. "약득미미(若得美味)어든 귀헌부모(歸獻父母)"[38]라고 하였다. 맛있는 음식을 얻으면 집에 돌아가 부모님께 올리라고 하였듯이 부모님을 봉양하는 자식이라면 당연한 마음인 것이다.

---

37) 蘇軾, 『蘇東坡詩集・卷36』

38) 『四字小學』

다음은 사가정(四佳亭) 서거정(徐居正, 1420～1488)의 작품에 드러난 회귤지성의 애일시이다.

一日除書降紫闈　　하루아침에 임명장이 대궐에서 내려오자
春風驄馬疾於飛　　봄바람에 총마 타고 나는 듯이 달려가네
北堂喜見斑衣舞　　북당선 채의 입고 춤추는 걸 기꺼이 보고
南郡爭誇晝錦暉　　남군에선 대낮의 비단옷을 서로 자랑 하리
指佞飛霜增慷慨　　지녕초 서릿발 날려 더욱 강개할 것이고
宜男愛日最芳菲　　의남초는 날을 아껴서 가장 향기롭겠네
一生忠孝餘何事　　일생에 충효 말고 무슨 일 또 있으리오?
君寵親恩報不違　　임금 은총 어버이 은혜 갚음 어김없으리라
「送尹同年子濚 分巡慶尚道 仍覲親丹城」[39)]

사가정이 경상도를 분별순행(分別巡行)하고 인하여 단성으로 근친하러 가는 윤동년 자영을 전송하며 씀 작품이다. 수련에서는 어사에 임명되어 순행하는 윤동년이 근친을 가게 됨을 말하고 있다.

함련에서는 어김없이 효자를 비유할 때 말하는 노래자의 반의지성을 말하고 있다. 함련에서는 한나라 때 항우가 일찍이 진나라의 함양을 도륙한 뒤에 혹자가 그에게 함양에 그대로 머무르기를 권유하자, 항우가 진나라의 궁실들이 모두 파괴되어 버린 것을 보고는 자기 고향인 강동으로 돌아가려고 하면서 말하기를, "부귀하여 고향에 돌아가지 않는 것은 마치 비단옷을 입고 밤길을 걷는 것과 같다."[40)]고 했던 고사를 들어서 무엇보다도 부모님에 대한 효행이 시급함을 말하고 있다.

경련에서는 사가정이 윤동년의 어사 순행의 임무를 수행하는 면

39) 徐居正,『四佳詩集・第十卷』

40)『漢書』「項籍傳」[富貴不歸故鄕 如衣錦夜行]

모는 지녕초(指佞草)에, 효자로서 효행을 하는 모습은 의남초(宜男草)에 비유하였다. 지녕초는 간위(奸僞)한 자를 식별할 줄 안다는 풀이름인데, 요임금 때에 굴질초(屈軼草)라는 풀이 조정의 뜰에 나서 아첨하는 사람이 입조하면 반드시 구부려서 그 사람을 가리키곤 하였다고 하여 이 풀을 일명 지녕초라고 했다고 한다.

사가정은 윤동년이 어사로서 지방을 순행하면서 관리들의 다스림을 엄격히 규찰하였음을 이에 비유하였다. 또한 의남초는 어머님을 가리키는 말로 어머님 처소의 별칭이 훤당으로 자식이 어버이를 장수하도록 잘 봉양하는 것을 의미한다.

미련에서는 일생에 충효 말고 할 일이 또 무엇이 있겠는가? 하며 "효당갈력(孝當竭力) 충즉진명(忠則盡命)"41)의 마음에 어김없는 모습을 윤동년에게서 보면서 사가정은 애일시를 남겼다.

다음은 학봉(鶴峰) 김성일(金誠一, 1538~1593)의 「효매(孝梅)」이다.

千林綠葉蔭翠煙	온 숲에 푸른 잎 푸른 연기 짙으니
黃梅節過當三庚	황매절 지나면서 삼복더위 되었네
孤芳曾是雪精神	외론 꽃 일찍이 눈의 정신이었는데
律外底事開寒英	때 아닌 무슨 일로 찬 꽃피웠는가 42)
知渠標格異凡卉	그 풋대 다른 꽃들과 다름 알겠거니
爲感純孝回其精	지극한 효 감동되어 마음 돌린거네
龍君孝性天所賦	용군의 효성은 하늘에서 부여받아서
事親一心由中誠	어버이 한결같은 섬김 정성서 나왔네
北堂當日奉天只	북당에서 어머니를 받들던 그날에는
情深愛日心靡寧	날 아끼는 맘 깊어 마음 편치 않았네
期將寸草報春輝	촌초로 봄 햇볕에 보답을 하려 하니

41) 『論語』「學而篇」

42) 『淵鑑類函・卷271 孝』龍廣寒이란 사람의 효에 관한 故事.

幾年孝思通神明	몇 년 간의 효성 신명에 통하였네
慈闈一夕展壽筵	어느 날 저녁 어머님의 수연 베푸니
滿堂萱景流春榮	집안 가득하니 봄꽃 기운 흘렀다네
怡怡和樂樂無窮	기쁘고 화락하여 즐거움 끝없어서
風樹不抱皐魚情	풍수는 고어의 정을 품지 아니 했네
誠心旣自貫金石	성심은 이미 절로 금석도 꿰뚫나니
造次休應令人驚	순식간의 감응이 사람 놀라게 했네
氷魂忽回先春色	매화 혼에 홀연 이른 봄빛 돌아오니
貞心不待東風萌	곧은 마음을 동풍 없이 싹틔웠네
瓊蕾淡淡帶凱風	꽃가지 담박하게 봄바람 띠고서는
含情脉脉當軒楹	서로 정 머금어 뜨락에 피어났네
不是東君苦留客	동군이 애써 손 머물게 함 아니라
要爲至誠呈休禎	지극한 효성에 아름다움 바침 이네
天香飛入萬壽盃	천향이 축수하는 술잔에 날아드니
仙標暗與人同淸	신선 풋대 암연히 사람처럼 맑네
一誠感物冠人彝	사물 감응시킨 정성 인륜 으뜸이고
一白點綠超榛荊	푸름 속의 일점 잡목들에 월등하네
人心物性兩相宜	인심과 물성이 양쪽 서로 마땅하여
故故相向心魂傾	항상 향하면서 마음과 혼 기울이네
物我之應在頃刻	물아가 응하는 게 순식간에 있으니
爲問此理誰使令	묻나니 이 이치 누가 하게 함인가?
冬筍曾感孟宗孝	겨울 죽순 맹종 효에 감응 됨이고
彼此靈異眞相幷	그 신령스럼 참으로 서로 똑같구나
名之以孝表誠感	효로써 이름해 정성 감응 드러내니
上與日月爭光晶	위에서 일월이 빛을 다투는 듯하네
千秋炳炳感人心	천추에 빛남이 인심을 감동시키나니
馨德永與留梅兄	향기로운 덕 매화와 길이 남으리라
我今對梅揖遺芳	내 지금 매화의 그 향기에 읍하면서
歲寒庶幾同幽盟	세한에도 변치 않길 함께 맹세하네.

「孝梅」43)

라고 하였다. 위의 작품은 학봉이 진사시를 볼 때 지은 시이다. 학봉은 진사시 시험에서 효매라는 제목의 작시를 하였다. 시의 전반부에서 옛날에 용광한(龍廣寒)이란 사람의 고사를 인용하며 매실

---

43) 金誠一, 『鶴峰逸稿 第一卷』

이 누렇게 익는 때인 초여름 황매절(黃梅節)에 핀 효매를 상기하고 있다.

용광한이라는 사람은 지극한 효성으로 어머니를 섬겼다고 한다. 6월 1일에 어머니의 수연을 베풀면서 북창을 열고 축수하는 술잔을 올리려고 하자, 홀연히 매화가지 하나가 창 안으로 들어왔는데, 향기가 몹시 좋았다고 한다. 이에 사람들이 이를 '효매'라고 칭하였으며, 사대부들이 각자 시를 지어서 선사하였다는 고사가 있다. 이렇듯 용군의 효성은 하늘도 감동시켜 때 아닌 때 꽃을 피워 어머님을 감동시켰다고 하면서 학봉도 어느 날 어머님의 수연을 베푸는데 집안 가득 봄꽃의 기운이 흘렀다고 하였다.

시의 중반부에서는 어버이를 모실 수 있는 날이 얼마 남지 않은 것을 애석하게 여겨 살아 계실 때 효성을 다하고자 하는 정을 말하며 자식이 부모님의 길러주신 은혜에 보답하려 하지만 다 갚지 못함을 비유하는 촌초지심을 말하였다. 또한 옛날 효자로 이름 난 고어(皐魚)의 "나무는 고요히 있으려 하나 바람이 그치지 않고, 자식이 봉양하려고 하나 부모가 기다려 주지 않는다."[44]는 심정을 표현하였다.

시의 후반부에서는 삼국시대 때의 초나라 강하(江夏)의 효자 맹종(孟宗)의 효심을 술회하였다. 어머니가 죽순을 몹시 드시고 싶어 하셨는데, 겨울철이라서 죽순을 구할 수가 없었다. 이에 맹종이 대숲에 들어가서 탄식하자, 어느 사이 죽순이 자라나 이를 가져다가 어머니에게 드렸다고 하는 고사[45]를 인용하여 학봉은 어머님의 수

44) 韓瓔, 『韓詩外傳』 "樹欲靜而風不止 子欲養而親不待也"

45) 『楚國先賢傳』

연에 옛 효자의 일화들을 하나하나 상기하며 때 아닌 효매에 절을 하면서 봄꽃의 향기가 세한(歲寒)에도 변치 않길 함께 맹세하노라 하였으니 지극한 사친지정(事親之情)이다.

이상과 같이 여섯 살 육랑이 회귤을 한 효심을 담은 애일시를 고찰하였다.

4. 끝맺으며

오늘날 다양한 교육유형에서 가정교육, 학교교육, 사회교육 등 청소년 인성교육의 문제는 오늘날 우리 사회의 커다란 난제이다. 인성교육을 통하지 않고는 이러한 청소년의 다양한 문제점을 해결할 수가 없다. 이렇게 인성교육에 접근해갈 수 있는 방법과 내용을 성현이 남기신 말씀과 사상과 철학의 결정체인 한문교육의 범위에서 한시가 차지하고 있는 다양한 위상에서 착안해, 애일시의 배경을 먼저 동서고금을 막론하고 인간관계에서 소통될 수 있는 유가의 근본 도덕규범인 오륜에서 고찰하였다. 오륜에서도 '효백행지본'을 중심으로 부모님에 대한 효심을 가지고 애일시를 남겨 지성으로 잊지 않고자 한 재도문인들의 애일시를 살펴보았다.

작품의 내용은 '애일지성'과 '회귤지성'으로 양분하여 애일지성에서는 최립과 기대승의 작품에서 그 애일의 효행 정신을 획인 할 수 있었다. 회귤지성에서는 육적회귤이라는 사자성어로 잘 알려진 육적이 귤을 품에 넣었다는 효자의 아름다운 행실을 비유하는 고사로 장유(張維)의 작품에서 찾아 볼 수 있었고, 이외 서거정, 김성일의 작품에서 촌초지성(寸草之誠)과 사친지정(事親之情)의 애일시를 고찰할 수 있었다.

이상과 같이 우리나라 조선중기 재도문인들이 남긴 한시문학 속에서 효를 주제로 한 애일시를 통해 청소년 인성교육의 방향을 제시하고, 이에 오늘날 한문교육에서 한시를 통한 인성교육의 방향을 모색하면서 한문교육의 중요성에 접근해 가고자 하였다.

제9장

효교육이 노인복지에 미치는 영향

김 황 기

(한국효문화연구원 연구원)

1. 글의 시작
2. 효문화와 가정교육
   1) 효문화란?
   2) 효교육
   3) 전통적 가정과 효교육
   4) 현대적인 가치관과 가정의 효교육
3. 고령화 사회의 효교육 문제점
   1) 노인의 개념
   2) 노인의 신체적, 생리적 특수성
4. 현대인들의 노인학대와 교육상 문제점
   1) 노인학대의 개념
   2) 노인학대의 유형
   3) 노인학대에 대한 대처방안
   4) 제도적인 대처방안
5. 끝맺으며

1. 글의 시작

우리 조상들은 옛날부터 부모님께 효도하고, 어른을 공경하며 형제간에 사랑하고 우애 있게 지내는 것을 인간의 도리로 알았으며 가정의 안정과 사회질서를 유지하는 것을 가장 바람직한 미덕으로 여겼다. 더 나아가 나라를 다스리는 근본적인 원리를 '경로효친'에 바탕을 두고 정을 나누는 공동체의식 속에서 살아 왔던 것이다. 이러한 우리 민족은 어질고 천성이 착하고 부드러워 군자가 죽지 않는 나라다.[1]라고 고대 중국의 역사서의 기록되어서 알 수 있듯이 따뜻한 정이 넘치는 이웃과 상부상조하며 사회생활에서 예절과 질서를 중요시하며 살아왔다. 이렇듯 우리 조상들은 '경로효친'의 가치관과 삶의 보람과 문화를 중요한 전통으로 형성해 왔으며, 사람이 살아가는데 물질보다는 정신문화를 중요시하여 청렴결백한 삶을 추구하며, 따뜻한 정과 상호존중을 더욱 귀하게 여겼던 인효(仁孝)의 윤리를 지향한 이런 윤리의식의 기반에 바로 효가 자리하고 있었던 것이다.

---

1) 『後漢書』「東夷傳」, 仁而好生, 天性柔順,君子不死之國.

고대의 우리조상들은 외래로부터 다른 사상이나 종교가 들어오기 이전에 우리 고유의 도덕사상이 이미 있었고 부모에게 효도하고 형제간에 우애하며 예양(禮讓)을 길러서 이웃과 함께 사는 공동체 의식을 갖고 있었다.[2] 또한 효사상은 우리의 전통적인 도덕윤리사상이 중심적인 요소였다.

『효경』에서는 "효는 덕의 근본이고 가르침이 여기에서 생겨나는 바탕이다"[3]라고 하였다. 오늘날 우리사회는 시대의 흐름에 따라서 전통적인 사회의 절대적 가치관이 효행에도 큰 변화가 나타났다. 그것은 산업화와 서구문명의 영향으로 개인주의와 물질만능 사상이 고조됨에 따라 효사상이 점점 윤리중심규범으로서 그 위치가 사라져가고 있으며 새로운 윤리와 도덕적 가치관을 절대 필요로 하고 있다.

예로부터 자녀에 대한 부모의 사랑을 자애(慈愛)라고 한다. 자애는 어미가 자식을 보호하는 본능에서 출발한다. 나아가 자녀가 잘 되기를 바라고, 자식에게 어떤 보답도 바라지 않으며 자신의 모든 것을 다 바치는 사랑을 의미한다. 이렇게 부모의 자녀사랑은 희생적이고 헌신적인 사랑이기 때문에 위대하고 거룩하다. 그래서 우리가 지극히 높은 사랑을 말할 때 부모의 사랑을 떠올리는 것이다.

한편, 진정한 자애(慈愛)는 자녀에게 회초리를 들고 벌을 주는 것과 같이, 엄격한 모습으로 나타나기도 한다. 이러한 부모는 어려서부터 자녀의 잘못을 올바로 잡아 주고 바른 길로 인도하기 위해서 자녀들에게 사랑을 엄하게 표현하는 것이다. 부모가 자녀의 잘

---

2) 金益洙, 『韓國民族教育思想史』, 修德文化社, 1978, 19쪽.

3) 『孝經』 「開宗名儀」, "夫孝德之本也, 教之所由生也."

못된 행위를 감싸는 것은 올바른 사랑이 아니며, 자녀의 미래를 위해서도 결코 바람직하지 않다. 요즘 '과잉보호' 속에서 자란 학생들이 주변 사람들을 배려할 줄 모르고 마음대로 행동하는 청소년들을 볼 때 그들의 장래가 걱정스럽다. 따라서 자녀는 따뜻한 부모의 사랑과 보살핌을 받으며 오로지 부모 섬김을 다하는 것이 자식의 도리이다. 그럼에 이를 망각한 청소년들과 젊은이 들이 많아지면서 사회문제가 되고 있는 것을 보면 효교육이 더욱 중요하다는 것을 알 수 있다.

통계청 자료에 의하면 2018년 우리나라는 총인구 중 65세 이상 인구가 738만1천명으로 전체인구의 14.3%를 차지하며, 고령사회에 처음으로 진입한 것으로 조사되었다. 총인구의 65세 이상의 고령인구 비율이 7%를 넘으면 고령화 사회이며, 14%를 넘으면 고령사회로 부른다.[4] 출산율의 감소와 평균수명 증가는 노인부양이 가정의 차원을 넘어 국가부담으로 대두 되였음을 의미하는 것이다. 이러한 부담은 노령화로 인해 발생되는 신체와 정신적인 취약성의 증가와 산업사회의 능률과 효율성 그리고 생산성 위주의 가치관이 노인학대로 이어지게 되는데 이는 노인과 앞으로 노인이 될 성인들이 인간으로 존중받을 권리를 보장받아야 하는 노년인권을 무시하는 행위이다. 노년기에 그들이 평생 수고하여 일군 가정과 사회로부터 학대를 당하는 현실에 부딪힌다면, 이를 보고 배운 차세대들에 의하여서 노인학대가 계속적으로 이어진다는 측면에서, 노인학대에 대한 연구는 이를 예방하고 우리의 전통문화인 효사상을 전승하여서 전세대간 통합과 더 나아가 우리자신의 삶의 가치를 높이기 위

4) 통계청 정책뉴스 작성자: 이영수, 2019. 08. 03.

해서 매우 중요하다고 거듭 강조한다.

보건복지부 자료에 보면 2014년부터 2018년까지 총 2만1,5백건의 노인학대[5])가 발생했다. 최근 5년 동안 매일 약 11.7건의 노인학대가 발생된 것이다. 2014년 3,5백건이었던 노인학대는 2015년 3,8백건, 2016년 4,3백건, 2017년 4,6백건, 2018년 5,2백건으로 매년 증가했다. 성별로는 남성(5,800명)보다는 여성(1만5,600명) 피해자가 많았고, 시도별로는 경기(3,000건), 서울(2,300건), 부산(1,900건), 경북(1,700건). 인천(1,700건) 순으로 학대가 많이 발생했다. 최근 5년간 노인학대 행위자(가해자)별로 살펴본 결과, 전체 가해자(2만3,500명)의 84.5%가 배우자와 자녀와 친척과 가족인 것으로 나타났다. 구체적으로는 아들(8,800명, 37.3%), 배우자(5,000명, 21.3%), 기관(2,500명, 10.8%), 딸(2,300명, 9.6%), 피해자본인(2,100명, 9.1%) 순으로 집계됐다.

이러한 노인학대가 세계적으로 문제가 되어서 매년 6월 15일을 '세계 노인학대 인식의 날'로 제정되었다. 노인학대에 대한 심각함을 알리고 노인들에 대한 부당한 처우를 개선하는데 목적이다. 국제연합(UN)과 세계 노인학대방지망(INPEA)이 2006년에 제정되었다. '17년 우리정부는 노인학대 예방과 노인인권에 대한 국민적인 관심을 높이기 위해서 UN에서 '세계 노인학대 인식의 날'로 제정한 6월 15일을 '노인학대 예방의 날'로 정해 노인학대 예방을 위한 첫 발걸음을 내디뎠다. 뒤늦게나마 우리나라에서도 보건복지부 및 중앙노인보호전문기관과 지역 노인보호전문기관이 '노인학대 예방캠페인' 을 실시하여 노인학대에 대한 사회적인 관심을 촉구하고

---

5) 메디컬월드뉴스, 김영미, 2019. 12, 03.

노인에 대한 처우 개선과 예방을 위해 노력하고 있다. 그러므로 효도를 더 이상 개인의 도덕적인 문제로 보기에는 문제가 있음을 인식하고 각 교육기관과 사회단체 들이 효교육문제를 심도 있게 연구할 필요가 있다[6]고 강조한 바 있다.

'2019 자살예방백서'에 의하면 2015년 65세 이상 노인의 10만 명당 자살률이 58.6명으로, OECD 평균보다 18.8명을 만이 웃돈다. 한국보건사회연구원 조사 결과를 보면 경제적 어려움과 건강문제가 주요인이었다. 또한 지난해 전국에 독거노인 수는 약 140만5000명으로 집계됐다.

2017년 치매국가책임제를 시행 한 후 2년 동안 262만 명의 치매환자 가족이 전국 256개의 치매안심센터에서 서비스를 이용했으며, 이중 치매환자가 43만 명이다.

보건복지부는 2020년 노인사업의 관련 예산을 올해보다 18.7% 늘어난 16조5887억원 책정했다. 기초연금 지급과 사회서비스형 노인일자리 제공 등에 쓸 예정이다.[7] 보건복지부 노인지원팀 김현숙 사무관은 이날 토론에서 "노인학대에 대한 궁극적인 원인은 부양부담이 크기 때문"이라며 "가족의 부양부담을 완화하기 위해 노후소득정책마련, 일자리 및 자원봉사활동을 통한 사회참여확대 등 정책지원을 강화해야 할 것"이라고 강조했다. 이러한 문제를 해결하는 방안으로 효교육과 가치관교육을 재정립하여, 이제는 새로운 관점에서 효행을 통해 인성교육을 위한 이론적인 기본 틀을 다져 효의 실천력을 높여야 한다고 본다.

---

6) 김황기, 「청소년의 일반적 특성에 따른 부모와 의사소통 및 효의 상관관계」, 『한국산학기술학회논문지』10, 14, 한국산학기술학회, 2014, 6134-6141쪽.

7) 세계일보, 이진경 기자, 2019. 10. 01.

결국 효문화교육이 새롭게 정립되고, 효교육정책이 가정과 학교교육으로 연계되어서 사회교육으로 전국에 널리 파급되어서 가정과 사회와 정부 모두가 공감하고 긍정적으로 받아들일 때 노인들과 사회가 밝고 건전한 살기 좋은 사회가 이루어질 것이다.

이러한 시대적 상황판단에 따라서 국회는 <인성교육진흥법>이 서둘러 제정되었다. 즉, <인성교육진흥법>은 인성교육을 세계에서 최초로 초중고 교육에 의무화한 법으로서 인성교육의 핵심가치는 예와 효, 정직, 책임과 존중, 배려이며, 소통, 협동이다.[8] 그러나 국회에서 <인성교육진흥법>을 제정한지 5년이 지난 현재 학교에서 교육되고 있는 도덕교과서를 살펴보면 초등학교[9]에서는 근면. 정직한 삶, 자주・자율, 중학교[10]에서는 도덕적인 삶과 도덕적 행동, 자아정체성, 삶의 목적, 행복한 삶이라는 교육을 하고 있었고, 고등학교[11]에서는 현대생활과 응용윤리, 생명・성・가족윤리, 과학기술・환경・정보윤리, 사회윤리와 직업윤리, 문화윤리, 평화윤리라는 주제로 교육을 하고 있었다. 아쉬운 점은 전통적인 우리의 교육, 인성교육의 뿌리인 효가 빠져있었음을 지적하지 않을 수 없다. 물론 학생들 눈높이에 맞춰서 만들었다고 하지만 뿌리 없는 가지만 무성한 꼴의 도덕책이 되었다.[12]

---

8) <인성교육진흥법>은 건전하고 올바른 인성을 갖춘 시민 육성을 목적으로 한다. 이 법에 명시된 인성교육의 정의는 "자신의 내면을 바르고 건전하게 가꾸며 타인, 공동체, 자연과 더불어 사는 데 필요한 인간다운 성품과 역량을 기르는 것을 목적으로 하는 교육"이다. 법안이 2014년 12월 29일 국회를 통과, 2015년 1월 20일 공포되었다.

9) 교육부(2018. 3. 1. 초판), 초등학교 3, 4학년 도덕, (주)지학사. 교육부(2017. 3. 1. 3쇄), 초등학교 5학년 도덕, (주)지학사. 교육부(2018. 3. 1. 4쇄), 초등학교 6학년 도덕, (주)지학사.

10) 노영준 외8(2018. 3. 1), 중학교 1학년 도덕, (주)동아출판, 윤건영 외11명(2018. 1. 6쇄), 중학교 2학년 도덕, (주)금성출판.

11) 조성민 외 6인(2013. 8. 30. 교육부 검정), 고등학교 생활과 윤리 (주)비상교육

12) 김황기, 「부모의 효교육을 통한 '마음나누기'가 자녀의 미래에 미치는 영향(4)」, 『청소년과 효

『효경』에서는 효의 중요성을 강조하며, 모든 덕행을 효행에 종속시키는 경향을 보여주는데 "효는 덕행의 근본이고 가르침은 여기서 나온다."[13]고 하며 효는 지극한 덕과 도의 요체이며, 모든 도덕의 근본이며 일체 교화의 기본이라는 것을 명백히 밝히고 있다. 또한 효문화교육은 인류의 가장 보편적인 필연적 행동이라는 것을 잘 나타낸 것이다.

그러므로 이러한 윤리관의 재정립을 단지 부모나 연장자의 권위를 높이려는 것이 아니라 전통사상이 실추되어 버린 오늘날 우리 사회가 절실히 필요로 하는 시대적 요구이며 중대 과제인 것이다.

'인간은 교육적인 존재'라는 측면에서 볼 때 효교육은 인간을 인간답게 육성하는 가장 근본적인 교육이라고 볼 수 있다.[14] 또한 이러한 사회와 가정환경 속에서 노인문제를 해결하는 한 방안으로서 효교육을 강화해 한국적 가치관을 재정립하는 일이 매우 시급하다고 할 수 있다.[15]

맹자는 '오륜'이란 인간이 지켜야 할 도리의 가장 큰 다섯 가지의 인간관계를 말하였는데[16] 그 중에 '부자유친'은 부모 자식 사이는 '친(親)'함이 있어야 한다는 뜻이다. 우리 모든 인간이 인간관계의 기본윤리이며 가장 모범적인 '틀' 이라고 생각한다. 부모가 없었다면 세상에 태어날 수도 없고, 성장할 수도 없다. 그러므로 부모와 자식 간의 관계를 '천륜'이라 하며 '오륜'에서 첫째로 꼽는다.

문화』, 한국청소년효문화학회, 2019.

13) 『孝經』「開宗明義章」, 夫孝德之本{也, 敎之所繇生也.

14) 김익수, 『우리의 고유사상과 효교육문화』, 수덕문화사, 2009.

15) 박순한, 「교육경력노인의 능력을 활용한 '효' 프로그램 개발 및 적용 방안 연구」, 성신여자대학교 대학원 박사논문, 2002, 3쪽.

16) 『孟子』「滕文公」上, "人之有道也…父子有親, 君臣有義, 夫婦有別, 長幼有序, 君臣有義."

우리의 전통 윤리관이 급격히 상실되고 있는 현 상황에서 전통적인 인성교육의 핵심가치인 효교육이 완전히 퇴색되었다. 따라서 이와 같은 현상은 젊은 기성세대들에게서 현저하게 나타나고 있다. 현대사회에서 젊은 세대들은 한국적 가치인 효사상이 봉건적 산물인 유교적인 삼강오륜의 일부분으로 고리타분한 사상이라는 사고를 가진 사람도 있다. 그러나 '효'란 부모와 자식 간의 천륜의 정을 기본으로 부모는 자식에게 자애의 따뜻한 보살핌의 사랑으로, 자식은 부모님을 정성을 다해 섬기며 보은하는 것을 원칙으로 살아가는 보편적인 도리이다.

따라서 현대가정과 현대사회가 인간성 회복을 위한 노력으로서 우리의 고유 전통문화인 '효'에 대한 가치관을 재정립해 '효'의 당위성을 인식케 하고 실천하게 해서 도덕적인 확고한 가치관확립을 위한 효교육이 가정, 사회, 학교교육에서 강화할 필요성은 시대의 요청이기도 하다. 또한 '효'에 대한 실천연구는 매우 시급하며 중요한 일이라 생각된다.

한국적 가치인 효윤리와 인성교육의 실종에 의한 노인학대 문제를 가정과 학교와 사회가 체계적이고 유기적인 관계 속에서 상호협력해 전인적 교육체제와 부모의 자애, 효교육과 자녀의 정성스러운 부모 섬김 교육이 국가정책으로 이루어져야 할 것이다.

2. 효문화와 가정교육

1) 효문화란?

우리사회는 물질문명의 풍요 속에서 생활이 편리해졌지만 오히려 정신적인 빈곤과 갈급함을 느끼며 살고 있다. 그러한 대중 속의 개인은 고독을 느끼면서 미래의 막연한 불안감을 느낀다. 요즘 세대들은 어떠한 권위도 인정하지 않으면서 자유분방하게 살아가는 경향이 있다. 이러한 편리함 속에서도 과거의 전통적인 가치관에 눈을 돌릴 필요가 있다. 조선시대의 효도는 사회를 지배했던 유교적인 윤리 중심의 이념이자 생활지침으로 그 당시의 사람들이 지켜야 할 덕목이었다.

『중용』제20장의 인자인야(仁者人也)에서 보면 사람다움의 시작은 부모를 공양하고 봉양하는 효도에서 출발한다. 효도는 모든 사람들의 본이요 행위로서, 가장 가까운 가족에 대한 사랑이다.[17] 또한 전통문화인 경로효친 사상을 현대에 계승하기 위해서는 현실적인 시점에서 실효성을 높일 수 있는 방향으로 다루어야 할 것이다.

'효'란 자식들이 부모에 대한 몸과 마음을 다한 정성을 말한 것으로서 인간이 인간답게 살고자 할 때 가장 먼저 실천해야 할 행실이요, 인간의 인격형성에 근본이 되는 것이다.[18] 전통적인 효는 인(仁)의 덕을 실천하는 근본이고, 덕성함양의 시작이 되는 것으로서

---

17) 이기석・한용우,『대학・중용』, 홍신문화사, 2011, 316~320쪽. 仁者는 人也니 親親이 爲大하고 義者는 宜也니 尊賢이 爲大하니 親親之殺와 存賢之等이 禮所生也니라 故로 君子는 不可以不修身이니 思修身인데 不可以不事親이요 思事親인데 不可以不知人이요 思知人인데 不可以不知天이니라 인(仁)이란 사람이니 친족(親族)과 친하게 지냄이 크고, 의(義)란 마땅함이니 어진이를 높임이 크다. 그러므로 인이란 인간(신체적・정적) 자체이기 때문에 인간에게 있어서 가장 직접적으로 주어진 친족(혈연관계자, 부모, 형제, 친척)을 친애하는 것이 가장 중요함을 말하고 있다.

18) 최왕규,「한국인의 가정갈등과 효도관에 관한 연구」, 인하대학교 대학원 박사논문, 2007, 17쪽.

백행의 근원이 되고, 모든 인간 삶의 근본이 되는 것이다. 그러므로 효는 지역과 언어와 풍속, 관습이 다를지라도 인간의 기본적인 중요한 가치로 여겨 왔다. 수천 년을 내려오는 동안 그 정신은 변함이 없었다. 그렇지만 효의 기본정신은 변함이 없을지라도 그 시대와 가정환경과 사회변화에 따라서 효의 가치가 변화되고 있다.

오늘날 우리나라는 한마디로 교육위기의 시대라고 말할 수 있다. 가정의 붕괴와 가족해체가 가속화되면서 현대사회의 도덕과 윤리관이 무너져가는 상황을 쉽게 볼 수 있다. 가정은 인간의 삶에 있어서 아주 중요한 곳이며, 또한 가정은 인간에 있어서 행복의 보금자리이기도 하다. 따라서 제1차 교육의 장이며 우리의 사회를 유지케 하며 영속시켜가는 최소의 단위이다. 이러한 면에서 부모와 자식 간의 따뜻한 사랑은 진실로 고귀하며 부모와 자식 간의 온화한 사랑은 혈연적으로 맺어진 숙명적 관계이므로 공자는 천성적(天性的) 관계[19]로 파악하고 있는 것이다. 자식은 누구나 부모에 의해서 태어난다. 부모님의 따뜻한 사랑을 받으며 생로병사의 과정을 지나게 되고 따라서 부모는 부모대로 자식의 염려와 우려 속에서 임종을 맞게 된다. 부모와 자식 간의 관계는 한없는 사랑과 관심 속에서 서로의 역할을 다하는 것이다. 이러한 것이 사랑이며 ''부자자효'인 것이다.

부자자효(父慈子孝)는 부모와 자녀관계의 상호성을 바탕으로 전통적인 효의 핵심이라고 말할 수 있다. 부자자효의 용어가 처음 수록된 경전은 『예기』[20]다. 『예기』는 고려시대 안향이 처음 들여와

---

19) 『孝經』, 「父母生績」, "子曰, 父子之道, 天性也."

20) 오경(시경 · 서경 · 역경 · 예기 · 춘추) 중 하나로서 주나라 말기의 춘추시대를 거쳐 전국시대에 진(秦)나라와 한(漢)나라 초기의 유학계에 산재한 자료들을 집대성한 고전으로서 유가사상의

전국으로 널리 보급 되었던 경전은 인간의 외적인 법도의 총체라고 할 수 있다.

예(禮)는 본래 의(義)에서 시작되고 의는 인(仁)에 근거해, 인과 의는 인간의 기본도를 형성하는 유학의 이상목표이며 인간의 실천적 윤리의 요체(要諦)라 할 수 있다. 공자는 '예를 배우지 않고는 남의 앞에 설수 없다'라고 말했고, 맹자도 '사양하려는 마음이 예의 실마리이다'고 말했다. 예란 인간이 살아가는 모든 것을 말하며 자신의 몸을 수양하고 부부 부모 형제 가족 이웃과 윗사람, 아랫사람에 대한 인간관계의 모든 형식과 의식주를 비롯한 일상생활의 문화, 정치, 사회와 경제, 습속, 제사 등 이사회의 근간을 이루는 정신적인 골격에 이르기엔 그 범위가 매우 광범위하다.

『소학』에서 보면 자식은 늘 부모님의 뜻이나 마음을 소리 없는 가운데서 깨닫고, 보이지 않는 중에 알아차려야 한다.[21]고 하였다. 즉 이심전심으로 부모를 받들어 섬겨야 한다는 것이다. 이러한 심정적 교감은 다른 사람에 대한 사랑에서도 나타나기 마련이다. 따라서 부모를 섬기는 것이 가장 중요한 것이며 예의를 지켜서 불의에 빠지지 않게 함이 중대한 것이다. 또한 섬기고 지켜야 할 근본은 사친(事親)과 수신(修身)이다. 즉, 자식이 자신의 몸을 잘 보존해야 부모도 잘 섬길 수 있다.

또한 조상들이 지켜온 삶의 지혜와 교훈에서 주시해야 할 부분이 있다고 본다.[22] 현대적인 생활방식으로 수용이 가능하고 평등주의의 인권사상에 일치되는 부모와 자녀관계의 질서가 필요하다. 그것

모든 것을 총 정리한 백과사전적 경전이다.

21) 『소학』「明倫篇」20章, 聽於無聲 視於無形.

22) 한영진, 「부자자효(父慈子孝) 교육프로그램」, 숙명여자대학교 대학원 박사논문, 2004, 24쪽.

은 부자자효로써 우리사회에 꼭 회복되어야 할 효행의 원리이다. 우리의 조상들은 예로부터 부모님께 효도하고, 웃어른을 부모처럼 공경하고 형제간에 우애 있게 사는 것을 사회의 질서 유지하는 바람직한 미덕으로 여겼다. 우리의 조상들은 가족 간의 관계, 마을공동체, 더 나아가 나라를 다스리는 근본적인 질서를 경로효친에 바탕을 두고 서로가 인정이 넘치는 공동체 의식 속에서 살아 왔던 것이다. 삶의 과정에서 인정과 상호존중을 귀하게 여기는 인본주의 윤리의식의 저변에 바로 '효'가 자리하고 있었다.

공자는 『논어』에서 자유(子遊)의 질문에 "요즈음의 효도란 물질로써 봉양만 하면 되는 줄 알고 있으나 개나 말도 집에 두고 먹이지 않는가. 공경하는 마음이 따르지 않는다면 무엇으로 구별하랴"[23]라고 하면서 '경(敬)'의 중요성을 강조하고 진심으로 공경하지 않으면 '견마지양(犬馬之養)'이라고 했다.

효의 본질은 물질이 아니라 부모님을 섬기는 효성스러운 마음에 있다. 우리 어머니는 몸속에서 열 달을 키워서 이 세상에 태어나기까지 받은 한없는 사랑과 태어난 뒤에도 홀로 설 수 있도록 지켜주시고 보호해 주신 부모님의 한없는 사랑을 헤아려 보려는 마음이 내 마음속에 확고히 자리 잡아야 할 것이다. 오직 자식이 잘되기만 바라시고 건강하게 잘 자라도록 기원하는 성자와 같으신 부모님의 마음을 신뢰하고, 감사함을 바탕으로 부모님을 섬기고자 하는 마음이 솟아오르고, 이러한 마음이 행위로 나타나는 것이 효라고 할 수 있다.

그렇다면 자녀로서 부모에게 반드시 효도를 해야 하는 이유가 어

---

23) 『論語』「爲政」, "今之孝者, 是爲能養, 至於犬馬, 皆有能養, 不敬何以別乎."

디에 있는가? 효도의 이유를 『예기』[24)]와 『동몽선습』의 내용에서 그 근거로 들어보자. 자녀는 부모님에게 두 가지 유형의 은혜[25)]를 입고 있다. 첫째는 부모가 이 세상에 태어나게 해준 은혜이고, 둘째는 오늘이 있기까지 길러준 은혜다.[26)] 그러나 부모님을 존중하고 모시려는 마음이 없는 것은 아니지만 시대의 변화에 따라서 가치관의 변화가 있는 것은 사실이다. 부모와 자녀 사이는 천륜관계이고 효의 본질적인 가치관은 현대사회에서도 살아서 끊임없이 유지하려는 가치와 규범이 전승되고 있다. 따라서 사회적 현상은 물질문명과 정신문화가 올바른 가치관 재정립이 이루어지지 못한 데 있다. 이러한 효에 대한 올바른 인식을 우리 모두가 갖도록 해서 보다 성숙한 가정과 사회가 될 수 있도록 효문화 교육은 반드시 해야 한다.

2) 효교육

효교육은 인간을 인간답게 살아가는 가장 근본적인 교육으로서 부모가 평소에 모범을 보이지 않으면서 자녀에게는 효행을 강조하는 것도 문제다.[27)] 따라서 가정에서 부모의 모범된 삶이 먼저 이루어져야 할 것이다. 동북아 사상사에서 효는 교육이요 철학이라고 보기도 하지만 동방에 사상의 핵심이라고 볼 수 있다. 효사상은 일찍이 인류시원 사상으로 자리매김한 바 있으며,[28)] 이러한 효교육이

---

24) 『禮記』祭義, 父母全而生之 子全而歸之 可謂孝也.

25) 『童蒙先習』, 父子天性之親 生而育之 愛而敬之奉而承之孝而養之. 『禮記』, 祭義 : 父母全而生之 子全而歸之 可謂孝也.

26) 성규탁, 『새 시대의 효』, 연세대학교출판부, 1995, 31쪽.

27) 부산교육위원회, 『효도교육자료』, 반도인쇄사, 1987, 22쪽.

28) 김익수, 「우리나라 도덕윤리 교육의 역사와 현대도덕교육」, 『한국사상과 문화』82집, 한국사상문화학회, 2016.

이루어지는 최초의 학교가 가정이라는 공간이다. 가정은 부모와 자녀 간에 자연스러운 교육의 원초적인 장이라 할 수 있다.

따라서 자녀의 양육과 교육은 부모가 담당해야 할 역할이며 책임이다. 자녀들은 부모로부터 교육을 받으며 성장 과정을 거치게 된다. 그러므로 부모와 자식 간의 사랑이 확장되어서 형제간에 우애를 낳고, 화목하게 되며, 남의 부모도 공경하게 되고, 이웃과 같은 공동체를 형성해 서로 친구로 여겨서 화합하고, 더 넓게는 모든 인류와의 협동과 평화를 이루게 된다. 이러한 우리의 효교육은 경로사상과 연계되어 연로하신 부모를 대하듯이 이웃노인을 공경스럽게 대하도록 가르치고 실천하도록 한 것이다.

그러나 현재의 우리나라 학교교육은 지식의 전달만을 중심 교육으로 하여 윤리나 인격적인 연마는 소홀히 하는 것과 갔다고 볼 수 있다.[29] 즉 학교에서는 지식의 교육과 동시에 효와 예절교육을 가르치는 곳이 되어야 한다. 또한 더불어 살아가는 삶을 일깨워주고 마음에서 우러나오는 부모님에 대한 보은의 마음이 효도를 실천할 수 있도록 효 교육프로그램을 체계적이고 지속적으로 개발하고 운영한다면, 그리고 선생님들이 지속적인 관심을 가지고 지도한다면 인성은 얼마든지 변할 것이다.

효교육을 하는 것은 인간의 근본을 알아서 성장하는 새로운 세대로 하여금 인간다운 행실과 자질을 갖추도록 하는 일은 인성교육이 가장 중요한 일로 간주된다.[30] 따라서 우리의 조상들은 경로효친을

---

29) 김효건, 「정약용의 『목민심서』와 사회복지사상과의 관계에 관한 연구」, 한영신학대학교 대학원 박사학위논문, 2013, 135쪽.

30) 정해창 외, 「도덕성 회복을 위한 학교교육의 과제」, 『가치관의 변동과 도덕성 회복』, 정아인쇄사, 1996, 226쪽.

도덕의 근본으로 생각했고, 특히 우리 민족은 경로효친의 사상으로 결집된 민족이라 해도 과언은 아니다. 효문화와 교육의 중요성이 계속 강조되고 있음에도 학교에서 효교육의 실태는 성과를 내지 못하고 있다. 현대사회가 정보화 사회가 되면서 물질만능과 비인간화, 기계화 현실을 초래하고 있다. 그러므로 우리가 효를 피상적인 형식만 논의할 것이 아니라 생활 저변에 있는 인간의 본질을 논의한다면 효의 가치체계를 긍정적으로 해석할 수 있을 것이다. 인간존중의 가치관 정립에 효교육이 크게 기여할 수 있을 것이다.

우리의 가정에서 효교육을 통한 이상적인 효자상은 어떤 모습으로 설정되고 우리의 가정에서 부모가 자녀에게 행동하는 효교육은 한계가 많다는 사실을 들 수 있다. 무엇보다도 자녀에 대한 부모의 생각은 지식위주학습이며, 이는 오직 입시위주교육으로 나타나고 있다. 그러나 유혜령은 전통가정의 교육에서 입신출세가 목적이 아니고, 입신행도(立身行道)가 삶의 목표로 설정되었듯이, 현대 가정에서도 효교육의 목표는 본질적이며, 근원적으로서 무엇보다도 '자아실현'에 있다고 하겠다.[31] 최종적인 효교육의 목적이 바로 자아실현의 길이라 생각된다.

현재 우리나라가 선진국으로 가기 위해서는 부모들이 자녀교육 목표를 일류대학에 진학시켜서 경제적인 능력을 가진 사람으로 만드는 데에 만족할 것이 아니라 미래지향적인 큰 사람을 기르기 위해서는 인성이 올바른 교육에 힘을 기울여야 한다. 즉, 부모의 효행을 본받는 것으로 효교육이 개선되어야 하고 효교육은 몇 번만의 모범으로 이루어지는 것이 아니라 매일 매일의 평상시 생활에서 우

31) 유혜령, 『전통 가정교육의 인간상』, 한국정신문화연구원, 1993, 46쪽.

러나는 삶이 자녀들에게 교육이 되도록 하는 것이 중요하다.

결과적으로 효문화교육은 우리의 전통적인 문화가 인간 존중과 경애를 중요시한 참 교육이고 사랑을 바탕으로 하는 이웃과의 협동이 교육이고, 평화를 추구하는 참된 교육으로서 인간존중의 교육이 중심이 되어야 한다. 즉 인간을 존중하는 다각적인 측면에서 적극적인 효와 인성교육이 필요하다. 지식은 인터넷에서도 배울 수 있으니 학교에서만은 교과교육과 효와 인성교육을 가르쳐서 출세하고 살만한 세상과 꼭 가보고 싶은 나라가 되기를 그려본다.

3) 전통적 가정의 효교육

한국은 오랜 전통 역사를 이어오면서 농경사회 중심의 경제체계였으며, 혈연을 중심으로 한 가족공동체의 삶을 형성해 왔다. 가족의 형태는 기본적으로 3대가 한 가족을 이루어서 사는 대가족체제로 이루어서 살았다. 무엇보다도 도작문화(稻作文化)는 하늘에 의지하는 성향을 갖도록 하였으며, 농사에 대한 오랜 경험을 갖고 있는 어른들의 경험에 대해 권위가 부여되었고 가부장적인 질서체제가 자연스럽게 세워졌다.

이계학은 한국의 전통사회의 가족구조에 관해 한국 전통 가정사회는 중국이나 일본과는 달리 혈연적 수직구조를 발달시켜 왔으며, 이 혈연적 수직 구조에서는 자연히 가부장권이 강화되었고 따라서 효의 개념이 강조되는 배경[32]이라고 보았다.

전통가정에서 부모가 자녀에 대한 효교육의 이상적인 부모다움과 그 역할에 대하여 엄부자모를 강조했다. 이 말의 뜻은 자녀교육

---

32) 이계학・유혜령・손직수・이홍우, 『한국인의 전통가정교육사상』, 한국정신문화연구원, 1993, 17.

은 아버지의 권위와 어머니의 포근한 자애로움의 조화를 통해서 이루어진다는 견해인 듯하다. 옛 우리의 조상들은 무엇보다도 효의 본질로서 경애를 핵심으로 삼았다. 이러한 면에서 경은 일반적인 공경한다는 의미로만 해석해서는 안 되고 경에는 사랑과 두려움이 동시에 들어있는 정감이라고 생각한다.

퇴계 이황 선생은 어려서 일찍 부친을 잃고, 모친에게 가정교육을 철저히 받으면서, 스스로를 조절하는 율신(律身)의 삶으로 일관했다. 율신은 자기 자신에 대한 약속이요, 몸가짐이다. 이렇게 엄격히 자기 자신으로 향하는 이기적인 욕망을 극복하는 과정으로 보이며, 유가에서 강조하는 수신이라는 것과 동일한 의미인 듯 보인다. '사람다운 사람'은 저절로 되는 것이 아니라 올바른 가정교육에 의해서 교육된다는 한국인의 교육사상은 가정교육의 원리에 나타나고 '효교육의 원리'와 '엄부자모'의 원리, '경어법의 원리', 그리고 밖에서의 '경로효친의 생활'이 바로 그것이다. 자녀들은 부모님공경을 통해서 경을 키우고, 부성은 근엄함의 존재로서 '두려움'을 키우고, 모성은 따뜻함과 인자함을 통해서 자녀에게 '사랑하는 마음'을 싹트게 하는 부모의 교육적 기능이 그것이다.

전통가정에서의 교육은 '그 방법 면에서 간접적이고 비형식적인 형식을 띠기 때문에' 가정교육에 있어서 부모의 역할은 자녀의 교육에 있어서 대단히 영향이 크다고 할 수 있으며, 중요한 역할을 담당하고 있었음을 알 수 있다.

맹자는 이러한 사랑의 실천 방법을 친애(親)와 인애(仁愛)와 애용(愛)의 3단계로 설명한다. 그러므로 형제간은 손과 발 같아서 한 번 잃으면 다시는 얻을 수 없으니 형제끼리 사이좋게 지내야 된다는 '수족지애(手足之愛)'라는 말은『명심보감』에 보면 이와 같은 뜻의 말이 있다. 형제는 서로 손과 발이 되고, 부부는 옷과 같으므로 옷이 찢어질 때엔 다시 새 옷으로 얻거니와 손과 발이 끊어졌을 때는 잇기가 어려우니라.[33]라고 해서 형제란 한 부모에서 피와 살을 나눈 혈육지친으로 부부보다 소중한 사이임을 강조하고 있다.

그러므로 밖에 나가서 웃어른들을 자신의 부모님처럼 공경하는 삶이 바로 인격의 실체인 경을 실천해 가는 과정이고 원리다. 이 모두가 전통적인 가정교육의 원리이고 인격의 실체다. 이것이 우리 한국인의 전통적인 효교육이며 가정교육사상이다.

4) 현대적인 가치관과 가정의 효교육

우리사회는 급격한 사회 구조적 변화에 따라 가정의 구조도 전통적 대가족에서 부부중심 내지는 자녀중심으로 변화하였다. 이러한 현대사회에서 효교육은 어떻게 이루어져야 할 것인가? 과거의 효교육은 바로 유교적인 전통문화에 의해 사회질서를 유지하는데 역할을 해 왔다고 볼 수 있다. 그러므로 효의 개념과 논리가 현재의 시점에서 볼 때 상당히 일방적인 특성이 있었다는데 문제가 있다. 지금까지 효는 자녀가 부모에게 돌리는 은혜의 개념으로 이해해왔다. 다시 말해서 효는 언제나 아랫사람에게 지켜야하는 의무개념으로 끝없이 강조해 왔다는 말이다.

따라서 전통사회의 효개념은 무조건적인 것이지만 현대적인 효개념은 합리적인 것이 전제되어야 한다. 그것은 현대사회의 흐름과 같은 것이어야 하고, 현대사회의 변화에 역행하여서는 안 된다. 따

33)『明心寶鑑』「安義篇」, 兄弟爲手足, 夫婦爲衣服, 衣服破時, 更得新, 手足斷處, 難可續.

라서 현대사회의 특징은 산업화 사회의 영향으로 사회의 구조적적인 변화가 불가피 한 상황으로 변하게 되었다. 이러한 가정에서 부모와 자녀 간에 서로 여유 있게 대화하는 시간이 급격하게 줄어든 추세이다.

그러면서 노인층은 가족과의 관계 속에서 점점 소외되어 가고, 전통적인 농경사회에서 중요시 되었던 가장의 권위는 사라지고 뿐만 아니라 가족공동체의 구성원에서 소외되고 있는 실정이다. 또한 시대의 흐름과 더불어서 나타나는 과정이라고 볼 수 있다. 동서양을 막론하고 중세의 봉건적인 권위주의는 가부장적 권위가 존속하며 사회체제를 유지시켜 왔다. 그러나 서구사회에서 자본주의와 자유민주주의의 영향으로 개인의 자유와 개성의 존중과 평등이라는 이념의 갈등이 나타나게 되었다. 이러한 영향은 종적인 윤리체계를 유교 중심의 가부장적인 권위가 오늘날에 있어 만은 도전을 받게 되었다고 할 수 있다. 시대의 변화는 부모와 자식 간에 수직적인 권위와 엄격한 위엄은 사라졌다고 볼 수 있다. 그러므로 아버지는 자녀들과 함께 자연스럽게 어울려서, 아이들의 작은 의견이라도 들어주는 자상한 아버지의 역할이 요구되고 있다. 따라서 전통가정에서는 부모가 늘 자기수양의 과정을 수행하며 자녀들에게 암묵적 지도가 생활을 통해서 이루어졌다. 이러한 측면에서 현대가정에서도 평생교육차원에서 부모도 자기 전공분야를 중심으로 지속적인 자기계발을 추구해 가는 추세로 나타나고 있는 실정이다.

이러한 우리사회는 가족이 함께 대화하는 시간이 급격히 줄어들고 자녀들과의 관계보다는 밖에서 인간관계가 더 많아지게 되었다. 따라서 주로 가정에서 교육이 이루어졌던 것과는 다른 양상이며,

주로 학교교육에만 의지하는 입장으로 나타나게 되었다. 이러한 현대사회의 상황에서 엄부라는 전통적인 아버지의 역할이 오히려 자부(慈父)라는 아버지의 역할로 바뀌게 되었다. 요즘의 가정에서 이상적인 아버지는 보다 더 자녀들과 함께 어울리는 수평적인 부자관계가 오히려 자상한 아버지의 역할로 인식하게 되었다. 이는 바로 서구식 교육의 영향에 기인하는 것으로 보인다. 자녀가 성장하여 특정한 분야에서 인정받는 높은 수준에 이르렀어도 부모는 그들을 항상 어린자식으로 대하는 것은 자녀를 옛날에 묶고 퇴행시키는 태도로 바람직한 행동이 못된다. 부모와 자녀사이에 품격의 차이는 성장과 더불어서 점차 축소되어 어느 시점에서 그러한 관계가 바뀔 수도 있다. 부모들이 사는 방식은 오늘날의 기준에는 낡은 것이 되며, 자녀의 세대에 뒤질 가능성이 높아진다.

가정을 중심한 이러한 상황에서 부모의 생각은 지극히 습관적으로 자기의 자식은 자신이 잘 안다는 착각에 자녀들의 마음에 상처를 키우는 길이 될 수도 있다. 아이들은 아예 부모와 대화를 닫아버리는 경우도 나타나게 된다. 또한 부모와 의사소통이 이루어지지 않는 청소년들은 혼자서 고민하다가 사회적인 문제를 일으켜 가출을 하거나 결국은 극단적인 자살을 선택하는 사건까지도 나타나곤 한다.

그러므로 밥상머리 교육이 필요하다. 우리 속담에 ‘세 살 버릇 여든까지 간다.’는 말이 있듯이 어려서부터 효교육과 인성교육을 시켜서 바르게 성장할 수 있도록 교육하는 것이 매우 중요하다.

3. 고령화 사회의 효교육 문제점

1) 노인의 개념

노인에 대한 개념은 한 국가나 사회의 경제적, 문화적 배경과 관습은 물론 그 시대의 정치, 경제, 사회, 문화적 배경과 여건의 차이가 있고 노화과정은 정신연령과 생리적 연령이 개인에 따라 달라 역연령과 생리적 연령이 일치하지 않는 노인에 대한 개념규정은 그렇게 단순한 일은 아니다(안나영, 2002). 따라서 노인의 개념에 대하여 학자들의 견해를 소개하고 보편적이고 공통적 개념을 종합하여 정의하고자 한다.

1951년 미국의 세인트 루이시스에서 열렸던 제2회 국제노인학회에서는 노인을 ① 환경변화에 적절히 적응할 수 있는 자체조직에서 결격을 가진 사람 ② 생활자체가 자신을 통합하려는 능력이 감퇴되어 가는 시기에 있는 사람 ③ 인체의 기관, 조직기능 등에 있어서 감퇴현상이 일어나는 시기에 있는 사람 ④ 생활 자체의 적응이 정신적으로 결여되어 가고 있는 사람 ⑤ 인체의 조직 및 기능 축적의 감소로 적응 감퇴현상이 있는 사람으로 정의하고 있다. 브린(Leonard Z. Breen, 1960)은 노인을 ① 생리적 및 생물학적인 면에서 퇴하기에 있는 사람 ② 심리적인 면에서 정신기능과 성격이 변화되고 있는 사람 ③ 사회적인 면에서 지위와 역할이 상실되는 사람으로 보고 있다(장인협, 최성재, 1993). 또한 노인이란 인간의 늙어가는 과정에서 나타나는 생리적, 육체적, 심리적, 정서적, 환경적인 행동의 변화가 상호작용하여 복합적인 형태 과정에 있는 사람이라고 정의한다.

이상과 같이 생리적, 심리적, 사회적 연령을 고찰하면 서로 틀리기에 대체로 65세 이상을 노인으로 규정하고 있다.

2) 노인의 신체적, 생리적 특수성

신체의 노화현상은 신체세포의 재생감소로 인한 생체실진의 세포수의 감소와 세포의 예비능력의 저하로 인한 생리변화이다. 또한 노화와 노인의 생리기능은 내부기능의 적응력과 저항력의 회복력이 저하되고 외부의 영향에 의한 반응이 지연되어 신체감각과 동작관계가 둔화되고 신체는 저항력 감퇴로 인해 질병에 걸린 확률이 높고 연쇄반응을 일으켜서 합병증을 유발케 되며 회복능력이 저하되어서 재생이 어렵다. 그 뿐만 아니라 내부상황을 일정하게 유지하려는 능력을 손상 받게 된다. 또한 심장에서 뿜어내는 혈액의 양이 감소해 박동력이 떨어져서 심장 수축의 혈압이 높아지게 되고, 척추 사이의 연골조직이 얇아지면서 척추가 굽고 압축된다. 따라서 칼슘 고갈에 의해 뼈가 가벼워지고 조직이 성글어진다. 근육이 위축되어 있을 뿐 아니라 근섬유의 총량이 놀랄 정도로 감소해서 탄력성과 수축의 이완능력이 현저하게 저하되고 힘과 크기가 작아져서 통증 및 상해와 운동의 제한을 받기 쉽다. 신경계는 자극에 의한 반응이 늦어진다. 이외에도 위액의 분비감소 및 신장의 여과율 저하, 생식기관의 퇴화, 시력, 청력의 저하 등 외적, 내적인 변화를 겪게 된다.

4. 현대인들의 노인학대와 교육상 문제점

1) 노인학대의 개념

노인학대에 대한 개념은 사회적·문화적 차이에 따라 국가와 학자에 따라 다양하게 정의되고 있으며, 학대 자와 피학대자의 주관적 요인도 고려해야 하므로 일률적으로 정의하기는 어렵다. 실제로 노인학대에 관한 연구를 살펴보면 노인학대를 명확하게 정의할 수 있는 일관된 견해를 찾아보기 힘들다. 즉 일부학자들은 노인학대라는 용어 대신 방임 또는 방치나 부적절한 처우라는 용어를 사용하기도 한다. 또한 광의적인 개념에서의 노인학대는 신체적 학대, 심리적 학대, 정신적 학대 또는 언어적 학대, 의료적 학대, 성적학대를 포함하며, 협의적 개념에서는 단지 신체적 증거가 명백한 신체적 학대만을 노인학대로 간주하고 있다.[34] 실제로 노인학대에 관한 많은 조사를 보면 학자에 따라서는 좁게는 신체적 학대에서부터 방임이나 부적절한 처우, 심리적 학대, 넓게는 자기학대, 자기방임까지도 포함하고 있다.

고정관념 때문에 대다수의 일반인과 전문가들의 관심의 대상이 아니었다. 1970년대 후반부터 노인학대에 대한 많은 연구자들은 재가노인들(학대자와 희생자의 가정 내의 학대)을 중심으로 노인학대의 정도와 본질을 연구했으나, 노인학대의 정의는 연구자에 따라서 다양하다. 이러한 결과의 부정적인 측면은 노인학대에 대한 정의와 이해가 올바르게 이루어지기도 전에 노인학대의 문제를 해결하기 위한 성급한 결론을 내렸다. 반면에 긍정적인 측면은 대중적 및 전

34) 김현수, 「노인학대의 실태에 관한 연구」, 숭실대학교 대학원 석사논문, 1997, 9쪽.

문적 의식의 학대와 전문적인 연구조사가 이루어졌다는 것이다.[35)]

위와 같은 노인학대에 대한 정의는 학자에 따라서 그 내용을 달리하는데 인간으로서 기본적인 권리를 침해하는 일체의 행위를 잠재적 학대행위로 간주하는 경향을 가지고 있다. 이러한 노인학대에 대한 정확한 측정과 공식적인 보고가 사실 불가능하므로 노인학대에 있어서 명확성과 일관성이 부족하므로 학대하는 사람의 판단도 모호하기 때문에 노인학대의 정확한 정의 내리는 데는 많은 어려움이 있다. 우리나라에서 노인학대에 대한 인식조사를 한 연구에 보면 성적 학대와 재정적인 착취, 신체적인 학대, 의료적 방임, 신체적인 방임과 같은 신체와 재산에 대해서는 민감한 반면 수발상황에서 신체적 구금 또는 권리침해와 비신체적 학대에는 관대하였다. 이러한 노인들의 자기학대 또는 자기방임과 노인학대의 유형으로는 전혀 고려하지 않았다.[36)] 따라서 노인학대를 본인 스스로 보호할 수 없는 노인들에게 가족구성원인 배우자와 성인자녀와 친척들이 신체적・정신적・경제적・언어적인 학대와 방임(방치)하는 것으로 정의하고자 한다.

2) 노인학대의 유형

(1) 신체적 학대

'신체적 학대'란 폭력에 의한 신체적 손상과 정신적인 타격을 말하며 피해자에게 공포심을 느끼게 하는 위협적인 행위도 포함된다.

---

35) 박봉길, 「노인학대 인식도 분석을 통한 사회사업 원조전략」, 부산대학교 대학원 박사논문, 2000, 11쪽.

36) 최혜경, 「노인학대문제에 대한 사회복지사의 개입」, 충북사회복지연구소 창립5주년 기념학술세미나자료집, 충북사회복지연구소, 1996, 21-22쪽.

예를 들어 타박상에서부터 폭행과 타인의 권리에 관한 불법적인 부정과 성적 폭행, 행동의 자유에 대한 통제와 살인 등을 포함된다. 일반적으로 신체적인 학대는 다른 학대의 형태보다 드물게 발생하는 것으로 나타났다.[37] 또한 좀 더 소극적인 형태의 신체적인 학대는 노인이 더 쾌적한 환경과 피해를 피하기 위해서 필요한 재화나 용역의 서비스 등을 부양자가 제공하지 않는 것으로서 식사나 물을 충분히 제공하지 않으며 안경, 보청기, 틀니, 지팡이 등 신체에 필요한 보조기구를 주지 않고 노인을 위해 아무런 안전 예방조치를 하지 않는 것들이 포함된다.

(2) 정신적 학대

'정신적 학대'에는 노인에게 정신적인 고통을 야기하는 행동으로서 심리적 학대와 언어적인 학대가 상호 교환적으로 사용되는 개념이다. 보통 심리적인 고통과 상처를 유발시키는 의도적인 행동으로서 신체적 학대를 수반하는 경우가 많다. 정신적 학대의 예는 언어적 또는 비언어적 행동으로, 의존적인 노인을 모욕하는 것, 어린아이처럼 취급하거나 위협, 협박하는 것 정신적 학대는 의존적인 노인에게 사회적인 격려를 제공하지 않는 것으로, 노인을 오랜 시간 동안 혼자 내버려두거나, 무시 또는 침묵으로 대하거나, 일상적인 정보 또는 뉴스, 일상생활사 등에 대한 얘기를 제공하지 않는 것을 포함한다.

---

37) 전길양 • 송현애, 「노인홀대에 관한 연구 I:기혼성인남녀의 학대와 방임에 대한 인식 및 경험을 중심으로」, 『한국가정관리학회지』제15권 3호, 한국가정관리학회, 1997.

(3) 경제적 학대

'경제적 학대' 에는 친척 또는 부양을 위임하는 자 등이 노인의 금전과 재산 등을 노인의 뜻에 상관없이 이전 또는 훔치는 것을 말한다. 가끔 폭력과 사기행위, 허위 대행권 행사를 그 수단으로 사용된다. 재산상속의 문제를 둘러싸고 자식이 노부모를 학대하는가 하면 나이든 노인의 재산과 연금, 수당을 착취해서 노인들을 경제적으로 어려운 경우를 볼 수 있는데 이러한 행동들이 경제적 학대의 전형이라고 볼 수 있다.

(4) 언어적 학대

'언어적 학대'는 의존적인 노인이 모욕당하거나 어린 아이처럼 취급받거나 위협, 협박당하는 것을 말한다. 또한 노인을 위협하며 노인의 요구를 무시하고 대화도 하지 않으며 어린애처럼 다루며 욕을 하고, 가족원의 감정적 문제를 언어로서 노인의 심리적 부담을 갖게 하는 표현들 모두가 언어적 학대에 포함된다.

(5) 방임

부양자가 노인의 신체적인 손상과 정신적인 고통을 피하는데 필요한 물품과 혹은 서비스를 제공하는 것들이 보살핌에 이행하지 않은 것으로서 노인과 의존적인 사람에게 음식과 의복, 주택 같은 생활필수품을 제공하지 않는 것이다. 그리고 수동적인 방임은 부양자의 무능력이 부적절함 때문에 의존적인 노인이 무시당하거나 혼자 방임되어서 기본적으로 먹고, 입고, 약물을 복용하는 것 등 서비스 공급이 안 되는 경우를 말한다. 능동적인 방임은 의존하는 노인이 사회적 접촉과 먹는 것, 입는 것, 약과 다른 필요한 재화나 용역을 의도적인 박탈을 말한다.

3) 노인학대에 대한 대처방안

현재 우리나라는 지속적인 생활수준 향상과 보건, 의료기술이 발달하여서 수명 연장과 같이 노인인구가 크게 늘어나고 있다. 그 결과 1960년에 65세 이상 노인인구가 전체인구의 2.9%였는데, 1999년도에는 6.8%, 2000년도에는 7.1%를 넘어 고령화 사회로 진입하였으며, 2022년에는 14%를 넘어서 고령사회로 가게 될 전망이다. 특히, 그 증가속도가 빨라서(노인인구의 비율이 7%- 14%로 증가되는 기간이 22년)오랜 기간에 걸쳐서 인구의 고령화에 준비해 온 선진국과는 달리 우리나라에서는 고령사회에 대한 준비가 아주 시급함을 의미한다.

따라서 노인인구의 빠른 증가와 함께 노년부양비 또한 급격히 늘어서 1998년에는 9.2%에서 2030년에는 29.8%로 급격히 늘어나고 생산연령인구 2.4명이 1명꼴로 노인을 부양해야 할 것으로 전망되고 있다.

과거 전통사회에서 노인은 가정에서 중요한 역할을 해왔으나 요즘에는 노인이 가정에서도 보조적인 역할을 담당하며 점차 소외당하는 위치가 되었다. 또한 사회, 경제, 문화적인 여건 변화로 노인부부 또는 혼자 사는 독거노인이 늘어나고 있는 실정이다.

이러한 현실적인 노인학대의 요인이 증가하고 있으며, 노인 30% 정도가 학대를 당하고 있는 것으로 조사되었고, 이에 대한 대처방안을 제도적인 방안과 사회사업적인 방안으로 구분하여 제시하고자 한다. 노인학대가 단순한 가정폭력이 아닌 사회적인 문제 차원에서 인식과 해결하려는 노력이 요구된다.

4) 제도적인 대처방안

(1) 사회적인 인식의 전환

노인학대는 사회규범과 가치의 변화와 세대 간의 가치관의 인식 차이와 노인인구의 증가 및 경제여건의 변화와 복합적인 요인에 의해서 발생하는 문제로서 실제로 빈번하게 발생되고 있으나 가정 내에서 문제의 치부가 외부에 알려지는 것을 꺼려하는 우리문화의 특성과 일반 사람들의 관심부족으로 언론매체를 통해서 보도되는 경우를 제외하고는 별로 관심을 끌지 못한 것이 사실이다.[38] 이러한 노인학대 문제에서 대처하는 큰 장벽으로서 노인학대가 단순한 가정폭력이 아닌 사회적인 문제의 차원으로 인식해서 적극적인 해결책을 강구하는 노력이 요구된다.

(2) 노인학대 파악을 위한 제도적 장치

노인학대의 위험수위가 가시화 되어서 이제는 더 이상 숨길 수 없는 상황에 이르렀다. 특히 핵가족이라는 한정된 가정환경의 상황 속에서 발생되는 노인학대는 인권유린적인 중대한 범죄로 볼 수 있으며 해결책도 그 가족적인 지원망에만 의존하기에는 피해자가 겪어야 할 정신적, 신체적, 심리적인 상처가 너무 깊다.

<노인복지법>에 노인학대에 대한 조항을 새로 삽입하는 방법도

38) 김한곤, 「노인학대의 인지도와 노인학대의 실태에 관한 연구」, 『한국노년학』제18권 1호, 한국노년학회, 1996.

고려해 보아야 한다. 또한 현재의 행복지기관이나 동사무소의 사회복지과 소속의 노인복지가 아닌 노인복지만 전담하는 전문부서로 독립되어서 노인복지행정을 실행해 나갈 때 노인문제의 관심도 높아지고 노인학대에 대한 정보와 사건의 정확한 파악과 보호를 할 수 있을 것이다. 또한 학대받는 노인들을 모실 수 있는 일시 보호소를 설치하고, 이들의 보호비용을 가족, 또는 복지부에 청구하는 제도방안도 검토해야 할 것이다.

(3) 노인 의료서비스의 강화

현재 우리나라는 아직 만성적인 노인 질병과 특성을 감안한 '노인보건의료서비스' 공급체계가 되어 있지 않다. 전문요양시설과 노인전문병원이 만이 부족하고 노인성 만성질환자에게 다양한 질 좋은 서비스를 제공 받을 수 있는 우수한 전문 인력의 공급이 원활하게 이루어지지 않고 있다.

노인들이 바람직한 의료복지를 제공받게 하기 위해서는 먼저 노인복지정책 중에 의료정책의 중요성을 정부와 사회가 함께 인식해야 하며 세부적인 노인종합보건의료센터를 확장하고 노인병원과 보건소를 연계해서 노인의료와 재가보건의 중심으로 육성해야 한다. 따라서 노인건강진단 사업의 내실화와 가정봉사원제도, 요양시설의 의료기능 강화, 간병비용과 조달대책 마련 등의 다양한 대책이 뒤따라 마련되어야 한다.

(4) 노인 취업기회의 확충

정부는 노인의 취업확대를 위하여 산업구조 및 기술변화에 적응할 수 있도록 노인 취업적합 직종에 대한 직업훈련 기회를 확충하고, 기업체에서도 퇴직준비 프로그램을 비롯하여 재취업을 위한 여러 가지 실무훈련을 실시하도록 적극 권장하여야 할 것이다. 또한 농촌지역노인들에게 새로운 영농기술을 습득시키기 위한 교육훈련과 영농자금이 필요한 노인에게는 자금을 지원하여 농업생산성의 향상과 함께 증가하는 농어촌지역 노인의 소득증대를 유도하여야 한다. 그리고 도시에 인접한 근교 농촌에서는 화원이나 고등채소 등 수익성이 높은 근교농업을 노인적합 직종으로 발전시키는 방안이 강구되어야 한다.[39] 따라서 현재 노년층의 낮은 교육수준에 준하여서 앞으로 고학력 고령자의 증가에 대비하여서 노인고용에 대한 장기와 단기의 구별된 고용 정책개발이 필요하다. 또한 현세대 노인을 위하여서는 현세대 노인의 학력과 경험에 알 맞는 노인적합 직종의 확대와 보급이 필요하다.

(5) 활기찬 노년문화의 형성

가. 경로당 운영 활성화

경로당이 그 지역의 건전하고 쾌적한 휴식과 친목의 공간으로서 새롭게 제고되어야 할 것이다. 경로당의 주로 이용자 70세 이상의 고령노인들에 근거해서 경로당이 그들의 적합한 휴식 공간이 되고 친목의 장이 되도록 적극적인 정책지원이 필요하다. 또한 경로당 노인들의 현실에 맞지 않는 너무 많은 프로그램을 실시하는 보다는

---

39) 이승직, 「고령화사회 노인복지정책의 미래전망에 관한 연구」, 대구대학교 대학원 석사논문, 1997, 72-73쪽.

정부의 지원은 휴식과 친목에 필요한 의자와 쇼파, TV, VTR 등의 비품 구비와 건전하며 쾌적한 환경을 위한 시설 등에 중점을 두어야 할 것이다.

따라서 현재 화투와 장기 등 오락위주의 시설이용 형태에서 취업과 건강정보, 취미생활과 건전한 여가프로그램을 개발하여 보급하고 명사를 초청하는 인문학 강의도 필요하겠다. 한편, 부녀회와 청년회 등과 유기적인 협조체계를 유지해서 청소와 급식 등의 서비스를 제공 받도록 추진해야 할 것이다.

나. 보람 있는 노후생활을 위한 자원봉사활동 강화

사회활동을 통해서 생산적이고 삶에 보람을 느끼는 노후생활을 영위할 수 있도록 노인들이 갖고 있는 각종 능력과 경험을 적극 활용할 수 있도록 기회를 마련함으로써 각자의 재능에 맞는 자원봉사활동에 노인들이 적극적으로 참여하도록 유도해 나가야 한다. 이러한 사회봉사활동을 원하시는 노인들을 지역봉사 지도원으로 위촉해서 이분들이 긍지와 보람을 가지고 즐거운 마음으로 지역사회에서 봉사활동을 할 수 있는 방안을 강구해야 할 것이다.

5. 끝맺으며

오늘날 우리의 가족형태는 완전히 핵가족화로 변화되었고, 가정에서는 부모 자식 간의 의사소통이 잘 안 되고, 학교에서는 성적위주 교육에 치중하고 있고, 효교육은 아예 하지 않는 것으로 알고 있다. 학교와 사회는 가장 우선의 가치를 출세와 부자 되는 것으로 만들어 버렸다. 이러한 문제는 우리 사회가 경쟁사회와 물질만능주의 사상이 오로지 결과만을 추구하는 경쟁사회와 생명경시풍조 확산 때문이다, 또한 핵가족으로 인한 가족중심 관계와 대중매체의 선도적이지 못하고 어른들의 상업적인 욕심으로 선정적이고 폭력적인 매체의 영향 등으로 상호신뢰가 무너진 사회로 전락되고 말았다. 이는 무엇보다도 효행교육이 중심이 된 인성교육이 절대적으로 부족했기 때문이다.

이러한 출산율의 감소와 평균수명의 증가는 노인들에 대한 부양이 가정적인 차원을 넘어서 국가적인 부담으로 대두 되였음을 의미하는 것이다. 따라서 부담은 노화로 인해 발생되는 신체적, 정신적인 취약성의 증가와 산업사회의 능률과 효율성, 그리고 생산성 위주의 가치와 맞물려서 노인학대로 나타나게 되였는데 노인학대를 예방하고 전 세대 간의 통합과 더 나아가 우리들의 자신과 삶의 권리와 가치를 높이기 위해 매우 중요하다고 하겠다. 따라서 근본적인 대처방안으로는 효와 인성교육인데 우리나라 속담에 '세살 버릇 여든 간다.'고 했다. 요즘 무릎교육과 밥상머리교육이 한창이다. 노벨상의 30% 이상을 차지한 유태인의 비결은 4천년 이어온 밥상머리 전통교육이다.

그러나 우리나라 교육정책은 일관성 없이 정권이 바뀔 때마다 교육정책이 바뀌니 학교 선생님과 학생들이 정신이 없다. 우리도 한국인의 전통윤리관 속에 깊이 뿌리내린 효의식을 하루 빨리 되살리고 가정에서는 밥상머리교육으로, 학교에서는 효와 인성교육을 정규과목에 넣어서 교육하고, 사회에서는 효도하는 자에게는 표창을 하고, TV와 언론에서는 대대적으로 칭찬을 해서 국민이 모두 존경하는 대상으로 삼고, 효행자에게는 정부에서 많은 혜택을 주어 효와 인성이 다시 살아나는 운동을 펼쳐나가야 할 것이다.

따라서 윤리와 도덕이 실추된 병든 사회를 치유하고 무너진 가치관을 회복하기 위해서는 청소년들의 눈높이에 맞는 효교육 프로그램을 개발하여서 실행해야 할 것이다. 청소년들은 성장하면서 가정과 학교교육 그리고 국가와 사회가 함께 하여 인성교육을 습득하므로 청소년들의 미래에 따른 전문적이고 일반적인 인성교육프로그램과 차별화 된 효교육 프로그램 개발이 시급하다. 지금부터라도 지속적인 효교육 프로그램의 교육을 정규 교과목으로 편성해서 어린이와 청소년들에게 집중적인 교육할 필요성이 제기된다. 그만큼 효교육이 절실하며 우리의 아름다운 전통적인 가정문화와 효행이야말로 자자손손 물려주어야 할 소중한 우리의 산 교육적, 윤리적 유산이고 자산(資産)임을 명심하고 전승해야 할 것이다.

제10장

정직을 통한 인성교육 효의 실천

김 창 경

(구봉 송익필 기념사업회 부회장)

1. 글의 시작

현대사회는 과학기술의 발전, 곧 정보통신기술의 비약적 발전에 의해 글로벌 및 다문화사회를 이루어서, 다양한 민족과 문화가 어울려 하나의 거대한 공동체 사회를 구성하며 살아가고 있다. 더불어 이에 따른 청소년들의 윤리교육문제와 전통교육문화의 상실 등, 교육적 현안문제들이 과제로 주어진 것도 당연한 현실이다.[1] 한국교육계에서도 이러한 시대적 요청에 부응하여 교육과정을 여러 차례 개정하면서 노력을 경주하고 있고, 오늘날 한국교육현장의 가장 큰 목표는, 덕(悳)윤리를 근본으로 하는 인성교육을 중요시하고 있다.

이는 2015년 교육부에서 제정한 <인성교육진흥법>을 통해 살펴볼 수 있다. 이를 살펴보면, "인간으로서의 존엄과 가치를 보장하고 건전하고 올바른 인성(人性)을 갖춘 국민을 육성하여 국가사회의 발전에 이바지함"을 목적으로 하고, 인성교육에 대해서는, "자신의 내면을 바르고 건전하게 가꾸고 타인・공동체・자연과 더불어 살아가는 데 필요한 인간다운 성품과 역량을 기르는 것"을 목적으로 하

1) 김익수, 「학교교육의 윤리교육문제와 전통적 효와 오륜의 현대적 수용-소학을 중심으로-」 한국청소년효문화학회, 『청소년과 효문화』제34집, 2019, 40쪽.

고 있다. 그러면서 인성교육의 목표가 되는 것으로 "핵심 가치・덕목"을 제시하여, 예(禮), 효(孝), 정직, 책임, 존중, 배려, 소통, 협동 등의 마음가짐이나 사람됨과 관련되는 덕목을 제시하고 있다. 이는 "적극적이고 능동적으로 실천 또는 실행하는 데 필요한 지식과 공감・소통하는 의사소통능력이나 갈등해결능력 등이 통합된 능력을 뜻한다."[2]고 하였다.

그리고 이어진 2018년 새롭게 개정된 교육과정에서는, 자신과의 관계영역으로 '성실', 타인과의 관계에서 '배려', 사회공동체 구성원과의 관계에서 '정의', 자연과 초월적 관계를 위한 학습 영역으로 '책임'의 4개 가치덕목으로 나누어, 교육과정 내용을 구성하여[3] 교육을 실시하고 있다.

여기서는 이 가운데 두 번째 가치덕목 "배려" 영역의 구체적 실천덕목으로서의 효(孝)의 실천방법을 살펴보고자 한다. 특히 정직(正直)을 통한 효의 실천방법을 연구하는 것이 이 글의 궁극적 목적이다. 이러한 이유로는 현행 한국의 도덕윤리교육과정에서는 전반적으로 서양의 덕윤리를 바탕으로 하고 있지만, 내면의 수양을 통한 덕성함양에 관한 도덕실천 교육방법의 근본원리는 동양의 전통사상을 간과할 수 없다고 보인다.

여기서는 동양윤리사상의 전통에서 중요시 되어온 정직(正直)을 통한 효의 실천방법을 구명하고자 한다. 공자는 동양윤리사상의 근본이 되는 인(仁)을 행하는 근본으로 효(孝)와 제(悌)를 제시하고 있다. 더불어서 그 효의 실천방법으로 직(直)을 들고 있다. 이에 주

---

2) <인성교육진흥법>, [시행 2015.7.21.] [법률 제13004호, 2015.1.20., 제정], 교육부(인성체육예술교육과)

3) 교육부고시 제2018-162호<별책3>, 『중학교 교육과정 도덕』, 140쪽.

목해 효 실천방법을 모색하고자 한다. 효의 인성교육 덕목가치는 교육현장에서 가정, 이웃, 학교, 공동체 사회 등에서 인간관계 위해 자신을 둘러싸고 전개되는 현실 상황 속에서 고민할 수 있는 배려의 인성교육 덕목이다.[4] 이 점에서 보다 구체적으로 효를 실천할 수 있는 방법과, 그 근거원리를 제시할 필요성이 있다. 그러므로 동양윤리사상의 전통적인 내면의 수양을 통한 덕성함양에 관한 도덕실천 교육방법의 근본원리인 정직을 통해, 효의 실천방법을 모색하고자 한다. 이는 학교교육 현장에서의 실용적 기대효과를 지닌다고 하겠다.

2. 덕(德)윤리와 효(孝)의 실천방법

1) 현대 덕교육론 고찰

오늘날 한국교육현장에서 도덕교육의 근거는 서양의 덕윤리에 주목하여 왔다. 이러한 서양의 덕윤리가 새롭게 관심을 끌게 된 것은 그동안 지속되어왔던 근대 윤리의 한계에 대한 각성에서 비롯되었다. 대부분의 서양 근대윤리는 공리주의와, 개인의 성격과 인품을 무시한 채 도덕적 의무와 법칙만을 강조하는 입장의 의무론적 윤리설이 근간을 이룬다. 현대에 와서 이들의 입장을 비판하며, 그 대안으로 사람의 성품과 덕성을 중시했던 전통윤리에 주목하게 되었다. 이러한 덕을 중시하는 현대 덕윤리는 아리스토텔레스의 윤리학에서 큰 영향을 받았다고 할 수 있다.[5]

---

4) 강선보 외 공저, 『미래세대를 위한 인성교육』, 학지사, 2018, 141쪽~142쪽.

5) 황경식, 『덕윤리의 현대적 의의』, 아카넷, 2012, 146~149쪽 참조.

현대 덕윤리의 특징은 인간의 공동체적 삶을 중시한다. 도덕은 공동체의 오랜 전통과 삶의 원리로서 사회제도와 조직의 사회관계 속에서 구체화되고 또 작용하고 있기 때문에 당연히 사회관계에 대한 요인을 고찰하지 않을 수 없다.[6] 덕윤리는 개인의 권리와 의무를 추상적으로 논의하기보다는 공동체의 구체적인 실제 삶에 관심을 두고, 도덕 공동체를 지향한다. 이러한 측면에서 한국교육과정도 서양의 현대 덕윤리 이론을 교육과정에 적용하여 왔음이 사실이다. 한국교육계의 도덕윤리교육에서 아리스토텔레스를 특히 중시하고 있는데, 이는 오늘날의 덕윤리학과 도덕심리학 및 인격, 덕교육론의 근원에 그의 이론과 통찰이 자리하고 있기 때문이다.[7] 이는 2015년 <인성교육법>에서 제시한 가치덕목이 아리스토텔레스(BC 384~BC 322)가 제시한 올바른 이성구현을 위한 필요 덕목(지혜, 현명함, 용기, 정의, 자기통제, 인색하지 않음, 아량, 고결한 정신, 명예 존중, 온순함, 진실성, 예의바름, 우정)을 살펴보면 알 수 있다.

그런데 이와 같은 서양의 현대 덕윤리의 문제점은 덕이란 특정 사회의 전통, 관행, 문화 등과 밀접한 관련이 있어서 요구하는 보편성을 확보하기 어렵다. 곧 상호 보완적 관점의 대안이 필요하다고 할 수 있다.[8] 이에 본고에서는 한국 교육과정에서 필요로 하는 동양의 전통사상에서 그 윤리실천의 근거논리를 제시하고자 한다.

---

6) 한국도덕윤리과교육학회 엮음, 『도덕윤리과 교육학 개론』, 교육과학사, 2013, 79~80쪽.

7) 한국도덕윤리과교육학회 엮음, 『도덕윤리과 교육학 개론』, 교육과학사, 2013, 137쪽.

8) 한국도덕윤리 교육계에서는 현대문명의 제반문제에 대한 서양윤리학의 과제에 대하여, 동양윤리학이 새로운 대안으로 구체화되고 있는데, 환경문제, 과학기술의 폐해, 인간가치의 경시 등 현대문명의 위기에 대응하기 위하여 동양윤리는 다양한 관점에서 대안을 모색하고 있다고 보았다.(한국도덕윤리과교육학회 엮음, 『도덕윤리과 교육학 개론』, 교육과학사, 2013, 232쪽.)

2) 유가(儒家)의 덕윤리와 인(仁)

공자 이전의 은나라 주나라시대 천(天)사상은, 인간행위의 도덕성을 감시하는 상제(上帝)와 같은 주재천(主宰天)사상이다. 곧 초월적 우주만물의 지배자 성격인 것이다.

그런데 공자의 천에 관한 사상은 도덕법칙성의 천(天)이라고 할 수 있다. 이는 공자의 천에 관한 입장이 은과 주의 천관과는 달리, 보편적인 자연법칙이자, 인간에 내재하는 보편적 행위 원칙인 도덕법칙으로서의 성격과 위상을 가진다.[9] 이는 다음과 같은 공자의 입장에서 찾을 수 있다.

하늘이 나에게 덕(德)을 부여해 주셨다.[10]

하늘이 무슨 말씀을 하시는가? 사시가 운행되고 온갖 만물이 생장하나니, (그런데도)하늘이 무슨 말씀을 하시는가? [11]

곧 천은 인간의 내면에 선천적으로 부여된 덕(德)으로서, 인간은 자신의 내면에 부여된 덕을 밝힘으로써 천의 뜻, 즉 천명(天命)을 알 수 있다고 보았다. 따라서 덕은 천과 인간이 만나는 천인합일(天人合一)의 내재적 매개이며, 인간은 덕을 밝혀감으로써 인간의 참모습과 천명을 깨닫게 된다. 천명으로 우리 마음에 내재된 보편적인 덕성인 인이 마음에서 떠나지 않는다는 것은 사욕이 없어 그 덕을 간직한 것[12]이라고 하였다. 그러므로 우리 인간은 자신에게 내재된 도덕적 법칙성을 자각하고, 인간에 대한 무한한 신뢰를 가짐으로써, 스스로의 노력으로 궁극적인 목표에 도달할 수 있다.[13]

---

9) 유명종, 「중국 고대 天觀의 연구」, 『공자학』3호, 한국공자학회, 1998, 218쪽~219쪽.

10) 『論語』, 「述而」: "子曰 天生德於予"

11) 『論語』, 「陽貨」: "子曰 天下言哉 四時行焉 百物生焉 天下言哉"

12) 『論語』, 「雍也」: "仁者心之德 心不違仁者 無私欲而其有德也"

여기서 천명은 인간에게 있어서 윤리적 당위(當爲)의 구체적 내용이며, 인간은 이러한 천명을 자각하고 그것을 당위적 실천원리로 삼아 행위 함으로써, 천지의 화육(化育)에 능동적으로 참여하는[14] 존엄한 도덕적 주체가 된다.

따라서 인간의 심성에 내재하는 덕성은 하늘로부터 부여받은 선천적 선험적 보편적인 도덕성이다. 따라서 인간은 자기의 본래적 덕성을 발휘하여 이를 윤리적으로 실현 할 때에만 비로소 인간다운 인간이 될 수 있다.[15] 이는 『중용』을 통해 다음과 같이 살펴볼 수 있다.

> "하늘이 명한 것을 성(性)이라 이르고, 성을 따름을 도(道)라 이르고, 도를 닦아나감을 교(敎)라 이른다."[16]

공자의 인(仁)사상은 천으로부터 비롯된 것으로써 인간의 내면에 내재해 있는 인간의 보편적 덕성을 주목하고 있는 것이며, 모든 사람은 인자(仁者)가 될 가능성을 말하고 있다. 이는 다음에서 살펴볼 수 있다.

> 안연이 인을 묻자, 공자가 말하기를, 자기의 사욕을 이겨 예로 돌아감이 인을 하는 것이니 하루라도 사욕을 이겨 예에 돌아가면 천하가 인을 허여한다. 인을 하는 것은 자신에게 달려있으니, 남에게 달려 있겠는가?[17]

---

13) 유명종,「중국 고대 天觀의 연구」,『공자학』3호, 한국공자학회, 1998, 219쪽.

14)『中庸』: "惟天下至誠 爲能盡其性 能盡其性 則能盡人之性 能盡人之性 則能盡物之性 能盡物之性 則可以贊天地化育 可以贊天地化育 則可以與天地參矣"

15) 김병찬,『서양 동양 한국윤리』, 에프엠, 2014, 329쪽.

16)『中庸』: "天命之謂性 率性之謂道 修道之謂敎"

무엇보다 이러한 인의 실천은 남에게 달려 있는 것이 아니라 자기 자신의 실천 여하에 달려 있는 것이다. 곧 유가윤리가 자율적이며 능동적인 실천의 덕(德)윤리임이 위의 글에서 드러나고 있음을 알 수 있다.

또한 공자는 덕은 도를 행하여 마음에 얻는 것[18]이라 하였고, 인은 곧 사욕이 모두 없어져서 심덕이 온전한 것[19]이라고 설파하고 있다. 이로 볼 때, 공자의 인은 오늘날 도덕윤리교육에서 다른 모든 인성교육 덕목을 포괄하는 최상의 가치덕목이라고 할 수 있다. 이는 공자가 인(仁)에 대해서 다음과 같이 말하고 있는 점에서 살필 수 있다.

> 자신이 서고자 함에 남도 서게 하며, 자신이 통달하고자 함에 남도 통달하게 하는 것이다. 가까운데서 취하여 비유하면 인을 하는 방법이라 이를만하다.[20]

이는 인이 사랑의 원리[21]라고 하는 인의 진면목임을 드러내는 것이라 할 수 있는데, 너와 나의 대상화가 없는 소통의 실천논리라고 할 수 있다. 곧 인의 실천은 상생(相生)의 도(道)로서 전인교육 최상의 인성덕목이라고 하겠다.

---

17) 『論語』, 「顔淵」: "顔淵 問仁 子曰 克己復禮 爲仁 一日克己復禮 天下歸仁焉 爲仁由己 而由人乎哉"

18) 『論語』, 「述而」: "德 則行道而有得於心者也"

19) 『論語』, 「述而」: "仁 則私欲盡去而心德之全也"

20) 『論語』, 「雍也」: "夫仁者 己欲立而立人 己欲達而達人 能近取譬 可謂仁之方也已"

21) 『論語』, 「學而」: "仁者 愛之理 心之德也"

3. 인(仁)의 실천덕목 효(孝)와 직(直)

1) 도덕윤리교육 가치덕목으로서의 인(仁)과 효(孝)

도덕은 법이나 관습을 넘어선 의무로서 옳은 행동의 근본원리를 의미한다. 이러한 도덕에 대하여 동양윤리에서는 교육을 통해 이루어진다고 보았다.[22] 즉 도덕교육은 사회적으로 승인된 규범과 가치뿐만 아니라 관습을 넘어선 도덕원리를 수립하고, 그에 따라 행동하는 자율적 인간이 되도록 돕는 계획적인 유도[23]라고 할 수 있다. 이에 과학기술발전에 따른 핵가족화로 인해, 인(仁)의 근본이자 가정윤리의 핵심이 되는 효의 중요성과 그 실천방법에 대한 교육의 필요성이 절실히 요청됨을 알 수 있다.

이에 대해 배병삼은 효에 대한 교육의 필요성에 대해서 "부모가 베푼 사랑을 기억했다가 그 은혜를 되갚겠다는 동물은 오로지 인간이라는 종류밖에 없다. 이 되갚으려는 마음을 효(孝)라 칭하고··········효도는 가족이라는 인간 공동체 속에서, 경험과 의식적인 학습을 통과할 때 길러진다는 사실[24] 이라고 논하고 있다.

이제 전통적인 인성교육 가치덕목인 효를 실천하는 구체적인 방법에 대해 살펴보기로 하겠다. 효에 대한 중요성은 대표적으로 공자에게서 찾을 수 있다. 효와 제는 그 인을 행하는 근본이 된다.[25] 그리고 이러한 개인의 가치덕목 실천은 사회와 국가의 윤리로 이어짐을 말하고 있다.

---

22) 『中庸』 : "天命之謂性 率性之謂道 修道之謂教"

23) 한국도덕윤리과교육학회 엮음, 『도덕윤리과 교육학 개론』, 교육과학사, 2013, 113쪽.

24) 배병삼, 『우리에게 유교란 무엇인가』, 녹색평론사, 2012, 62~63쪽.

25) 『論語』, 「學而」: "孝弟也者 其爲仁之本與歟"

그 사람됨이 효도하고 공경하면서 윗사람을 범하기를 좋아하는 자가 드무니, 윗사람을 범하기를 좋아하지 않고서 난을 일으키기를 좋아하는 자는 있지 않다.[26]

이는 '한 집안이 인하면 한 나라가 인이 흥기하고, 한 집안이 사양하면 한 나라가 사양함이 흥기하며, 한 사람이 탐하고 어그러지면 한 나라가 난을 일으키니 그 기틀이 이와 같다. 이것을 일러 한마디 말이 일을 그르치며, 한 사람이 나라를 안정시킨다고 하는 것이다.'[27]고 하여, 개인이 실천한 도덕가치덕목의 수신(修身)이 가정-사회-국가-천하의 윤리로 확장되어 영향을 미치는 결과로 나타난다는 유가윤리의 유기적 관계를 나타내는 것임을 알 수 있다.

그리고 맹자의 인을 행하는 방법으로 효와 제에 대한 언급을 살펴보면 다음과 같이 이야기 하고 있다. 인의 실질은 바로 어버이를 섬기는 것(孝)이고, 의의 실질은 바로 형을 따르는 것(悌)이다.[28] 공자가 인의 근본이 효와 제라고 설파한 반면에, 맹자는 인의 실질은 효이며, 의의 실질이 제라고 나누어 말하고 있다.

또 맹자는 어버이를 섬기는 효가 가까운 곳에 있는 도라고 다음과 같이 말하고 있다. "도가 가까이 있는데도 먼 곳에서만 찾으며, 일이 쉬운 데 있는데도 어려운 데에서만 찾는다. 사람마다 자기의 어버이를 어버이로 섬기고 자기의 윗사람을 윗사람으로 모시면, 천하가 화평해질 것이다."[29]

맹자도 공자를 이어서 가정의 윤리인 효와 사회의 윤리가 잘 지

26) 『論語』, 「學而」: "有子曰 其爲人也孝悌 而好犯上者鮮矣 不好犯上 而好作亂者 未之有也"
27) 『大學』: "一家仁 一國興仁 一家讓 一國興讓 一人貪戾一國作亂 其機如此 此謂一言僨事 一人定國"
28) 『孟子』, 「離婁」: "孟子曰 仁之實 事親是也 義之實 從兄是也"
29) 『孟子』, 「離婁」: "孟子曰 道在爾而求諸遠 事在易而求諸難 人人親其親長其長而天下平"

켜지면 천하가 화평해진다고 말하고 있으며, 가정의 윤리가 사회와 국가의 윤리로 확장해 나가는 유가윤리사상의 전통적인 유기적 관계를 보여주고 있음을 살필 수 있다.

이처럼 공자와 맹자의 효와 윤리실천에 대한 입장을 살펴 볼 때, 개인의 도덕윤리 실천이 주는 영향이 나비효과처럼 아주 크다는 것을 주목해야한다고 하겠다.

2) 도덕윤리교육 가치덕목 효(孝)와 직(直)의 관계

앞 절에서 유가의 윤리사상의 근본이 되는 공자의 천관을 살펴보았고, 공자의 천관에서 천명이 우리 인간의 내면에 품수되어 천명으로 내재된 것이 곧 덕이라고 하였다. 그러므로 인간의 현실세계에서 천명으로 내재된 덕성을 온전히 구현하는 것이 인도이자 윤리로서 당위의 원리가 된다. 이러한 천명으로 내재된 인도를 실천하는 것이 인의 실천 방법이 되는데, 그 구체적 덕목은 효와 제가 근본이 된다. 인은 곧 마음의 덕이고, 사사로움이 없는 마음이라 하였다. 여기에서 사사로움이 없는 마음은 곧 직과 상통한다. 덕의 한자를 살펴보면 덕은 직의 마음이다.

덕(德): 직(直) + 마음〔心〕 = 悳(덕)의 약자[30]

덕은 곧고 바른 직의 마음이다. 직의 마음은 사사로움이 없는 온전한 마음의 덕으로써 인이 된다. 유가에서는 우리 인간이 본래 순선한데, 다만 기품(氣稟)의 구애된 바에 의하여 사사로움이 생겨나

30) 『설문해자』

서 인욕에 가려 지혜롭지 못하고 어두워진다고 보았다.[31] 그러므로 천리를 보존해서 처음의 순선함으로 회복하기 위해서는 인욕을 제거해야한다고 알인욕존천리(遏人慾存天理)를 말하고 있다.[32] 인욕은 곧 사사로운 마음이다. 마음에 사사로운 욕심이 없어서 본래 천명으로 내재된 그 덕을 온전히 간직한 인(仁)의 자리에 돌아가고자 함이 유가의 덕윤리의 근본자리이다. 곧 도덕교육이 지향하고 있는 궁극적 목표인 것이다. 이러한 도덕적 실천을 통해 얻을 수 있는, 한 결 같이 지극히 공평하고 사사로움이 없는 마음은 직에서 찾을 수 있다.[33]

이러한 직(直)의 뜻을 살펴보면, 『설문해자』에서는 ‘正見’, 『옥편』에는 ‘不曲’, 『주역』의 「곤괘」에서는 ‘直其正也’,[34]라고 풀이하고 있다. 이로 미루어보면 직은 바르며, 굽지 않으며, 굽은 것을 바로잡는 것, 펴는 것, 바르게 보는 것이라고 하겠다.[35]

직(直)에 대한 이해를 『주역』에서 살펴보면, “직은 바른 것이고 방은 의라서 군자는 경(敬)하여 안을 직하고, 의하여 밖을 방하게 한다. 또 경과 의가 서면 덕은 외롭지 않다”[36]고 하였다.

이제 유가윤리 실천에서의 직에 관한 이해를 살펴보도록 하겠다.

---

31) 『大學』: “但爲氣稟所拘 人欲所蔽 則有時而昏”

32) 노사광 지음, 정인재 옮김, 『중국철학사』, 宋明篇, 탐구당, 1987, 219쪽. 유가에서는 인간이 본래 순선한 성품을 품수 받았지만, 기질의 청탁으로 인하여 사사로운 욕심이 생겨 선한 성품이 가려지고 드러나지 못한다고 전제한다. 그러므로 인욕을 제거하고 천리를 보존하여 순선한 본성으로 돌아가고자, 내외의 直과 義로써 敬과 義의 수양방법론을 제시하고 있다.

33) 『論語』, 「憲問」: “一以至公而無私 所謂直也”

34) 『周易』, 「坤卦」 <文言>: “直其正也 方其義也 君子 敬以直內 義以方外”

35) 김창경, 「구봉 송익필 직(直)사상의 기호유학에서의 전승연구」, 한국동서철학연구회, 『동서철학연구』 제78집, 2015, 283쪽.

36) 『周易』, 「繫辭傳」: “直其正也 方其義也 君子敬以直內 義以方外 敬義立而德不孤 直方大不習無不利 則不疑其所行也”

먼저 공자는, "사람의 삶은 직이며, 정직하지 않으면서 사는 것은 죽음을 요행히 면한 것일 뿐"[37]이라 설파하고 있다. 이로 볼 때 직은 천명이 인간의 내면에 품수 또는 내재된 사사로움 없는 온전한 마음의 덕성인 인을 실천하는 방법이요, 인을 행하는 근본이 되는 효의 실천도 사사로움이 없는 직으로 실천해야 한다는 것을 의미한다고 할 수 있다.

이는 공자가 아버지는 자식을 위해 숨겨주고, 자식은 아버지를 위해 숨겨주니 정직함이 이 가운데 있는 것이라 설파한 점에서, 효와 직의 도덕적 실천방법으로서 상관관계를 찾을 수 있다.

> 우리 당의 직은‧‧‧‧‧‧‧아버지는 자식을 위해 숨겨주고, 자식은 아버지를 위해 숨겨주니 정직함이 이 가운데 있는 것이다.[38]

천명으로 내재된 마음의 덕성이 인이라고 보았을 때, 인을 실천하는 근본은 효제(孝悌)로서, 부모와 자식 사이의 자애(慈愛)와 형제간의 우애(友愛)이다. 자애와 우애는 둘 모두 사랑의 마음이다. 인은 곧 사랑의 원리요, 마음의 덕이다.[39] 위의 글에서 공자가 제시하는 효의 실천방법은 부모자식지간에 직으로써 실천함을 드러내고 있다.

직은 사사로움이 없는 마음으로 지극히 공평한 마음이다.[40] 지극히 공평함은 부자지간이라도 공과 사를 구별해야 하는 것이라고 하겠는데, 공자는 부모와 자식은 서로를 위해 숨겨주는 것이 직이라

37) 『論語』, 「雍也」: "子曰 人之生也直, 罔之生也幸而免"

38) 『論語』, 「子路」: "孔子曰 吾黨之直者 異於是 父爲子隱 子爲父隱 直在其中矣"

39) 『論語』, 「學而」: "仁者 愛之理 心之德也"

40) 『論語』, 「憲問」: "一以至公而無私 所謂直也"

고 말하고 있다. 이와 관련해서 인륜과 천륜관계를 살펴볼 필요가 있다.

인륜(人倫)이란 사람과 사람, 곧 사회공동체 구성원들의 관습과 규약으로 출발하는 것이다. 공동체사회의 윤리인 것이다. 그러나 가족, 특히 부모와 자식지간의 관계는 천륜(天倫)이라고 할 수 있다.[41] 천륜이란 하늘의 도리인 천도(天道), 또는 하늘의 이치인 천리(天理)라고 할 수 있다. 하늘의 도리가 천명(天命)으로써 우리 인간 내면에 품수 된 것이, 『중용』에서는 성(性)이라고 하였다. 이러한 천명으로써 품수된 인간의 성품은 본래 사사로움 없는 온전한 것이다. 공자는 사사로움 없이 온전한 마음의 덕으로 드러날 수 있는 것이 인(仁)이라고 하였다.[42] 곧 부모와 자식사이의 관계 또는 그 실천도리는 천륜으로서, 하늘의 도리와 같이 지극히 사사로움 없고 온전한 인(仁)과 같은 마음의 덕이어야 한다. 그래야지만 효제(孝悌)가 인(仁)을 실천하는 근본이 되는 것[43]이라고 할 수 있다. 그리고 지극히 사사로움 없고, 작위(作爲)함이 없는 마음의 덕은 직(直)이다. 그러므로 천륜인 부모자식 사이에 실천하는 효는 사회적 소통관계에서 일어나는 인륜관계가 아니라 천륜이기에, 하늘이 인간에게 부여한 지극히 공정하여 사사롭거나 자연(自然)하지 않은 작위(作爲)한 마음이 아니다. 이는 사회적 인간관계에서 일어나는 공동의 규약(規約)인 윤리(倫理), 곧 마땅히 실천해야 하는 인륜(人倫)관계처럼, 얽매이거나 구속되어 억지로 지켜야 하는 부자연한

41) 김익수, 「학교교육의 윤리교육문제와 전통적 효와 오륜의 현대적 수용-소학을 중심으로-」 한국청소년효문화학회, 『청소년과 효문화』제34집, 2019, 21쪽.

42) 『論語』, 「學而」: “仁者 愛之理 心之德也”

43) 『論語』, 「學而」: “孝弟也者 其爲仁之本與歟”

관계의 도리가 아니라는 것이다. 부모자식 사이의 도리는 공과 사의 개념 이전의, 순선한, 온전한, 자연한 마음의 덕성에서 실천되어지는 것이라는 것이다. 그러므로 공자는 부모나 자식이 밖[사회적 관계, 부자연한 윤리적 관계]에서 죄를 짓고 돌아오게 되면, 부모는 자식을 숨겨주고 자식은 부모를 숨겨주는 직(直)으로써 실천한다고 하였다.

이는 오늘날 자식을 방치하고 학대하는 사건이나 존속살해의 사건이 일어나는 우리 현실에서, 깊은 성찰을 통해 반드시 인성교육으로 교육되어져야 하는 교육원리이다. 어려서부터 부모자식 사이의 자애(慈愛)로움과 직의 마음으로 실천해야 한다는 교육이 필요하다고 하겠다. 또한 부모자식 사이의 관계가 직(直)의 도리로써 실천해야 한다는 것에 대하여, 시대적 판단에 오류가 생겨나지 않도록 깊은 성찰과 이해가 필요하다고 하겠다.

이어서 부모와 자식은 공동체사회를 구성하는 가장 작은 단위의 구성원이다. 부모가 없으면 자식이 없고, 자식이 이어지지 않으면 공동체사회도 없게 된다. 곧 종족의 생존과 영속성의 관계인 것이다. 그러므로 인륜보다 우선하는 것이 부모와 자식지간의 천륜관계이기에 숨겨주는 것이 바른 것이며, 사사롭지 않은 것이 된다고 할 수 있다. 그러므로 모든 윤리 가운데 효가 근본이 된다. 부모와 자식 사이의 효가 인의 근본이 되는 이유를 여기서 살필 수 있고, 그 실천방법은 직으로써 실천하는 것이다.

이에 대한 이해를 돕는 맹자의 말을 다음에서 살펴 볼 수 있다.

> 불효에는 세 가지가 있는데, 자식이 없어 집안의 대가 끊기는 것이 가장 큰 불효이다. 순이 완고한 부모에게 알리지 않고 요 임금

의 딸을 아내로 맞아들인 까닭은 뒤를 이을 후손이 끊어질 것을 염려해서였다. 그래서 후세의 군자들은 순이 부모에게 아뢴 것이나 마찬가지라고 여겼다.[44]

위와 같은 맹자의 인에 관한 효의 입장은, 인간행위의 근본은 인효(仁孝)인 것으로써, 인간의 자연적 본성에 바탕을 둔 가족의 행복이며, 국가의 안위를 보장하는[45] 도덕윤리 덕목이라고 할 수 있다.

만약 인류가 부모에게 불효하고, 형제간에 우애롭지 못하고, 자녀에게 자애롭지 못하다면 사람의 생활은 금방 금수처럼 되어 금수의 세계와 다를 바 없게 되고, 도덕 문화의 가치 또한 전면 붕괴되고 말 것[46]이라고 할 수 있다.

그리고 맹자는 또 도덕적 정서란 잠재된 것이 발휘되고 행위 속에서 실현될 때 적절하게 성장하는 것[47]이라고 보았다. 곧 인간의 본성 속에 덕이 자연하게 내재해 있다고 보는 것이다. 이와 관련해서 맹자는 인간본연의 마음을 기르는 방법에 대해서 '부동심'을 말하였는데, 인간본연의 주체적 의지와 기(氣)가 가장 중요하다 하였다.[48] 이러한 기를 기름에 있어서 호연지기를 직으로써 잘 기른다고 말하였다.[49] '직으로 길러 해침이 없으면 기는 천지 사이에 꽉 찬다'[50]고 하였다. 여기서 해침이 없다고 하는 것은 바로 사의(私

---

44) 『孟子』, 「離婁」: "孟子曰 不孝有三 無後爲大 舜不告而娶 爲無後也 君子以爲猶告也"

45) 민정기, 「맹자의 효중시의 교육사상(1)」 한국청소년효문화학회, 『청소년과 효문화』제34집, 2019, 76쪽.

46) 채인후 지음, 천병돈 옮김, 『맹자의 철학』 예문서원, 2000, 170~171쪽.

47) 황경식, 『덕윤리의 현대적 의의』, 아카넷, 2012, 41쪽 참조.

48) 『孟子』, 「公孫丑」: "夫志 氣之帥也 氣 體之充也 夫志至焉 氣次焉"

49) 『孟子』, 「公孫丑」: "我 善養吾浩然之氣 … 以直養而無害 則塞于天地之間"

50) 『孟子』, 「公孫丑」: "浩然之氣 … 其爲氣也. 至大至剛 以直養而無害 則塞于天地之間"

意)와 작위(作爲)가 없는 것이라고 주자와 정이천은 주석에서[51] 설명하고 있다. 여기서 직은 사사로움과 작위, 곧 억지로 함이 없는 것이라 할 수 있는데, 작위는 '거짓 위(僞)'와 같은 의미이다. 그러므로 직은 사사로움이 없는 것이며, 작위함이 없는, 즉 거짓이 없는 자연스러운 온전한 마음의 덕인 것이라 하겠다.

주자도 직에 관해 말하기를, 직은 사사로움이 없는 것을 의미한다.[52]라고 하였으며, 학문하는 요체는 마음과 이치가 하나가 되어 사사로움과 굽어짐이 없게 하는 것으로서, 성인이 만사에 응하는 것과 천지가 만물을 낳는 이치는 모두 직(直) 하나일 따름"이라고 하였다.[53]

이상에서 공자와 맹자 그리고 주자의 입장을 살펴 볼 때, 직은 유가의 바람직한 인간상인 군자가 내면의 사사로운 인욕을 제거하는 수기의 방법이 되며, 공자의 말을 통해 인간의 천부적인 본심 내지 자연한 본질로 규정[54]되었다고 할 수 있다.

4. 끝맺으며

현대 글로벌사회는 과학기술 발전에 힘입어 문명의 이기(利器)로 인해 일상생활은 편리해진 반면, 개인과 가정·사회윤리의 실천은

---

51) 위의 글 주석에서 "無所作爲以害之 ....一爲私意所蔽."

52) 『論語』, 「憲問」: "子曰何以報德 以直報怨 以德報德" 의 글 주석에서 "於其所怨者 愛憎取舍 一以至公而無私 所謂直也"

53) 『朱子大全』, 附錄, 권4, 「年譜」, <寧宗慶元6年 庚申條>: "爲學之要 惟事事審求其是 決去其非 積集 久之 心與理一 自然所發 皆無私曲 聖人應萬事 天地生萬物 直而已矣"

54) 『論語』, 「雍也」: "子曰 人之生也直 罔之生也 幸而免"

퇴색해져가서 인간성 상실의 문제를 초래하고 있다. 이에 따른 인성교육의 중요성이 대두하게 되었으며, 도덕윤리실천이 절실히 요청되고 있다. 학교교육현장에서도 도덕윤리 가치덕목을 중요시 하고 있는데, 그 가운데 가장 중요한 핵심가치 덕목으로 효를 꼽을 수 있다. 한국에서 효를 바탕으로 하는 가족 중심의 공동체 의식은 가장 중요한 전통적 핵심가치로 이어져 오고 있으며, 이러한 유교적 가치는 우리의 전통적 가치로 연면히 이어져왔다.[55] 그러므로 효에 대한 실천방법은 동양의 전통사상에서 이어져오는 내면의 수양을 통한 덕성함양의 도덕실천 교육방법이 효율적이라고 하겠다.

동양의 전통사상에서는 인간의 덕성이 천명으로 인간내면에 성품으로 품수되었다고 보며, 그 덕성을 온전히 밝히는 것이 인도(人道)요, 그러한 도리를 실천하는 것이 교육이라고 하였다. 공자는 사사로움이 없는 온전한 심덕이자 사랑의 원리가 인(仁)이라 규정하고, 인을 실천하는 근본이 되는 것이 효제(孝悌)라고 제시하고 있다. 이러한 인은 또한 내가 서고자 하면 남도 서게 하고, 내가 통달하고자 하면 남도 통달하게 하는, 사랑의 원리요, 상생(相生)의 도(道)로서, 전인교육 최상의 인성덕목을 제시하고 있는 것이다. 무엇보다 인의 실천은 남이 아니라 나에게 실천의 여부가 달려있는 것으로, 주체적 자율적 능동적인 실천원리임을 알 수 있다. 곧 인은 인간이 인간다울 수 있는 인간 존엄성을 실천하는 최상의 가치덕목인 것이다. 이러한 최상의 가치덕목은 효의 실천을 통해 드러나고 밝혀지는 것이다. 즉 천명이 우리 인간에게 내재된 성품을 인이라 할 수 있고, 그 인의 성품이 효의 실천으로 나타나는 것이라 하겠다.

---

55) 한국도덕윤리과교육학회 엮음, 『도덕윤리과 교육학 개론』, 교육과학사, 2013, 88쪽.

공자는 이와 같은 인의 근본이 되는 부모와 자식지간의 효의 덕성은, 직(直)으로 실천한다고 하였다. 덕이란 곧고 바른 마음의 정직(正直)이 된다. 직의 마음은 사사로움이 없는 온전한 마음의 덕으로써 인이 된다. 인은 사사로움과 작위 함이 없는 온전한 마음의 덕이기에, 사사롭거나 거짓이 없고, 굽어지거나 남을 속이지 않는 정직함으로써 실천해야 하는 것이라고 할 수 있다. 또한 공자에 의하면 인간의 삶은 그 자체가 직으로써, 사사로움 없는 삶을 실천해야 인간다운 삶이 된다. 그렇지 않으면 요행히 금수의 삶을 면하는 것에 지나지 않는다고 할 수 있다.

부모와 자식의 관계는 천륜(天倫)이라고 할 수 있다. 효는 가정윤리의 근본이면서도, 인간이 인간다울 수 있기 위해 당연히 실천해야 하는 윤리이며, 개인의 윤리이면서 가정윤리가 된다. 이와 같은 인의 근본이 되는 효의 실천은 가정과 사회로 그 영향이 미치고, 국가와 천하의 평화에 파급되는 확장효과로 당면현실에 나타나게 된다. 한사람이 정직하면 가정이 정직한 가족이 되고, 정직한 사회가 이루어진다. 그리고 나아가 정직한 국가가 되고 정직한 세계를 이루게 되는 것이다.

정직하지 못하면 공평하지 못하며, 굽어지고 어둡고, 진실이 가려짐이 많은 불행한 현실이 될 것이다. 그러므로 정직한 개인의 삶이 유기적으로 이어져서 정직한 가정, 정직한 사회, 정직한 국가와 세계를 이루어서 평화롭고 행복한 삶을 영위할 수 있을 것이다. 이에 정직은 가장 중요한 도덕윤리교육의 가치덕목 실천방법이 된다.

오늘날 학교교육 현장에서 효의 실천은 여러 가치덕목 중의 하나로써 중요하지만, 그 교육적 실효성은 높지 않다고 할 수 있다. 핵가족사회 추세와 비혼인주의와, 1인 1실의 주거형태 등의 극단적 개인주의 문화현상으로 인해, 가정윤리의 위기문제가 발생한 것은 오래된 당면현실이다. 이 점에서 가장 중요하면서도 절실한 것이 개인의 덕성함양과 효에 대한 올바른 실천방법 교육이라고 하겠다. 이는 효의 실천이 우리 인간사회를 인간다운 공동체로 공존하게 하는 가장 핵심 가치덕목이기에 더욱 그러하며, 효의 실천으로부터 사회국가, 천하의 생존이 인간다운 삶으로 계승되기 때문이다. 이러한 천명이 인간존재에게 내재된 덕성인 인의 근본이 되는 효의 실천은, 정직함 또는 솔직함으로 실천되어져야 한다. 부모와 자식 사이에 서로 자애하는 효의 도리는 무엇보다도 정직해야 한다. 바르고 곧은 정직함은 인간의 사사로움을 없애고, 천리를 보존하는 내면의 수양방법으로써 도덕윤리 핵심가치덕목인 효를 실천하는 가장 올바른 교육방법이 된다.

이와 같은 점에 비추어 볼 때, 현행 한국교육 현장의 효 실천방법으로써 정직함을 현실적 교육방법으로 적용한다면, 큰 교육효과와 내면의 도덕함양 원리로써 적실하게 활용 될 것이라 기대해 본다.

제11장

효문화의 현대적 가치와 계승

장 재 천

(용인대학교 교수)

1. 글의 시작
2. 효문화의 현대적 가치와 계승
   1) 가족윤리로서
   2) 사회도덕으로서
   3) 경로효친으로서
   4) 인생토대로서
3. 끝맺으며

1. 글의 시작

요즈음 개인주의와 물질주의 때문에 비인간적인 세상이라고 모두들 한탄하고 있다. 따라서 이 문제의 해결을 위해서는 점차 약화되어가는 효문화의 회복과 창달을 위해 효를 테마로 하는 연구가 점점 많아지고 있다.[1] 안타깝게도 효를 말하면 구시대적인 것으로 생각하는 경향이 커졌는데, 학교에서도 효를 교육하기보다는 대학입시에 모든 것을 걸고 있는 실정이다. 그러나 아직도 효는 우리들 가슴속에 면면히 살아 있다. 우리가 세계를 선도하는 문화를 꽃피울 수 있다면 그것은 바로 효문화라고 말할 수 있다.

효문화는 재차 강조하지만 우리의 뿌리 깊은 정서이면서 실천문화이다. 누구에게 가르침을 받는 게 아니라 스스로 가정에서 시작되는 환경지배적인 속성을 갖고 있다. 이는 우리 문화를 지켜온 선비사상에서도 그 기초를 둘 수 있다. 따라서 우리의 역사를 알고 뿌리를 알고 전통적 문화를 이해했을 때만이 현대적 효문화가 정립되는 것이다.

---

1) 효문화의 창달을 위해 한국청소년효문화학회에서는 김익수 회장님을 중심으로 2001년부터 「청소년과 효문화」의 창간호를 낸 이래 지금까지 23집 이상을 발행하였다.

이제 가족생활에 대한 교육과 세대 간의 커뮤니케이션 프로그램에서 가족 간의 화목과 공동체에 대한 애정을 강조하고[2], 한편으로는 청소년들의 기술과 훈련으로 사회복리를 위해 사용하도록 용기를 북돋워나가야 한다. 사회전체가 하나의 대가족이 되어 더불어 사는 공동체 의식을 기르는데 앞장서야 하는 것이다.

효는 예로부터 우리 조상들이 최고의 도덕으로 여기고 생활하였음은 새삼 말할 필요가 없다. 우리는 효를 통하여 애국애족은 물론이고, 민주시민으로서의 원만한 인간관계 기술도 익힐 수 있다. 효를 통하여 가족해체로 인한 우리 사회의 병폐를 없애고 난마처럼 얽힌 사회문제를 효과적으로 해결하도록 노력해야 한다. 효를 통하여 무너져 가는 사회의 기강을 바로 잡는 것은 물론 이를 세계적인 가치관으로 확대하여 인류를 불행으로부터 구하는 데 활용해야 한다. 21세기를 맞이하여 우리나라에서 출발한 효사상이 도덕적으로 타락한 인류를 구하는 가치관으로 재정립되기를 바란다.

한편 물질문명의 서구사조는 우리의 교육전통을 배제하고 엄청난 비윤리적 현상을 만연케 하였다. 학교폭력문제[3]와 노령화사회[4]의

---

2) 공중파와 종편방송들이 '아빠를 부탁해', '아빠! 어디가?', '하이힐을 신고 달리는 엄마', '유자식 상팔자', '붕어빵', '슈퍼맨이 돌아왔다', '오! 마이 베이비' 등의 예능프로를 통해 가정교육과 육아 및 가족소통 문제를 환기시켜 왔다.

3) 학교폭력문제가 계속 증가함에 따라, <학교폭력예방 및 대책에 관한 법률>이 2004년 1월 29일 법률 제7119호로 제정된 이후 내용이 전부 또는 일부 개정되었다. 이는 학교 폭력을 예방하고 대책 및 처벌에 관한 사항을 규정함으로써 피해학생의 보호, 가해학생의 선도·교육 및 피해학생과 가해학생 간의 분쟁조정을 통해 학생의 인권을 보호하고 학생을 건전한 사회구성원으로 육성하기 위해 제정한 것이다.

4) 2013년 기준 65세 이상 인구비중은 12.2%로 서구보다는 노인비중이 적어, OECD 국가 가운데 30위에 머물렀다. 하지만 고령화로 가는 속도는 어느 나라보다 빠르다. 지난 1970년과 비교할 때 65세 이상 고령인구의 비율이 우리나라는 4배로 뛰어, 1.6배인 OECD 평균 증가율과는 큰 차이를 보였다. 고령화가 매우 빨리 진행됐다는 일본의 증가속도 3.6배 마저 제치고 1위를 기록한 것이다. 3위인 핀란드의 2.1배에 비하면 두 배나 빠른 수준이다. 더 큰 문제는 고령화속도가 갈수록 더 빨라지고 있다는 것이다. 지난 2000년 인구의 7% 이상이 65세 이상인 고령화사회로 접어든 뒤 초고령사회가 되는데 고작 26년이 걸릴 전망이다.

문제는 급히 해결해야 할 절실한 과제가 되었다. 이제 도덕성을 회복하고 우리의 정신문화를 선양하고 효도교육을 근본적으로 강화해야 하는 시대가 된 것이다. 효교육을 통해 도덕성을 회복하고 사랑과 협동사회를 만드는 것이 최고의 과제이다. 효는 부모의 내리사랑과 함께 쌍무적인 윤리라는 것을 재인식하고, 자발적으로 가족애를 바탕으로 화목하고 봉사하는 구성원들의 의식개선이 시급하다.

그리하여 효도의 깊은 뜻을 바르게 알리고 열심히 실천하도록 하기 위한 일과 우리의 현재의 삶이 그냥 우연히 출현한 것이 아니고 어디까지나 부모에 바탕하고 있다는 것을 누구나 알아야만 한다. 분명히 오늘의 우리는 부모들의 희생과 봉사 및 헌신이 있었기 때문에 존재하는 것이다. 이제 효문화의 대중화를 위해 효의 현대적 가치를 새롭게 분석하고 계승하기 위한 방안을 모색하고자 한다.

2. 효문화의 현대적 가치와 계승

1) 가족윤리로서

우리 조상들은 효를 가정이나 사회에서나 모든 행실의 가장 기본적인 덕목으로 삼았다. 효를 덕의 근본으로 생각한 까닭은 부모 자식 간의 사랑이 타인에 대한 사랑으로 발전하면 그것이 곧 군자의 길이며, 또 그 사랑이 나라에 대한 사랑으로 발전하면 그것이 곧 애국의 길이라고 생각했기 때문이다.

전통적으로 효란 자식이 어버이를 잘 섬기는 것을 말하고 있다. 효는 부모와 자식 간에 형성되는 인간관계의 가장 원초적인 관계로

부터 시발하는 것이며, 그 친자지간을 가장 원만하게 하는 질서가 곧 효로 나타난다고 보았다. 어버이가 자식을 사랑하고 자식이 어버이를 공경하는 것은 동서고금을 통틀어 자연스러운 도리이며 또한 본능이기도 하다.

우리가 강조하는 효는 단지 천성으로만 머무는 협의의 효가 아니라 부모와 자식 간의 순수하고 진지한 사랑은 가정애·사회애·국가애·인류애로서의 확충을 의미하는 효이다. 효는 인간에게 주어진 선천성이지만 당위로 강조되어야 하며, 사람이 자기의 생명이 소중하다면 응당 효도 소중히 여겨져야 한다.

부모는 자식을 사랑(stroge)하고[5] 자식은 부모에게 효도한다. 이것은 결코 어려운 일이 아니다. 왜냐하면, 부모가 자식을 사랑하고 자식이 부모를 사랑하는 것은 지극히 자연스럽고 당연한 감정의 표현이기 때문이다. 그렇게 해야 당연하다는 생각이 절실하다면, 행동은 자연스럽게 따르기 마련이다.

형은 동생을 사랑하고, 동생은 형을 공경한다. 윗사람은 아랫사람을 사랑하고, 아랫사람은 윗사람을 존경한다. 동생이 형을 존경하고, 누이동생이 언니를 따르는 것, 이것도 또한 자연이다. 먼저 났다고 해서 반드시 존경해야 할 필요는 없지 않느냐고 하는 사람도 있다. 어버이의 눈으로 볼 때는 형이든 아우든 다 같이 자기 자식이기 때문에 모든 자식들을 다 귀여워하며 평등하게 사랑하려 할 것이다. 그러나 장유(長幼) 사이에 하나의 질서를 만들어, 그 법칙에 따라 평화의 도를 강구하려 할 때는, 아무래도 아우가 형을 공

5) 남녀 즉 이성 간의 사랑은 eros, 부모와 자식 간의 사랑은 storge, 스승과 제자 및 친구 간의 사랑은 philia, 신의 인간에 대한 사랑은 agape로 표시된다.

경하고, 동생이 언니에게 순종하는 것이 극히 자연스러운 도리가 될 것이다.

효란 첫째 손쉬운 곳에서부터 시작해야 하는데, 자기의 신체를 보호하여 건강을 유지하는 것이 첫째 의무이다. 이 신체는 전적으로 부모의 지체인 것이다. 작게 말하면 모발, 피부의 미소함에 이르기까지 다 부모에게서 받은 것이다. 그러므로 자식 된 자는 그것을 손상함이 없이 천수를 다하는 것이 부모에 대한 도리다. 그러니 평소 근신하여 신체를 아끼고 보호하여 조금이라도 손상함이 없도록 하는 것이 효의 시작이라 한 것이다.[6]

부모는 항상 자식의 병을 근심한다.[7] 내 자식의 병처럼 어버이의 마음을 아프게 하는 일은 없다. 그러니 어릴 때는 몸의 섭생에 주의하여 그 건강을 유지하는 것이, 어버이의 마음을 편안케 하는 첩경이기도 하다. 한편, 항상 자신의 지덕을 연마하는 것을 게을리 해서는 안 된다.

동서고금을 막론하고 사람을 감화시키는 데 있어서 사랑보다 더 한 것이 없고, 또 그 사랑 중에서 어버이의 사랑보다 더 순수하고 깊은 사랑은 없다. 사람이면 누구나 어버이의 사랑과 은공을 감지하게 되며, 은공을 진실로 알게 된다면 저절로 효심이 생기게 될 것이다. 효는 자연 발생적인 인간감정의 표현이기 때문에 효도의 방법은 시대와 지역에 따라 다르겠지만, 인간사회에서 효의 근본적인 이치는 도덕적 불변의 절대 가치임에 틀림이 없다.

효의 범위는 좁게는 부모에게 드리는 성경(誠敬)[8]이고, 공간적으

6) 『효경』「개종명의」: 子曰 身體髮膚 受之父母 不敢毁傷 孝之始也 立身行道 楊名於後世 以顯父母 孝之終也.

7) 『논어』「위정」: 孟武伯 問孝 子曰 父母唯其疾之憂.

로는 우주와 시간적으로는 과거 및 미래에까지 확대되는 것이다. 효의 내용은 어디까지나 작은 것에서부터 큰 것으로, 가까운 곳에서부터 먼 곳으로, 쉬운 것에서부터 어려운 것으로 확대되어 가는 것이며, 가식보다는 진실을, 과장보다는 소박을, 형식보다는 마음을 주고받는 것이다. 그러므로 효는 현존하는 자아를 중심으로 하여 자신의 직접적 근원인 부모, 부모의 근원인 조상, 조상의 근원인 하늘로까지 성경을 확대하는 것이고, 영원한 미래의 후손을 계승하는 것이다.

2) 사회도덕으로서

유교문화권에서는 전통적으로 경로효친 사상이 매우 강조되어 왔다. 이유는 부모를 공경하는 것이 하나의 덕일 뿐만 아니라, 모든 덕의 근본으로 여겨졌기 때문이다. 먼저 인간이면 누구를 막론하고, 부모로 인해 세상에 태어나고 그 육신의 모든 것이 부모로부터 왔으며, 또한 그의 사랑과 가르침을 통해 모든 것을 얻게 되었으니, 자기 생명의 근원을 자각하고 감사하며, 그러한 생명에 대한 긍정에서 효가 시작됨을 밝혀 주는 것이다.

효의 윤리는 단지 부모와 자식 간의 가족윤리로만 한정되는 것이 아니라, 인간생명의 귀중함을 전제로 한 것이며, 참된 인간실현의

8) 성경(誠敬)의 성(誠)은 유교윤리학의 중요개념으로서, 성실, 진실무망, 정성의 의미를 내포하고 있다. 「중용」에서는 '성'의 개념이 천도와 인도를 관통하여 천인합일의 길로서 제시 된다 : "성은 하늘의 도인데, 성실해지려고 하는 것은 사람의 도이다"(誠者天之道也, 誠之者人之道也). 이이(李珥)는 성설(誠說)을 논하였는데, 성은 인간주체의 성실성의 확립이며, 이 '성'의 실현은 성의(誠意), 실심(實心), 성신(誠身), 지성(至誠)의 단계가 있는데, 그중 전체지성으로서의 지성은 최고단계가 된다. 경이란 마음가짐과 몸가짐을 가다듬어 모든 행위에 있어서 경건성을 지니는 것을 말한다. 따라서 '경'이란 몸가짐을 함양하고 마음가짐을 공부하는 함양공부(涵養工夫)의 요체가 된다.

근본으로 심화되기도 하고, 정치와 교화의 근원으로 확대되기도 한다는 것이다. 즉, 이것은 인간의 개인적, 사회적인 모든 행위의 근원적인 원리로서 전통적 윤리체계의 초점이라고 할 수 있다.

효의 본질은 한 마디로 경애라고 할 수 있다. 경애라는 말은 경천애인에서 나온 말로서, 생명의 원천인 하늘을 공경하고 모든 사람을 사랑하라는 뜻이다. 경애사상은 생명의 근원인 하늘을 공경하고 조상을 숭배하는 경천숭조사상과 결합되어 있고, 생명의 근원으로 생긴 모든 사람을 사랑하는 인류애 사상과도 통한다.

경천애인은 애경, 즉 애친경장이 근간이 된다. 왜냐하면, 생명의 근원을 공경하되, 가장 기본이 되는 것은 어버이를 섬기는 것이고, 모든 사람을 사랑하되, 웃어른을 공경하는 것이 가장 중요하기 때문이다. 따라서 경로효친은 태초의 인간관계인 친자관계가 확대되어, 종적으로는 조상과 하늘에 대한 그리움을 가지는 동시에, 횡적으로는 형제와 이웃에 대한 사랑을 가지게 되는 것이라고 할 수 있다.

효는 가족윤리로서 국한되는 것이 아닌 사회윤리로서의 기능도 하게 되는 것이다. 더구나 효윤리는 자신에게 성실한다는 충직성을 바탕으로 하여 구체적인 생활 전개과정에서 자신에게 요구되는 최고의 선이 무엇인가를 의식하고, 그 의식한 선을 성실하게 실천해 가는 과정에서 발화된다는 것을 대중적으로 인식할 수 있게 될 때, 효윤리는 바람직하게 정립되어 간다고 할 수 있다. 즉, 효는 인간 본연의 아름다움을 구현하는 실천윤리이다.

내 마음은 나와 나 자신과의 사이에 오고 가는 대화의 광장이다. 이 대화의 광장이 서로 화목하고 화기애애할 때에 그런 마음을 우리는 화목한 마을, 어진 마을이라고 부를 수 있다. 내 마음이 어지러워질 때에 나와 나 자신 사이에는 화목이 깨어질 것이다. 경로효친이 발생하는 이인(里仁)[9]의 공동체는 우선 내 마음이 어진 마음이 되어야 한다. 내 마음이 최선을 다하여 어진 마음에다 중심을 잡고 난 뒤에 다른 사람을 내 마음에 미루어 헤아려 본다.

효는 곧 나의 가정을 이인화(里仁化)하겠다는 정신과 상통한다. 그러면, 효가 나의 가정을 어떻게 이인화하려 하는가? 어버이와 조상의 진실한 뜻을 이어서 창조적으로 재생산하고, 늘 근본에 보답하여 모든 일을 시작하는 데 효의 이인적 개념이 있다. 아무리 죄가 많은 어버이라도 자식에게 바라는 심정은 모두 자식이 착하고 훌륭한 인물이 되기를 비는 데 있다.

어버이의 참으로 바라는 뜻을 이어 그 일을 창의적으로 개발함이 효의 이인적 개념이다. 그리고 경장사상(敬長思想)도 사회를 하나의 어진 마을로 만들겠다는 소신을 뜻한다. 경장사상은 가정의 이인이 사회로 확대된 것이다. 자신이 접하는 웃어른을 공경함으로써 우리의 이웃은 밝고 명랑한 사회가 될 것이다. 즉, 나의 마음에서 출발한 이인이 좀 더 크게 확대된 것이다.

천도(天道)는 인간의 만고불변의 진리이며, 인륜은 시대의 변화에 따라 변천되어 가는 것이다. 효는 백행지본(百行之本)의 원천으로서 하늘의 길이요, 사람이면 누구나 따르고 행해야 되는 본분이다. 우리의 인륜은 서구사회에서의 계약관계와는 달리 모든 인간관계가 도덕과 윤리적인 차원에서 이해되고 다스려진다. 그래서 우리의 전통적인 도덕관은 서로를 대함에 있어서 덕으로 하고, 인자함으로 감싸주며, 용서하는 것이 관행으로 이어지고 있다. 그러나 서

9) 『논어』「이인」: 子曰 里人爲美 擇不處仁 焉得知.

구사회에서는 법과 권리, 권력과 투쟁으로 사회를 유지시켜 가는 관점이 우리 사회와는 전연 다르다.

효는 모든 덕목의 으뜸이고 모든 행위의 으뜸이기에, 사회기강의 확립은 효의 실천에서부터 비롯된다. 자기 직무에 대한 성실한 이행이 곧 효의 실천이기도 하다. 효의 참 정신은 사친성경(事親誠敬)에 있다. 그러므로 부모를 받들고 모시는 정신과 행위 없이는 인류에 대한 봉사도 국가에 대한 충도 있을 수 없으며, 자기 자신에 대한 완성도 선조에 드리는 추모도 있을 수 없는 것이다. 효란 부모를 섬기는 데서부터 비롯되고, 부모를 섬기는 정신과 행위가 가정·사회·국가·인류에까지 확대될 때, 이상에까지 이르게 되고 인격완성이라는 면으로 귀착되지만, 그 출발은 역시 부모를 섬기는 데서 비롯된다.

효도는 실천하기가 어렵다고 한다. 개인에 따라서는 효도가 실천하기 극히 어려운 것일 수도 있다. 집이 가난하다 보면 혹은 불행하게 사는 사람들의 경우에는 세상에 태어난 사실마저 저주하며, 부모가 자기를 낳지 않았다면 더 좋았을 것이라고 원망하기까지 할 수도 있다. 그러나 부모로서 자식에게 불행한 생활을 시키고 싶은 사람이 어디에 있겠는가? 자식 된 자는 앞으로 자기도 부모가 되어 자식을 갖고 빈곤에 처했을 경우, 자연히 부모의 마음을 알게 될 것이다. 어버이가 자식을 생각하는 마음은 빈부귀천 없이 누구나 동일하다.

누구나 내 자식을 사랑하는 것은 진실로 본능적인 것이다. 그것은 인간 이외의 동물을 보면 잘 알 수가 있다. 그렇게 하도록 배운 것도 아니고 누가 가르친 것도 아닌데, 어미 또는 아비는 자기가 낳은 새끼를 사랑할 뿐만 아니라, 적의 침입에 대해서는 죽음으로 자식을 지키는 것을 볼 수 있다. 미물과 짐승들도 그러하거늘 하물며 사람으로서 어버이를 경애하지 않는 자가 있다면, 어찌 인간사회의 일원이 될 자격이 있다고 하겠는가?

설령 부모를 사랑하는 마음이 결여되어 있는 인간이라고 할지라도, 자신의 몸이 부모에게서 비롯되었다는 것만은 최소한 알고 있을 것이다. 그리고 또, 자신은 부모의 분신이며 조상의 분신이라는 것까지도 충분히 자각할 수 있을 것이다. 그러므로 그는 결국 부모를 사랑하는 일이 자기 자신을 사랑하는 일과 동일한 일임을 알게 될 것이다.

효의 참뜻은 부모의 뜻을 받들어 건강과 안전을 유지하고, 국가와 사회를 위하여 봉사할 뿐만 아니라, 온 인류를 위하여 진리를 실천하는 것이다. 결국, 참다운 효의 실천과 추구는 외부로부터 이루어지는 것이 아니라, 자기 자신의 연마와 완성으로부터 비롯된다고 할 수 있다. 자기수양이 한 개인에게 있어서는 자기완성으로 끝난다고 생각할지 모르지만, 가정과 사회와 국가와 연결시켜 논의할 때는 그 자기수양과 자기완성이 효이자 충으로 연결되는 것이다. 따라서 효의 극치는 자기완성에서 끝나게 된다.

효의 실천지표는 부모에게 드리는 정성, 자녀에게 바치는 사랑, 인류에 대한 봉사, 자기직무에 대한 성실, 자기완성의 추구 등으로 요약될 수 있다. 그렇기 때문에 효의 실천은 어디까지나 과거에 그치는 것이 아니라, 오늘날과 미래에 있어서도 절실히 요청되는 것이다.

효는 인간관계의 수단이 아니라 목적이다. 그리고 효는 인본주의의 구현을 목표로 한다. 인간교육의 이념은 효의 기본명제에서부터 출발해야 한다. 교육의 최고이념은 인간의 존엄성을 인정하고, 그것을 최대한 실현시키는 일이다. 인간을 존중하고 서로 사랑하는 것이 효이니, 우리는 이를 기반으로 하여 인간이 주체가 된 교육, 인간이 목적으로 등장할 수 있는 교육을 지향해 나가야 할 것이다.

3) 경로효친으로서

현대적 의미의 효란 어떤 것일까? 한마디로 말해서 부모 입장에서 보면 자식을 착한 방향으로 양육하는 것이요, 자식의 입장에서는 부모님이 원하시는 방향으로 해드리는 것이다. 그러나 일반적으로 효는 자식이 부모님에 대한 공경사상으로 알려져 왔고, 또 시행되어 왔으므로 부모의 입장에서 생각해보기로 한다.

오늘날 늙으신 부모님들께서 가장 싫어하는 말 중에 하나는 '부모님 그냥 편히 쉬세요.'라는 말이라고 한다. 그리고 좋아하는 것 중의 하나는 '부모님께 무엇이든 해 주십사 하고 부탁 할 때'라고 한다. 부모님이 소외감을 느끼시지 않게 하고, 도덕과 법의 테두리를 벗어나는 것이 아닌 한, 무엇이든지 원하시는 대로 해드리면 그것이 효인 것이다.

부모는 자녀가 자녀친구의 부모에게 내게 하는 것과 같은 마음을 가지고 대하는 것이 좋다고 할 것이다. 이것이 결국 경로사상인데 내 부모에게 대하듯 남의 부모 즉 어른에게 같은 태도를 취하라는 것이다.

어른들은 예외 없이 자녀들보다 나은 물질적인 향락을 바라지 않는다. 다만 늙었다는 이유나 활동력이 적거나 돈을 벌지 못한다는 이유로, 또는 자식들보다 학력이나 특수분야의 전문지식이 부족하다는 이유로 자녀로부터 무시되고 소외되는 것만은 견디기 어려운 것이다. 각종 어려움을 참고 견디며 모든 보람과 희망을 걸고 길러 놓은 자녀로부터 소외되어 정신적인 유대를 잃고 방황하게 될 때 노인들은 허무와 슬픔과 절망을 느끼게 되고 심한 경우에는 스스로 목숨을 버리기까지 한다.

이런 노인문제를 해결할 수 있는 효과적인 방안은 우리의 윤리관 속에 깊이 뿌리박고 있는 효의식에 찾아볼 수 있다. 우리의 전통적인 효의식이야말로 어떤 신앙에도 못지않은 뿌리 깊고 견고한 신앙이기 때문이다. 어린이도 결국에는 어른이 되며 노년이 되기 때문에 우리는 아동과 청소년교육에 있어서도 이 점을 애초부터 교육해야 한다.

지금까지 노인교육을 협의의 개념으로 해석하여 노인을 대상으로 한 '노인을 위한 교육'으로만 이해되어 왔다. 그러나 일반인들과 노인관계 전문가를 대상으로 하는 '노인에 관한 교육' 그리고 교육적 자원으로서 노인들의 지혜를 활용할 수 있는 '노인에 의한 교육'을 포함하는 보다 넓은 의미의 개념으로 새롭게 인식되어야 한다. 여기서 더욱 중요한 것은 노인교육은 궁극적으로 노인과 성인 그리고 청소년층이 함께 참여하는 세대공동체 교육으로 발전해야 한다.

세대공동체 교육은 세대 간의 그릇된 고정관념을 수정하고 서로에 대하여 긍정적인 이해의 폭을 넓힐 수 있는 계기를 마련해 줄 수 있다. 즉, 학교 및 기타 수업장면에서 세대 간의 의미 있는 접촉을 통해 우리 사회에 만연하고 있는 연령에 따른 분리와 차별 그리고 세대 간의 갈등을 해소시켜 줌으로써 사회통합을 이룰 수 있다.

노인학교에서는 노인들의 교육에 대한 욕구조사와 장년 및 청소년의 욕구조사를 기초로 경로헌장[10], 노인강령[11]의 정신에 입각하여 그 학교 실정에 알맞은 교육내용을 선정해야 한다.

4) 인생토대로서

산업을 발전시켜 부를 확대하는 일은 현대인의 중요한 관심사이다. 부모와 자식을 봉양하고 양육하는 문제는 풍요한 물질만으로 달성되는 것이 아니지만, 그렇다고 빈곤 속에서 이루어질 수 없다. 건전한 생리적 욕구를 넘어선 개인의 육체적 쾌락을 만족시키기 위한 풍요가 아니라, 부모와 자식을 봉양하고 양육하여 화목한 가정을 이루게 하기 위한 풍요이다.

효사상은 경제활동을 위축시키기보다는 오히려 현실도피와 나태와 무능을 질타하고 가정에의 책임을 위해 자기의 사회적·경제적 성취를 촉구한다. 그러므로 산업을 발전시켜 부를 확대하고 운용하

---

10) 1982년 5월 8일 제정·공포함. 전문 :노인은 우리를 낳아 기르고 문화를 창조계승하며, 국가와 사회를 수호하고 발전시키는데 공헌하여 온 어른으로서 국민의 존경을 받으며 노후를 안락하게 지내야 할 분이다. 그러나 인구의 고령화와 사회구조 및 가치관의 변화는 점차 노후생활을 어렵게 하고 있다. 우리는 고유의 가족제도 아래 경로효친과 인보상조의 미풍양속을 가진 국민으로서 이를 발전시켜 노인을 경애하고 봉양하여 노후를 즐길 수 있도록 노인복지증진에 정성을 다해야 한다. 우리는 아래와 같은 사항을 구현하기 위하여 다함께 노력한다. 첫째, 노인은 가정에서 전통의 미덕을 살려 자손의 극진한 봉양을 받아야 하며, 지역사회와 국가는 이를 적극 도와야 한다. 둘째, 노인은 의식주에 있어서 충족되고 안락한 생활을 즐길 수 있어야 한다. 셋째, 노인은 심신의 안정과 건강을 누릴 수 있어야 한다. 넷째, 노인은 자신의 능력에 따라 사회활동에 참여할 수 있어야 한다. 다섯째, 노인은 취미오락을 비롯한 문화생활과 노후생활에 필요한 지식을 얻는 기회를 가져야 한다.

11) 우리는 사회의 어른으로서 항상 젊은이들에게 솔선수범하는 자세를 지니는 동시에 지난날 우리가 체험한 고귀한 경험·업적 그리고 민족의 얼을 후손에게 계승할 전승자로서 사명을 자각하며 아래사항의 실천을 위하여 다함께 노력한다. 1.우리는 가정이나 사회에서 존경받는 노인이 되도록 노력한다. 2.우리는 효친경로의 윤리관과 전통적 가족제도가 유지·발전되도록 힘쓴다. 3.우리는 청소년을 선도하고 젊은 세대에 봉사하며 사회정의구현에 앞장선다.

는 데에 있어서 효의 정신은 다른 어떠한 도덕개념보다 실질적인 경제활동의 동기를 제공할 수 있다. 더욱이 부도덕적인 경제활동을 거부하고 성실과 노력으로 성취하기를 도모하게 한다.

타인을 고려하지 않는 무리한 경제활동과 부조리는 부모를 욕되게 하는 것이며, 자기와 가정을 파멸로 이끌 수 있기 때문이다. 부모를 사랑하는 자는 가정을 화목하게 하기 위해 어떠한 난관도 극복하고자 노력할 것이다.

자기절제와 타인사랑의 인간상은 시대를 초월한 고귀한 것임에 틀림없다. 참다운 자유는 자기절제를 통한 진실한 자아에서 나오는 것이어야 하며, 참다운 평등은 타인의 고통을 외면하지 않는 인격에 의거해야 한다. 바람직한 사회는 참다운 자유와 평등에 입각한 의사소통에서 출발하며, 건전한 의사소통은 타인의 불이익을 방관하는 이기심과 기만이 아니라 진실한 자아로부터 시작하는 것이다. 진실한 자아에 도달하고자 하는 성실함과 그것으로부터 발로한 순수한 정서와 인간애는 충과 효에 내재한 근본 뜻이며, 따라서 근대화의 자유를 보다 성숙하게 만들 수 있을 것이라고 생각된다.

부모자식의 관계는 상하주종의 관계가 아니다. 인간의 도리와 의리에 어긋나면서까지 부모의 명령이라고 해서 무릅쓰는 행위는 효행이 아니다. 진정한 효는 민주주의적 원리에 위배되지 않으며, 일체의 구속으로부터의 자유와 인격의 평등은 효의 전제이다. 효행은 외적인 강제에 의해서나 규범을 억지로 행하는 것이 아니라, 자신의 자발적인 감정과 주체적 정서에 의해 행한다. 부모와 자식의 인격은 동등하며, 자기 인격의 주체에서 서로를 대할 때 건강한 효가 된다.

어떠한 인간관계도 그러해야 하듯이, 부모와 자식 간에도 결코 어느 한쪽이 주가 될 수 없다. 물론 오늘날의 가정생활에 있어서 아이가 위주가 되는 경향이 문제되고 있듯이, 과거에는 부모 위주의 도덕관을 강조한 것도 사실이다. 자식을 위주로 운영되는 가정이나 부모를 위주로 운영되는 가정은 그 어느 쪽도 바람직한 가정이라고 할 수 없다.

진정한 부모자식 간의 관계는 부모가 자식을 대할 때 자식을 위주로 하고, 자식이 부모를 대함에 부모를 위주로 하는 것이다. 부모가 자식을 대함에 자식을 주로 삼는 것이 자애이며, 자식이 부모를 대함에 부모를 주로 삼는 것이 효이다. 상호간의 인간관계에 있어서 어느 한 쪽을 일방적으로 위주로 하는 관계는 잘못된 윤리일 가능성이 많다.

우리 고유의 효행교육문화를 계승해야 하는 이유는 가정, 사회 그리고 국가의 기틀을 확립하는 윤리와 도덕의 근간이 되어 왔기 때문이다. 조선시대에 『소학』과 『삼강행실도』는 교육기관의 필수교재로 사용되었다. 인생의 토대로서 인간이 그 타고난 착한 본성을 저해하는 물질적인 욕심을 끊고 도덕적인 노력을 통해서 극복하게 하고, 성현과 군자의 위치로 지향하는 인격교육의 지침이었던 것이다. 성현과 군자에 이르기 위한 교육목적으로 『소학』의 오륜사상과 『삼강행실도』의 충신, 효자, 열녀의 효행들을 가르친 것이다.[12)]

오륜 중 부자유친(父子有親)은 아버지와 아들 간의 인간관계의 기본 도리이다. 부자유친의 근간은 부모가 자식을 사랑하고, 어려서부터 부모에 대한 자식의 효를 습관화시켜 스스로 깨달아 천성에

---

12) 김익수 외, 『한국인의 효사상』, 수덕문화사, 2009, 2~3쪽.

이르게 한다. 효행의 내용과 실천방법도 다양하다. 효자가 부모를 섬기는 도리로써 다음 여섯 가지 효를 들었다.

평소에는 공경을 극진히 하는 도리, 봉양할 때 즐거움을 극진히 하는 도리, 질병에는 근심을 극진히 하는 도리, 상사(喪事)에는 슬픔을 극진히 하는 도리, 제사에는 엄숙히 하는 도리 그리고 공손스러운 몸가짐을 갖추어야 한다. 이 여섯 가지를 갖춘 뒤라야 부모에게 효행을 다한다고 할 수 있다.

첫째는 평소에 부모를 공경하는 도리이다. 이 효의 내용은 일찍 자고 일찍 일어나 청소하고,[13] 나갈 때는 갈 곳을 고하고 집에 들어와서는 나가서 한 일을 말씀드리는 것[14]이 부모 마음을 편안하게 하는 것으로 중대한 효라 했다.

효는 평범한 일 같으나 서로의 건강을 살피는 방법으로 현대적으로도 계승할 가치가 있다. 이처럼 부모의 걱정하는 마음을 헤아려서 마음 편하게 모시는 마음, 즉 효행이란 평소에 부모를 옆에서 모시고 불편함이 없게 해 드리고, 밖에 나갔다가 돌아와서도 얼굴을 보여 드려 마음을 안정시키는 것이다. 자식이 부모의 마음을 헤아려 보고 그 변동하는 건강과 심리상태도 동시에 살펴 여기에 적중(適中)하게 모셔야 한다.

둘째는 자식이 부모를 즐거운 마음으로 극진히 봉양하는 것을 내용으로 한다. 이 효행은 양지(養志)와 양구체(養口體)로 구분한다. 양지는 정신적 봉양을 뜻하고, 양구체는 물질적 봉양을 뜻한다. 양지의 효행은 효자가 부모를 봉양함에는 그 마음을 즐겁게 해 드리

13) 『소학』 : 灑掃應待 揖讓進退之節.

14) 『예기』「곡례」 : 夫爲人子者, 出必告, 反必面. 所遊必有常, 所習必有業, 恒言不稱老. 年長以倍則父事之, 十年以長則兄事之, 五年以長則肩隨之. 群居五人, 則長者必異席.

며, 그 뜻을 어기지 않으며, 그 귀와 눈을 즐겁게 해드리는 것이다.

양구체의 효행은 그 잠자리를 편하게 해 드리며, 좋은 옷이나 맛있는 음식을 해드리고, 그리고 용돈을 드리거나 효도관광 등 물질적으로 봉양하는 것을 내용으로 한다. 참된 효행은 지극한 정성으로 부모에게 순종하며, 모든 것을 자신의 잘못으로 여기고, 정신적으로 부모의 뜻을 섬기는 양지(養志)가 큰 효이다.[15)]

셋째는 부모의 병환에 자식 된 도리를 극진히 하는 것이다. 부모가 병 중에 있을 때는 근심하며, 오직 부모의 병만을 생각해야 한다. 자식은 병에 대한 최소한의 식견과 간병에 관해서도 알고 있어야 한다. 그런데 이런 효의 실천은 오늘날에도 그 방법은 약간 다르지만 부모에게 간을 이식을 해 주는 것과 같은 중대한 결단을 해야 하는 극진한 효가 이어지고 있다.

넷째는 초상에는 그 슬픔을 극진히 하여 애도의 정을 다하는 도리이다. 이러한 장례예절은 공자의 말씀으로 선거상(善居喪)이라 하여 부모의 상의 극진히 하는 예절이다. 공자도 그 효도를 잘한 것만을 말하지 않고, 오랑캐의 풍속을 잘 변화시킨 것도 말씀하셨다. 그 이유는 부모를 섬기는 것은 문화를 초월하는 것으로 생활교육이기 때문이다.

다섯째는 어버이가 살아 계실 때에 미처 다하지 못한 봉양을 뉘우치는 효를 말한다. 제사에는 엄숙하게 부모가 살아 계신 것과 같이 하고 공경하는 마음으로 지낸다.[16)] 그는 선친을 모시는 예 가운데서 중요한 것은 마음이다. 제사는 반드시 부부가 직접 지내야 하

---

15) 『논어』「위정」: 子游 問孝 子曰 今之孝者 是謂能養 至於犬馬 皆能有養 不敬 何以別乎.

16) 『논어』「팔일」: 祭如在 祭神如神在 子曰 吾不與祭 如不祭.

고 자신이 직접 참석해야 한다. 제일(祭日)을 맞이함에는 정성스럽게 해야 하고 극진히 해야 하며 제일을 앞두고는 행실을 가지런히 하고 재계(齊戒)하는 날에는 그 부모의 거쳐하시던 것을 생각하며, 그 웃음과 말씀하시던 것을 생각하며, 그 뜻을 생각하며, 그 좋아하시던 것을 생각하며, 그 즐기시던 것을 생각하면 3일 만에 그 부모를 보게 된다고 하였다.

여섯째는 공경하는 마음을 가짐이다. 여기서는 자기 몸을 잘 공경하는 것과 사람을 공경하는 마음가짐도 효로써 여겨 중시하였다. 이에 대한 효행은 자신을 극복하여 항상 공경하는 마음을 가지며, 사람은 마음속에 일체의 잡념을 없이 하고 몸을 단정히 하고 엄숙히 하여 말은 삼가 심신을 닦는 것이 효가 되는 것이다. 또한 효행은 부모에 대한 일방적인 복종이나 봉양만을 의미하는 것이 아니라 부모에 대한 간언(諫言)[17]도 포함된다는 점을 유의할 필요가 있다. 나의 부모에 대한 성실한 마음이 남의 부모에게까지 미치고, 이것이 인생의 토대가 되어 인류애로까지 확대되는 것이다.

3. 끝맺으며

우리나라는 오랜 세월 동안 효를 제 1의 도덕과 생활원리로 삼아 자녀들을 교육하며 도덕적인 운명공동체로 살아왔는데, 근래에 이르러서는 너무나 서구적인 가치관의 무분별한 수용으로 인하여 좋은 전통적 가치관의 토대가 많이 흔들려버리는 시대가 되고 말았다.

17) 『논어』「이인」: 子曰 ; 事父母幾諫 見志不從 又敬不違 勞而不怨.

물론 지금은 포스트모더니즘의 정보화사회이지 옛날 농경산업시대가 아니라고 말하겠지만, 그래도 세상 사람들은 별 수 없이 여전히 땅의 소산물을 먹고 산다.

그러므로 우리의 효문화는 본문에서 궁구한 것처럼 구시대적 가치에 머무르는 것이 아니라 21세기 인간교육을 위한 미래지향적 가치이며 절대불변의 가치라고 사료된다.

이제는 어쩌고저쩌고 하는 논란 속에 빠지기 보다는 빨리 효문화를 선양하기 위해 모든 총력을 기울이고 현대적 스타일에 맞추어 실천해나가는 것이 급선무라고 생각된다.

결국 우리나라의 미래는 마지막으로 교육에 기대하는 수밖에 없다. 현실적으로 핵가족화 된 상황에서 가정교육에 큰 희망을 걸기는 어려우니만큼 가장 좋은 방법은 역시 학교교육에 맡길 수밖에 없겠는데, 이 학교교육이 효문화 교육을 중점으로 하여 교육의 큰 축을 이루어나간다면 정말로 바람직한 인간세상이 될 수 있을 것이라고 본다.

김익수

철학박사, 전 한국체육대학교 교수, 전 동방문화대학원대학교 석좌교수, 한국효문화연구원장, 홍익인간사상연구원장, 한국청소년효문화학회장

윤경수

문학박사, 전 부산외국어대학교 교수, 북경자수대학교 명예교수, 문학평론가

장정태

철학박사, 동국대학교 외래교수, (사)삼국유사연구원장, 한국청소년효문화학회 이사

김명숙

문학박사, 동덕여자대학교 교수, 한국청소년효문화학회 문화이사, 전 한국영어학학회장

이미숙

문학박사, 동덕여자대학교 교수, 한국청소년효문화학회 문화이사, 전 한국영어학학회장

민정기

효학박사, 한국효문화연구원 연구원, 한국청소년효문화학회 이사

박대수

문학박사, 동국대학교 불교대학원 FBA 총동문회 수석부회장

김미선

문학박사, 청주대학교 교수, 한국청소년효문화학회 부회장 겸 청주시지회장, 한국고전문학회 부회장

김황기

효교육학박사, 한국효문화연구원 연구원

김창경

철학박사, 충남대학교 교수, 구봉 송익필 선생 기념사업회 부회장, 구봉 학술원 부원장

장재천

교육학박사, 용인대학교 교수, 한국청소년효문화학회 상임부회장 겸 『청소년과 효문화』 학술지 편집위원장

한국의 효사상과 인성교육 2

초판인쇄 2022년 10월 31일
초판발행 2022년 10월 31일

지은이 김익수 · 윤경수 · 장정태 · 김명숙 · 이미숙 · 민정기 · 박대수 ·
김미선 · 김황기 · 김창경 · 장재천
펴낸이 채종준
펴낸곳 한국학술정보㈜
주 소 경기도 파주시 회동길 230(문발동)
전 화 031) 908-3181(대표)
팩 스 031) 908-3189
홈페이지 http://ebook.kstudy.com
E-mail 출판사업부 publish@kstudy.com
등 록 제일산-115호(2000. 6. 19)

ISBN 979-11-6983-054-6 03150